Christian Gottlob Wild

Interessante Wanderungen durch das sächsische Obererzgebirge

Christian Gottlob Wild

Interessante Wanderungen durch das sächsische Obererzgebirge

Karl Stülpner,
ein merkwürdiger Wildschütz

Heimatkundliche Schriften
zum
Erzgebirge und Vogtland

Gedichte
in erzgebirgischer Mundart

Altis-Verlag

Herausgegeben von Wolfgang Möhrig

Die Deutsche Bibliothek – CIP-Einheitsaufnahme

Interessante Wanderungen durch das sächsische Obererzgebirge : Karl Stülpner, ein merkwürdiger Wildschütz ; heimatkundliche Schriften zum Erzgebirge und Vogtland : Gedichte in erzgebirgischer Mundart / Christian Gottlob Wild – 1. Aufl. – Berlin : Altis, 1997

ISBN 3–910195–17-2

1. Auflage

Satz: Altis-Verlag
Herstellung: Argumentum, Budapest
Einbandgestaltung: Armin Wohlgemuth
ISBN 3-910195-17-2

Interessante Wanderungen durch das sächsische Obererzgebirge

Zur Belehrung und Unterhaltung
herausgegeben

Kurze Einleitung

welche die Ursachen der Geringschätzung der erzgebirgischen Gegenden und die Absicht dieser Schrift angibt

Es waren die schönsten, die glücklichsten Tage meines Lebens, wo ich mit einem Herzen voll Unschuld und Frohsinn, wo ich noch voll seliger Ruhe die Berge der teuren Heimat erstieg, auf ihren Höhen weilte, durch jene traulich stillen Täler irrte, – wo ich das Erzgebirge durchwanderte. Sie sind nicht mehr, die glücklichen Tage! – Wie durch graue Wetter das goldene Abendgewölk lächelnd dahinschwebt, so lächelt mir rosig die Vergangenheit durch die Risse ewiger Ungewitter, – ich starre kindisch froh das liebliche Gebild an, ich sehe sie wieder, die wonneseligen Tage meiner Knabenzeit, sehe wieder die frohen Spiele der Unschuld auf beblümter Wiese, – dort steht mit ihrem Schatten die alte, weitästige Buche; dort lehnt sich am bebuschten Hügel der ernste Fels empor, ihn umklettern weidende Ziegen, – dort rinnt im grünen Moose der silberne Quell. O! daß sie leider nicht mehr sind, jene glücklichen Tage! –

Doch immer denke ich an dich, teures, liebes Erzgebirge! Ich fühle mich getröstet, eine neue Sonne geht mir auf. Darum habe ich beschlossen, dich und deine Schönheiten gefühlvollen Naturfreunden zu schildern, für diese Provinz Sachsens Aufmerksamkeit erregen, die sie nicht minder als die Gegend bei Schandau verdient; denn auch hier sind heilende Bäder zu Wolkenstein etc. Vielleicht gelingt es mir, manche lächerliche Meinungen und Sagen von dem obern Erzgebirge, denn auf dieses nur beziehe ich mich, zu widerlegen und zu tilgen, die Unwissenheit in Rücksicht einiger Gegenstände desselben in genauere Kenntnis zu verwandeln und so Interesse und Beifall für dasselbe zu erwecken.

Es kann überhaupt unter die leidigen Schwächen der Menschen mit gerechnet werden, daß sie am häufigsten immer nur nach dem ganz sinnlich Angenehmen steben und doch jeden etwas beschwerlichen Weg dahin zu vermeiden suchen, ja bisweilen aus dieser widerstreitenden Ursache sich lieber jedem andern angenehmen Eindrucke trotzig entziehen. Ich halte daher denjenigen nicht eben für einen echten Freund der Natur, welcher nur immer auf duftigem Blumenlager, umschattet von den goldbefruchteten Bäumen Italiens, von Nachtigallen zauberlich umflötet, am weichen Ufer des Silberkieselbachs zu ruhen wünscht, dem Sybariten gleich.

Am wenigsten aber kann ich einen Sachsen für einen Kenner, Verehrer und Freund seines Vaterlandes halten, wenn er von demselben mit kleinlicher Verachtung und Geringschätzung schwatzt, – wenn er nicht sein Vaterland durchreist oder wenigstens doch aus Schriften kennenlernt, sondern die Hotels des Auslandes bereichert. Fern sei es von mir, das Reisen in fremde Länder zu tadeln, – dieses wäre töricht, aber vorher sollte man doch erst sein Vaterland kennen. – Mancher wird mich hier mitleidig lächelnd fragen: „Was ist denn im Erzgebirge besonderes zu sehen? Etwa ein Berg, oder ein Fels, ein schlechter Weg, oder Ellen hoher Schnee? – Oder soll man in Schächte und Stollen fahren?" – Wer weiß all das elende Geschwätz, welches man einwerfend vorbringt und ohne Scheu und Scham schon vorgebracht hat! – Dieses ganze Buch möge antworten!–

Um der Ehre vieler Sachsen willen glaube ich aber auch, daß der Mangel einer naturhistorischen Beschreibung des obern Erzgebirges jene Unbekanntschaft und Geringschätzung desselben zur Folge gehabt habe, obgleich im Einzelnen manche Skizzen besonderer Gegenstände existieren. Diese Skizzen, ohne sie etwa zu tadeln, dürfen jedoch nicht unter diejenigen Schriften gezählt werden, welche mannigfachen Genuß gewähren, Interesse dafür und Verlangen nach den beschriebenen Gegenständen erwecken, noch weniger als Wegweiser angesehen werden können. Daher möchte man fast behaupten, daß von dem obern Erzgebirge die allerwenigsten und unvollständigsten Nachrichten da wären;* daß man allen Fleiß und alle Aufmerksamkeit nur den reichen Gängen seines Schoßes widmete und, statt seine Gegenden und übrigen Merkwürdigkeiten zu beschreiben, nur das lötige Silber aufschrieb, welches man gewann.

O! eurer vergaß man, ihr stillen friedlichen Täler, wo in dürftigen Hütten zufriedene Armut wohnt, – wo über funkelnde Steine cristallne Bäche sich schlängeln und die grünen Wiesen tränken, – wo der Friede Gottes ruht! – Eurer vergaß man, ihr heimlichen, dunkeln Tannenwälder, wo zwar nicht Nachtigallen flöten, wo keine saftigen Früchte den Gaumen reizen und nicht der müßigen Spaziergänger Schar lärmt, aber wo verstohlen ein Vöglein singt, wo die purpurne Erdbeere verschämt unter ihrem Dreiblatt schwillt, – wo hoher Ernst weilt, wo, im frischen,

* Merkels Erdbeschreibung von Sachsen wird hier rühmlichst ausgenommen. Auch ist meine Absicht ganz verschieden von dem Zwecke jenes Werkes. – D. Lehmanns Schauplatz entspricht derselben, aber er enthält zu viel Aberglauben, ist zu weitschweifig und sehr selten zu bekommen.

elastischen Moose gelagert, der Denker ruhig und ungestört in andere Gefilde sich schwingen und eines Himmels sich freuen kann; – wo unglückliche Liebe weinend und mit verschlungenen Armen am bekränzten Felsenblocke lehnt! –

O! eurer vergaß man, ihr Berge, ihr silberschwangern Stützen des Himmels, wo man, erhoben über dieser Erde schimmerndem Tand, am Sonnenthrone der Gottheit knieen und ihre beglückende Gegenwart tief in der Brust fühlen kann, – wo man nicht mehr Mensch ist, sondern rein aus der gebrechlichen Hülle tritt und mitleidig hinunter auf all das eitle Tun der Menschen blickt! – Man vergaß eurer, ihr Felsen, wo im schaurigen Dunkel greiser Tannen die Wehmut ins Tal starrt, – die ihr, ein Bild männlicher Größe, in stürmender Wetter grausen Schrecknissen fest stehet, – um die beim Schimmer der Eichel die Eule flattert und Beute hascht! – Eurer vergaß man, ihr murmelnden Bäche, die ihr den Wiesengrund belebt und dem Müller im Tale sein Brot beschert, – in deren cristallener Kühle bunte Forellen und Schmerlen scherzen, an deren bebuschten Ufern der Knabe weilt und sich Ruten schält! Deiner ward nicht gedacht, du rauschender Waldstrom, der du über deine Felsen schäumest, durch dichter Fichtengebüsche nickende Reihen dich drängend! – Nicht ward eurer gedacht, ihr schönen, romantischen Gegenden, wo man bei dem Anblicke einer jeden, in einer jeden möchte sein Leben unter den biedern, herzlichen Naturmenschen zubringen! So laß mich hier, glückliche Vergangenheit, noch einmal in den Spiegel deiner Erinnerungen blicken, noch einmal so manche abgeschiedenen Freuden vorübergleiten, laß mich die teuern und geliebten Menschen sehen, die ich kannte und noch kenne! Ach! manche sind schon heimgegangen! –

Woher aber rührt jene Unbekanntschaft mit den Naturschönheiten des obern Erzgebirges? – Woher kommt es wohl, daß der Bewohner anderer sächsischer Provinzen* wenig oder gar keine Kenntnis jener Gegenstände besitzt, – daß es ihn Fabel dünkt, wenn man von den Bergen, Tälern, Gegenden und riesigen Felsen des obern Erzgebirges erzählt? –

Hält man meine Meinung nicht für übertrieben und hart, so will ich diese Fragen überhaupt zu beantworten suchen. Ich glaube, daß dieses erstlich daher komme, weil, wie ich schon erinnert habe, keine genaue und reelle Beschreibung der Naturmerkwürdigkeiten des obern Erzgebirges da ist, indem man Mühe und Beschwerlichkeiten, eine solche zu liefern, scheute und vorauszusehen glaubte, daß man dafür kein verhält-

* Daher erinnere man sich, daß ich nicht für Erzgebirger schreibe. Ihnen diene dieses zur Beherzigung,um voreilige Urteile zu unterdrücken! –

nismäßiges Honorar erhalten würde und könnte. Ferner ließ man sich durch übertriebene Märchen elender Weichlinge täuschen, und endlich will man lieber das Ausland als sein Vaterland kennenlernen.

Gewöhnlich scheut man es sehr, jene Berge zu erklimmen, durch jene dunkeln Tannenwälder zu irren, jene Felsen zu ersteigen, über rauschende Bäche zu setzen, durch Schluchten und Höhlen zu kriechen, um – die Schönheiten der Natur kennenzulernen. – Und doch ist man geschwind mit dem Ausdrucke fertig: „Es ist dort zu rauh!" – Von einer Gegend gebraucht, ist dieses eigentlich ein nichtssagender Ausdruck. Denn was kann man in der Natur rauh nennen? Wer kann es nennen? – Sind es hohe Berge? Sind es Fichten-, Buchen-, Tannenwälder? Sind es Felsen, Täler, Bäche, Auen, Wiesen und Haine? Ist ein Wald rauher als der andere, ein Fels, ein Tal rauher als die andern? – In der Tat, ich kann keine Gegend absolut rauh nennen. –

Und wenn man das Klima rauh nennt, so muß ich mich wundern, wie man sich vorstellen kann, daß nur allein im obern Erzgebirge das Klima rauh sein soll, wenn in andern Gegenden und Provinzen Sachsens die Sonne scheint. Im Winter wird man doch nicht reisen, um Gegenden zu besehen, und im Winter ist's bei Dresden ebenso rauh als im Erzgebirge, denn Eis und Schnee trifft man im Winter in unserm Sachsen doch überall an. Komme man aber im Sommer aus dem sandigen, heißen Niederlande in das obere Erzgebige und atme dann eine frische Luft ein, die auf jenen Höhen weht, und empfinde die angenehme Wärme in den Tälern, – kurz, kommt ihr, die ihr das Gebirge verachtet, wenn bei euch angenehme Witterung ist, in das Erzgebirge, und es wird euch ebendie Sonne scheinen, und ebendie Lüfte werden euch umwehn, ihr werdet euch beschämt sehen. Freilich ist der Winter oft stürmischer und härter, dafür aber sind es Berge. –

Manche haben keinen Stein des obern Erzgebirges gesehen und schwatzen dennoch, wie viele andere; dies rührt von den übertriebenen Märchen unberufener Erzähler her, und derjenige, welcher sich vorher keinen Begriff von dem obern Erzgebirge und der natürlichen Beschaffenheit desselben machen konnte, wird von kleinlichen Vorurteilen und überspannten Ideen angefüllt, daß er sich auf diese Art oft dem Lächeln und dem Mitleide verständiger und gebildeter Erzgebirger aussetzt. So sähen viele Sachsen es lieber, wenn das Erzgebirge eine fette Kornkammer wäre, obgleich die Anzahl der Produkte, die es liefert, größer ist als fast in irgendeiner Provinz; so hat man, wenn Teurung im Gebirge war, in den übrigen Kreisen die vollen Speicher verschlossen gehalten, hat nicht gegen Geld und Bitten dem Hunger abwehren wollen; (einige edle,* patriotische Familien ausgenommen!) hat die Fuhrleute, die viele Meilen weit in Commission kamen, leer zurückfahren lassen, wenn sie nicht die enormsten Summen für das taube Getreide zahlten! Hätten nicht die nachbarlichen Böhmen oft den Erzgebirgern Getreide und Lebensmittel zukommen lassen, hätte nicht auch vorzüglich der allgeliebte Friedrich August, der Vater des Vaterlandes, seine Milde gegen das Erzgebirge so rühmlich bewiesen, ach! wer weiß, was man würde gehört haben! – Man verzeihe mir diese Herzenserleichterung, ich habe Wahrheit gesprochen! –

Durch die gegenwärtige freie Schilderung, welche man als einen Versuch ansehe, habe ich Freunden der Natur- und Vaterlandskunde einen Pfad bahnen wollen, den man in Zukunft erweitern und verbessern und so sich Vergnügen und Nutzen mancher Art verschaffen kann. Man verkenne meine Absicht nicht, ich meine es redlich. –

W******, im August, 1807

C. G. W.

* Alle Erzgebirger mögen hier an den Edlen von Bodenhausen bei Leipzig denken!! – Er hat viele hundert Scheffel Getreide den armen Erzgebirgern geschenkt. –

I. Johanngeorgenstadt

und die umliegenden
nähern und entferntern
Gegenden

Man muß aus Böhmen kommen, man muß aus der gesegneten Saazer Gegend in das allmählich immer waldigere und steilere Gebirge Böhmens kommen, um die Verschiedenheit des Klimas und der Natur selbst kennenzulernen; um sehen zu können, wie der fruchtbarste Boden nach Abnahme der Meilen minder fruchtbar und endlich ein steiniges Riesengetürm wird, wie die gefällige, ährenwogende Gegend, nach der Grenze zu, ernster, finstrer und wilder wird; wie die seufzenden Obstbäume am Ende in dunkle Tannenforste sich verwandeln, wie das flache Land in deutlichen Stufen zum großen Gebirge anwächst. Es ist sehr interessant, diesen abgestuften Übergang vom Gefälligen und Fruchtbaren zum minder Gefälligen und minder Fruchtbaren wahrnehmen zu können. Aber es ist auch wiederum um so interessanter, den stufenweisen Abfall des minder Gefälligen und minder Fruchtbaren wahrzunehmen; zu sehen, wie die finstern, waldigen Gebirge allmählich sich erheitern und mit freundlichem Fuße das flache Land berühren; wie der steinige Boden nach und nach fruchtreich sich endigt, wie die ernsten wildromantischen Gegenden allmählich heiter und freundlich werden und endlich den gefühlvollen Naturfreund entzücken. – Dieses nun ist der Fall mit dem sächsischen obern Erzgebirge und vorzüglich mit dem, welches sich an die waldigen Gebirge Böhmens anschließt.

Ich glaube daher besser zu tun, wenn ich den Leser zuerst von Johanngeorgenstadt aus führe, sodann über Schneeberg nach Zwickau zu, oder über Geyer und die Gegenden nach Annaberg und Chemnitz. Denn so bemerkt man sehr deutlich, wie allmählich das Klima milder und der Boden besser wird, wie die Gegenden sich nach und nach in lachende und gefällige verwandeln. Es wird daher nicht unzweckmäßig sein, wenn ich zuerst von Johanngeorgenstadt und der umliegenden Gegend im Allgemeinen spreche, da dieser Ort durch seine Entstehung, seine Lage, seinen Bergbau und durch das Spitzenklöppeln zum Teil nicht unbekannt und uninteressant sein wird. –

Eine hohe Bergkette, welche in einem schrägen Halbzirkel von Mittag gegen Mitternacht sich fortzieht, nennt man in der dasigen Gegend den Fastenberg und teilt ihn ein in den vordern, mittlern und hintern.

Auf diesem Fastenberge nun ist Johanngeorgenstadt gebaut, und zwar auf dem vordern, hart an der böhmischen Grenze. Zur Zeit nämlich, als der lutherische Religionsbegriff in Sachsen der herrschende geworden war und in allen Provinzen dieses Landes der Wahrheit himmlisches Licht die Nächte des Irrwahns zu verscheuchen angefangen hatte; zur Zeit, als noch finstre, dichte und ungeheure Waldungen den Fastenberg bedeckten und noch (nach eines alten Schriftstellers Ausdrucke) die Bären brummten, die Wölfe heulten, die Füchse bellten, zu dieser Zeit waren an Böhmen die ehemals Schwarzenbergischen Städte Platten und Gottesgabe abgetreten worden. Doch der Religionshaß der Katholiken drückte die lutherischen Einwohner auf alle mögliche Art, und ungeachtet der vom Kaiser Ferdinand in dem errichteten Vertrage mit Johann Georg I. versprochenen Religionsfreiheit, kam schon 1653 der kaiserliche Befehl: daß die Lutheraner entweder römischkatholisch werden oder mit Zurücklassung ihrer Habe und Güter das Land meiden sollten. – Es war dieses ein nicht unerwartetes, aber hartes Gebot, und es fragt sich, ob die Lutheraner jetziger Zeiten das würden tun, was ihre älteren Brüder damals taten. – Die meisten trennten sich von ihrem Eigentum, von der häuslichen Ruhe, von den zurückbleibenden Blutsverwandten und Freunden, flohen bei Nacht, ohne Aussicht, ohne Mittel, sich irgendwo in die alten Familienverhältnisse wieder zurückzubringen, wieder Haus, Vieh und Feld besitzen zu können. Dennoch, um der erkannten Wahrheit willen, ließen sie alles zurück und zogen über die Grenze, ließen sich mitten in einem grausen Walde, in der wildesten Gegend Sachsens, auf dem Fastenberge nieder, wo seit dreißig Jahren von Bergleuten aus Platten und Eibenstock ein kleiner Zinn- und Eisenstein-Bergbau getrieben wurde. Da die meisten dieser Ausgewanderten nach den Kenntnissen der damaligen Zeit erfahrne und geschickte Bergleute waren, so untersuchten sie an einigen Stellen den Fastenberg, und sieh da! sie fanden bald das gediegenste Silber. – Voll Freude und den Fingerzeug der Gottheit darin erkennend, berichteten sie es an den damaligen Kurfürst Johann Georg I., welcher ihnen sogleich die Fortsetzung des Bergbaues gestattete, daß sie sich unterdessen einigermaßen anbauen konnten. Da ich aber nicht die eigentliche Geschichte Johanngeorgenstadts schreiben will, so werde ich das Nötigste nur kurz erzählen.

Da die Anbrüche sich mehrten, so erhielten sie endlich die Erlaubnis, eine Stadt anzubauen, welche sie nach dem Namen ihres huldvollen Beschützers Johanngeorgenstadt nannten; dies geschah 1654, ein jeder mußte ein Stück Wald urbar machen, welches dann sein eigen war. Denn die ganze Gegend war, wie ich schon erwähnt habe, dichter, finstrer Wald, und man muß die außerordentliche Betriebsamkeit, die schwere Arbeit und den unablässigen Fleiß dieser Leute bewundern, die es, und in der Folge ihre Nachkommen, dahin brachten, daß man jetzt beinahe eine Stunde weit im Umkreise anstatt Waldung Felder und Fluren erblickt! –

In der Ansicht von Morgen nimmt sich die Stadt vorzüglich gut aus, indem sie sich auf dem allmählich aufsteigenden Rücken des Fastenberges in ihrer Länge gleich emporlehnt und man den Durchschnitt der Gassen wahrnehmen kann, deren jede in gerader Richtung fortläuft; und dann da, wo die Häuser nach der Morgenseite zu sich endigen, zieht sich der Berg schroff und steil herab, daß es scheint, als würden die Häuser herabstürzen, daß man auch, um von Wittichsthal aus in die Stadt kommen zu können, die Wege schneckenförmig im Zickzack angelegt hat. Übrigens ist es in Johanngeorgenstadt recht hübsch und lebhaft, die Einwohner sind gutmeinende, treuherzige Leute, und die Liebe der dasigen Bergleute vorzüglich gegen ihren Friedrich August ist auffallend. –

Man bemüht sich außerordentlich, den Boden zu kultivieren, und es fängt auch an, zu gelingen. Freilich sind Erdäpfel das meiste, was man baut, aber diese sind auch das Hauptprodukt, indem sie immer gut und in Mengen geraten, Vieh und Menschen ernähren müssen und den niederländischen gar sehr können vorgezogen werden. Die vielerlei Speisen, welche man daraus bereitet, lassen sich nicht aufzählen. Überhaupt tut dem erzgebirgischen Ackerbau die Witterung den meisten Schaden, denn der Boden an und für sich selbst, durch das häufige Düngen, ist wirklich besser, als man ihn zu finden wähnt, und die Erzgebirger können hoffen, daß er in Zukunft gut werde werden, da man durch häufiges Abschlagen der dichten Waldungen dem Klima gewissermaßen zu Hilfe kommt. – Korn baut man auch bei Johanngeorgenstadt, aber freilich ist dieser Feldbau riskanter; weniger riskiert man mit dem Hafer. Das Obst gerät nicht so gut, und wenn es je zur gehörigen Reife gedeiht, behält es immer noch einen scharfen Geschmack. –

Gleich unten im Tale an der Stadt liegt das Hammerwerk Wittichsthal, welches einem kleinen Dorfe gleicht und durch die fast immer im Gange sich befindenden Eisen- und Blechhütten, durch Fuhrwerk, Mühlen und mehrere rauschende Bäche sehr viel Lebhaftes erhält. Überhaupt liegt Wittichsthal recht angenehm, und man hat einen erfreulichen Anblick, wenn man es oben von der Stadt herab betrachtet. Hinter dem sogenannten Herrenhause dehnen sich lange Wiesen und Äcker aus, an deren Ende das Schwarzwasser vorbei sich schlängelt, welches zwischen den böhmischen Gebirgen aus dunklem Forste hervorfließt und so einen schönen Anblick gewährt. An dem jenseitigen Ufer desselben erhebt sich allmählich, mit Äckern und Feldern an seinem Fuße, der Rabenberg, eine Gebirgskette, die sich von der böhmischen Grenze an längst dem Schwarzwasser bis gegen Breitenbrunn hinabzieht; doch nennt man nur einen gewissen Teil derselben den Rabenberg. Weiter oben am Saume der Waldung, welche sich in Mischung mit Buchen und Birken und grotesken Felsentrümmern auf dem Rücken dieses Gebirgs ausdehnt, liegt ein kleines Pachtgut, welches zu Wittichsthal gehört. Nun aber wollen wir ein wenig umkehren und durch Wittichsthal bei mehrern Zechen vorbei nach dem kaiserlichen Zollhause zu und von da bei Gelegenheit auf eine kurze Zeit über die Grenze gehen, damit wir alles bestehen. Dieses Zollhaus liegt hart an dem Grenzbache, dessen Wasser rot sieht und weiter unten, wo es in das Schwarzwasser sich ergießt, ein angenehmes Farbenspiel erblicken läßt. Hinter dem Zollhause steigt das sogenannte Kaiserwäldchen (Kaserwalle nach gebirgischer Mundart) auf, welches sich bis gegen ein böhmisches Blaufarbenwerk fast hindehnt, ungefähr eine kleine Viertelstunde weit. Dieses Blaufarbenwerk (sein jetziger Besitzer ist ein Herr Bürgermeister Elster) liegt in einem engen, allmählich sich erweiternden Tale, von Felsen und schwarzem Forste zur Seite und hinten umgeben, indem ein hoher Berg sich hinter dasselbe herabzieht, der sich in einer mit grauen Felsen bespitzten Zunge bei der böhmischen Hammermühle endigt und den Zusammenfluß des Breitenbaches und des Rothenbaches geschehen läßt. Diese sogenannte Hammermühle präsentiert sich sehr abstechend und freundlich. Von da gehen wir nun weiter und sehen, wie das Elstersche Haus aus dem dunklen Hintergrunde so angenehm hervorblickt. Ihm gegenüber, ungefähr dreißig Schritte, erhebt sich ein waldloser, grüner Gebirgsteil, worauf hie und da einige Häuser stehen, davon eines der obersten man die Marianne benannt, welches von den Johanngeorgenstädtern fleißig wegen des da zu habenden guten böhmischen Bieres und der herrlichen Aussicht besucht wird. Wir wollen auch einmal einkehren, da uns das Bergsteigen sauer geworden ist; wir wollen uns erst durch einen Trunk und dann durch die Aussicht laben. –

Nun, lieber Leser, du hast dich gelabt, hast die Reinlichkeit bewundert, welche in diesem Hause herrscht, und willst nun der entzückenden Aussicht genießen. Komm und sieh, und freue dich!

Vor deinen Füßen senkt sich des Berges grünbegraster Abhang hinab

zum Ufer des rauschenden Breitenbachs, an welchem in silberglänzenden Holzstößen die Bachstelze und der Sperling einträchtig nisten und fröhlich umherschwärmen. Wende dein Angesicht gegen Mittag, und sieh die Menge der kleinern und größern waldigen Berge, die, wie Gräber, bald in lichterem, bald in dunklerem Grün emporragen und den Himmel zu tragen scheinen. Nun sieh zu deiner Linken, wie der Saum des Kaiserwäldchens sich in einem Bogen herabzieht und endlich weiter unten bei den Felsenblöcken in einzelne Tannen sich verliert. Und unten im Tale erblickst du die Straße nach Platten, immer von Menschen betreten; der Breitenbach bildet nun einen Bogen und zieht sich längs dem schroffen Ende des Berges hinab, silbern blitzend. Gleich hinter den Blaufarbenwerk-Gebäuden erhebt sich steil und hoch ein ernster Berg, hie und da einige Felsenruinen und oben das Ende eines Tannenwaldes, den kein Strahl der Sonne durchdrang. Immer schräger senkt sich der Berg hinunter, wie das grausende Grab eines Giganten, und endigt sich vornen bei der Mühle in felsige Terrassen; die einzelnen, niedrigen Häuschen erhöhen das Romantische. Alles dieses hast du nahe vor dir. – Aber, nun sieh, wie hinter diesem Gigantengrabe sich rechts der mit Äckern, Feldern und Gebüschen geschmückte vordere Fastenberg hemisphärisch zeigt, wie im Tal an dem Fuße desselben die Farbmühle* mit ihren Linden und dem lebendigen Zaune hervorblickt, wie abwechselnd jenes Tal hinauf sich dehnt; sieh, wie links das Weißgut mit seiner Allee hervorguckt, seitwärts die Jugler Straße und oben am Saume des Waldes, wie die Fensterscheiben einiger kleinen Häuser im Spiegel der Sonne herüberfunkeln; rechts drüben auf dem Fastenberge, wie flimmernd der Wassergöpel so hoch ragt, weiter hin das Neue Leipziger Glück** und hinten am Walde das Vitriol- und Schwefelwerk mit seinen weißfahlen Rauchsäulen; sieh, wie rund am Horizonte sich sanft eine Kette von Waldungen schlingt, hinter welchen gegen West hin die Spitze des Auerberges im Nebelgrau hervorblickt! – – Und nun, wenn kein Kummer, kein Gram in deinem Busen naget, wenn du immer Ruhe hast, o! dann komm, wann auf ihrem Rosengewölk hinten die Sonne sinkt, wann der Dämmerung braune Schleier vor dir die Täler bedecken und du noch im Abendgolde des scheidenden Tagesfürsten stehst, dessen milder Blick hie und da noch auf den Spitzen der Berge freundlich weilt und hochrot

* So nennt man in der dasigen Gegend die Unterjugel; in den älteren Zeiten wurde daselbst blaue Farbe gemacht, daher stammet diese Benennung.

** Eine bekannte Silbergrube.

dort oben durch die einzelnen Tannen sich stiehlt, wie der Auersberg im strahlenden Farbenwechsel am Horizonte ragt, wie – – o! ich kann dir nicht alles so schildern, – sehe selbst, fühle selbst! Bist du glücklich, so wirst du dich unendlich glücklich fühlen, und bist du unglücklich, so vergißt du hier all dein Leid, du bist getröstet! Dem Himmel näher fühlst du dich, und der Abendglocke sanfter Schall, der von der Stadt herüber durch den Wald tönt, vermehrt die hohe Rührung deines Herzens, daß du in dem Glauben an einen Vater überm Sternenzelte die reinste Seeligkeit empfindest! –

Wir verlassen nun den Berg* und steigen durch das Wäldchen wieder hinab, gehen bei der Hammermühle über den Steig und sind wieder auf sächsischem Boden. Nun wollen wir auch das Farbmühler Tal besehen.

Der Weg führt bei dem Malzhause und der Mühle vorbei, wo links und rechts braune Felsen hervorragen. Jetzt sind wir da, wo man links in ein kleines Tal blicken kann, dessen Mitte der Grenzbach in der Länge herab durchschneidet, welcher hinten aus dem Fichtenwalde hervorfließt, klares frisches Wasser enthält und, wenn ich nicht irre, der Pechhöfer genannt wird. Der linke Teil dieses Tales ist böhmisch, so wie der rechte sächsisch. Es ist sehr angenehm, dieses einsame Tal zu durchwandeln; sonst traf man auch darin eine Anzahl Fischteiche, welche zu dem sogenannten Weißgute gehörten, jetzt aber durch die Nachlässigkeit des damaligen Besitzers meist eingegangen und vertrocknet sind. Überhaupt, als jenes Gut dem verdienstvollen, seligen Pastor Brunner noch gehörte, soll es sehr angenehm daselbst gewesen sein. Auch findet man in dieser Gegend weiter oben ein vortreffliches Echo. Nun vorwärts! – Wir halten uns rechts, gehen bei dem kleinen Wehr des Baches, welcher aus dem Farbmühler Tale hervorfließt, hinüber auf den Fahrweg, bei den nassen Felsen vorbei und kommen an mehrere Häuser und eine große Mühle, zusammen die Unterjugel genannt. Nun richten wir unsern Weg nach dem sogenannten Gartenhause, ein rotgestrichenes, großes Gebäude, an welchem einige von Kugeln zerlöcherte Scheiben hängen, – eine Erinnerung an daselbst verlebte, frohe Tage, welche ein Zwiespalt des Rats mit dem Bergamte einst unterbrach. –

Vor diesem Hause stehen mehrere alte Linden, deren Äste sich ineinander verweben und wo unten steinerne Tische und Bänke sind, nebst einem Kegelschube; zu beiden Seiten zieht sich ein lebendiger Fichten-

* Man sagt gewöhnlich Berg, und versteht darunter Haus, Bier und Gesellschaft. Wenn der Johanngeorgenstädter also sagt: Ich gehe auf den Berg, – so heißt dieses, ich gehe zum böhmischen Biere.

zaun hin, daß es Sommerzeit äußerst angenehm daselbst ist, indem man auch einen guten Trunk Bier haben kann. Das Gartenhaus selbst ist von einem lebendigen Zaune weit eingeschlossen, welcher sich hinter demselben andern Berge hinauflehnt und oben an ein altes, steinernes Tor sich anschließt, welches alles, so wie das Terrassenförmige, sich vortrefflich ausnimmt. Überhaupt gefällt es hier den Johanngeorgenstädtern und allen Fremden am besten, in Rücksicht eines öffentlichen Vergnügungsortes. Sonntags machen die Berghautboisten gewöhnlich Tanzmusik, und der junge Bergmann verjubelt hier in den Armen seines Mädchens die übrigen wenigen Groschen seines sauer verdienten Lohnes. –

Nun wollen wir weitergehen. Daher betreten wir den oben am Ende des Fichtenzaunes mit dem Wasser parallel durchschneidenden Weg, bei der Vogelstange vorbei, zwischen den Halden,* auf welchen im Glanze der Sonne hie und da buntfarbige Schwelkiese flimmern, denn gleich am Wege sieht man das verfallene Mundloch** eines Stollens. In der teuern Zeit bauten reiche Holländer mehrere Gruben in diesem Tale, wodurch eine große Anzahl Menschen dem Hungertode entrissen wurden; die gutmütigen Holländer schickten Geld auf Geld, durch Vorspiegelung eines reichen Gewinnes vermutlich verleitet, denn auf ihre Kosten untersuchte man das Jugler Gebirge, welches aber leider! nichts enthielt und voller tauber (welche kein Erz enthielten) Gänge war.

Auf der linken Seite fängt sich nun ein Wald an, dessen größter Teil der Bringerwald heißt und an dem Berge herab längs dem Bache sich fortzieht; weiter hinten ragen aus diesem Walde majestätische, mit Gestrüppe behangene Felsen hervor, und man findet sogar einen kleinen Wasserfall, der sich über das samtne, grüne Moos silbern herabstürzt. Rechts erblickt man die Hinterseite des Fastenberges, auf dem die Felder der Johanngeorgenstädter und Unterjugler Einwohner sich herabdehnen und unten kleine, von mehrern Gräben gewässerte Wiesen bilden. Da ein jedes Feld und ein jeder Acker in dasiger Gegend gewöhnlich mit einer ziemlichen leichtgebauten Mauer umgeben ist, welche die Not bildete, indem man keine andern Plätze hat, wo man die von den Feldern abgelesenen Steine hinwerfe,*** so fällt es allerliebst in

* Halde nennt der Bergmann die vor den Stolle und Gruben aufgeschütteten großen Haufen des kleinern und größern Gesteins, welches herausgeschafft worden ist.

** So heißt die Öffnung eines mannshohen, schmalen unterirdischen Ganges, den man Stolln nennt.

*** Auf Halden darf man sie nicht schütten, dieses kann das Bergamt wegen besonderer Gesetze nicht gestatten.

die Augen, wenn man diese mit allerlei Gebüschen bewachsnen, aneinander gerichten größern und kleinern Quasischanzen erblickt, belebt von den Schwärmen munterer Vögel. Man trifft diese Mauern um die Felder am häufigsten in der dasigen Gegend.

Währenddessen nun sind wir eine hübsche Strecke durch dieses stille, heimliche Tal gewandert und gehen jetzt über eine kleine Brücke, daß der Bach uns nun zur Rechten ist. Wir hören ein dumpfes, monotonisches Getöse, – was ist das? – Je weiter wir kommen, desto stärker wird es; jetzt sind wir bei und unter den erwähnten Felsen und sehen vor uns ein hölzernes, ziemlich großes, besonderes Gebäude, woraus das Getöse dringt. Das ist, lieber Leser, wenn du es noch nicht, unkundig des Bergbaues, erraten hast, ein Pochwerk, wo das Erz klargepocht und zum Schmelzen vorbereitet wird.* Dieses monotonische Getöse der Pochwerke, welche meistens, da sie das Wasser treibt, in Tälern angelegt sind, erhöht das Romantische der obergebirgischen Täler ungemein, vorzüglich in der Ferne gehört, wenn man einsam daherirrt. Jetzt kommen wir noch bei einem solchen Pochwerke vorbei, und das Tal wird flacher und weiter.

Wollen wir nun noch weiter hinter und in den düstern Forst wandern, welchen wir vor uns erblicken? Wollen wir den wilden Löbner Grund durchstreichen? – Ja! Mut gefaßt, Vorwärts!

Wir gehen jetzt noch bei einem kleinen Hause vorbei und wenden uns dann rechts. – Hu! welch ein schauerliches Dunkel umfängt uns nun, da wir den hohen Tannenforst betreten, welch ein ernstes Schweigen wohnt hier! – Jetzt setzten wir mit leichter Mühe über den Bach, welcher immer kleiner wird und uns bald zu seinem Ursprunge führen wird, wo er das Schwefelbächel heißt. Wir kommen in eine kleine Wiese, mit allerlei Blumen geschmückt, rund herum von hohen, bärtigen Tannen umzäumt; aber es ist ein wenig sumpfig hier. – Nun müssen wir die Zweige der Fichtenbüsche auseinanderbeugen, um durchzukommen; müssen über gebrochene Tannen und wildes Gestrüppe, über runde schlüpfrige Granitblöcke klettern, müssen hie und da über den Bach springen, um ein wenig bequemer gehen zu können. „O! das wird mir zu sauer, wo kommen wir hin?“ – wirst du ängstlich ausrufen. Tröste dich, und folge mutig! Sieh, wie es zu unsrer Rechten und vor uns schon lichter wird, wie du rechts schon Rasen und Acker durch die Zweige kannst unterscheiden, jetzt ist das

* Über die Maschienerie eines solchen Pochwerks belehre man sich aus bergwissenschaftlichen Büchern, weil eine solche Beschreibung nicht hierhergehört. –

Ende der Beschwerden, – wir stehen vor einer Hütte, wie man sich nur immer eine Einsiedlerwohnung aus den Ritterzeiten vorstellen mag. „Und hier in dieser Wildnis wohnen Menschen?“ fragst du teilnehmend. Ja, hier wohnt eine arme Bergmannsfamilie; du wirst überhaupt wenig oder gar keine menschenleere Gegenden im obern Erzgebirge finden, auch sorge nicht, es sind ehrliche Leute. –

Nun blicke einmal links den hohen, mit Tannen bedeckten, finsteren Berg hinauf, von welchem sich plätschernd der Gießbach herabstürzt; rechts erblickst du einzelne Fichtengebüsche und das Ende der Fluren, zwischen welchen ein Fußsteig in dieses Tal herabläuft. Vor uns gegen Nordwest öffnet sich das Tal zu einer gleichansteigenden Anhöhe, und zwei hohe Tannen bilden gleichsam ein Tor, durch welches wir nun weiterwandern und unsern Weg nach dem Schwefelwerke richten wollen, welches oben vor uns liegt.

Auf freundliche Wiesen kommen wir nun, rechts umgeben uns wieder Äcker und Felder, so wie links das Gebirge waldig sich fortzieht. Endlich sind wir bei dem Schwefelwerke, und nun für die überstandenen Beschwerden erfreue dich durch die Aussicht.

Wende dich nach Morgen,* da siehst du, wie sich kesselförmig eine waldige Bergkette an die böhmischen Gebirge anreiht; Johanngeorgenstadt ist vor deinen Blicken verschwunden, aber weiter hin nach Mittag siehst du mehrere böhmische Waldhäuser, Zechen und einen Teil von Platten; du siehst eine Reihe von kahlen und beholzten Bergen, die endlich am fernsten Horizonte in Nebel schwinden. Näher vor dir siehst du wiederum das Weißgut mit seiner Gegend, einen Teil des Farbmühler Tals, die Marianne und alle die schon erblickten Gegenstände von einer anderen Ansicht; und ferner den überall sichtbaren Wassergöpel, die Häuersteige,** mehrere Zechen und Gebäude und eine ausgedehnte Reihe umbuschter Äcker und Felder. – Hier, und zwar weiter oben, entspringt das Schwefelbächel, welches sich nachher unten

* Überhaupt verändert sich im Gebirge die Gegend fast mit jedem Schritte, den man getan hat; immer neue Aussichten und Gegenstände.

** So werden die Wege genannt, welche zu den Zechen führen. Da im Winter oft wegen des hohen Schnees und im Sturme sonst sich die Bergleute verirren und manche vielleicht gar erfroren, so ließ das Bergamt Alleen an diesen Steigen anpflanzen, welche im Winter den früh oder abends anfahrenden Bergleuten zur Leitung dienen sollten. Sie nehmen sich sehr gut aus und dienen zur Verschönerung der Gegend. Leider wurden sie von ruchlosen Menschen verletzt und beschädigt, da mehrere Bäume eingegangen sind. –

im Tale mit einem andern Bache verbindet und so als größerer Bach durch das Farbmühler Tal fließt. –

Man verzeihe mir diese vielleicht schon mißfallne Weitläufigkeit, ich halte sie für nötig und meinem Zwecke angemessener, weil fast gar keine Schriften dieser Art über das obere Erzgebirge existieren. Und wie ich schon erwähnte, will ich nur einen Pfad bahnen, den andere dann gemächlicher betreten und erweitern können, daher muß ich gründlich und also zu Werke gehen, daß ich Geschichte mit meinen Schilderungen verbinde. –

Wir verlassen nun das Schwefelwerk und gehen querfeldein über die Eibenstocker Straße, über alte Halden und Äcker weg nach dem Glockenklange. Diesen Namen erhält eine von Johanngeorgenstadt aus Nordwest liegende, bergige, von Buchengebüschen belebte Gegend von einer eingegangenen Zeche, der Glockenklang genannt; vermutlich wurde dieser Name der Zeche darum beigelegt, weil an der dahinter aufsteigenden Anhöhe der Klang der Glocken sehr deutlich anprallt, wenn sie sonntags oder an Festtagen sämtlich geläutet werden. Hier wollen wir nun ein wenig weilen und uns umsehen.

Wir stehen also gerade nach Morgen gerichtet; uns gegenüber dehnt sich der Rabenberg mit seiner vermischten Waldung, mit seinen Blößen und Verhauen längs dem Schwarzwasser hinab, welches an seinem Fuße fließt. Auf seinem Rücken, welcher öfters Strecken weit kahl und grau daherblinkt, sieht man einzelne hohe Felsenruinen von wenigen schwarzen Tannen umzingelt, daß man die Überreste einer Ritterburg aus der Vorzeit zu erblicken wähnt. Vor uns unten sehen wir das sogenannte Felshaus, die Brettmühle und seitwärts den am Rande mit Gehölzen bekränzten Heimberg und überhaupt weiterhin eine Menge Felder, Äkker und Gebüsche hinab in die Tiefe des Tales sich senken. Rechts nach Mittag hin erblicken wir Johanngeorgenstadt in seiner Länge auf dem schroffen Abhange des Fastenbergs hingebreitet; wir sehen, wie der Bleiersberg herab sich zieht, ein enges Tal bildet, zwischen welchem das Schieferbächel vom Elenorer Stolln herabrinnt. Dieses kleine enge Tal hat seinen Ausgang wiederum ins Wittichsthal, unweit dem Schießhause. Der größere Teil des Wittichsthales liegt nun wieder vor uns, wir hören das Geräusch der Bäche und der geschäftigen Menschen, hören des großen Blechhammers dumpfe Schläge, sehen die wechselnde Flamme des Hohenofens* und die einzelnen, friedlichen Hütten der Talbewohner.

* So heißt derjenige Ofen, wo der rohe Eisenstein geschmelzt wird. Dieser Ofen ist gewöhnlich von ziemlicher Höhe; der gepochte Eisenstein wird

Weiterhin schräg nach Mittag erblicken wir die böhmischen Gebirge mit ihren Waldhäusern und einzelnen Flecken. Denn von hier aus nimmt sich das Wittichsthal unstreitig am schönsten aus! – Links nach Mitternacht hin erheben sich mehrere teils nackte, teils waldige, mit Dörfern und Felsengetürmen sichtbare Gebirge, deren Ende sich in das schwimmende Blau des Horizonts verliert. Näher sehen wir einen auf einem Hügel ragenden, von einzelnen Tannen umgebenen Fels, der Schneiderfels, auch die Teufelskanzel genannt, welchen ich nachher näher beschreiben will. Diese ganze Aussicht ist entzückend, ich wünsche sie jedem Freunde der Natur, jedem guten Menschen; dieser Wunsch faßt viel in sich, er umfängt eine Vereinigung irdischer Gefühle mit dem Himmel! – Und nun, wer so die Gegend um Johanngeorgenstadt durchwandert, wer alles so erblickt, ich frage ihn, ob diese Gegend kann rauh genannt werden, ob sie uninteressant sei. – Ich frage, ob diese so verschriene Gegend nicht die größte Aufmerksamkeit eines jeden Freundes und Forschers der Natur verdiene. – Ob man nicht die erhabensten Gefühle und Regungen in seiner Brust wahrnimmt. – –

Aber noch ist das Ende der Wanderung nicht da, noch haben wir das Wenigste gesehen und bewundert; nun wollen wir uns erst auf einzelne Gegenstände einlassen und den besondern Schönheiten und Merkwürdigkeiten der Natur unsere Aufmerksamkeit widmen und dann uns unparteiisch fragen, welch ein Interesse das obere Erzgebirge für jeden patriotischen Sachsen habe und haben müsse! –

Nun, lieber Leser, wollen wir für heute zurück nach der Stadt kehren, denn morgen haben wir mehr zu besehen; heute wollen wir ausruhen und Kräfte sammeln, – heute sind wir gestiegen, morgen werden wir schon klettern müssen. –

1. Die Teufelskanzel oder der Schneiderfels

Es wird in Johanngeorgenstadt eine Gegend des Himmels, nämlich nach Mitternacht hin, der Jungfernwinkel genannt, woher diese Benennung stamme, weiß ich nicht; man erblickt ihn, wenn man bei dem Rathause gegen die Gasse neben dem Brauhause hingerichtet steht. Dieser Jungfern-

oben hineingeschüttet, wo eine fürchterliche Glut herrscht, welche zwei Blasebälge, von dem Wasser getrieben, anfachen. Des Nachts erleuchtet die Flamme, welch ellenhoch aus diesem Ofen weht, den Himmel und die Gegend, welches einen schauerlichen Anblick gewährt und an die Vulkane Italiens erinnert.

winkel dient den Einwohnern zum Wetterpropheten, indem man gewisse Erscheinungen an demselben entweder für günstig oder ungünstig hält, welches nicht ein leerer Glaube, sondern eine natürliche, durch die Erfahrung bestätigte Gewißheit ist. Gerade in dieser Richtung nun liegt der Schneiderfels oder die Teufelskanzel genannt, welchen man bei dem Ende der Gasse und Stadt deutlich wahrnehmen kann.

Der Fremde glaubt hier fast gewiß, daß dieses die Ruinen irgendeines alten Schlosses sein müssen, weil die Gestalt dieser Felsen einem solchen Dafürhalten entspricht. Es ist ein überraschender Anblick, wie hinten am Horizonte auf einer unten herum waldigen Anhöhe oben ein graues, von einzelnen Tannen umgebenes Felsengetürm aufragt. – Es ist bisweilen auch interessant, Wege nach gewissen Gegenständen zu beschreiben, daher soll dieses jetzt geschehen.

Man geht nach dem Rosengärtner Stolln zu, daß das neu angelegte Bergmagazin-Gebäude* zur Rechten bleibt; auf der Halde vor dem Stolln nun hat man eine allerliebste Aussicht hinab in das schon erwähnte kleine Tal, welches von dem Schieferbächel durchschnitten wird. Hier, am Ende des Bleiersberges, wo man jetzt mehrere begraste Vertiefungen wahrnimmt, waren ehedem eine Anzahl kleiner Teiche, von schattigen Ahornbäumen an der Wegseite herab umgeben; aber man ließ sie vertrocknen und benutzte die Grasung, so wie man auch die Ahornbäume vermißt.

Von der Rosengärtner Halde weg gehen wir nach dem Eleonorer Stolln zu. In dem dabei befindlichen Zechenhause wohnt ein Mann namens Unger**, welcher allerlei kleine Modelle vom Bergbau und Darstellungen desselben schnitzt, welche ein einfacher Mechanismus lebendig macht, überhaupt besitzt er ziemliche Fertigkeit im Schnitzeln, obgleich seine Figuren keinen feinen Geschmack verraten. –

Nun steigen wir von da eine kleine Anhöhe hinauf und halten uns rechts auf dem Wege, welcher zu einer hohen, starken Tanne und der dabei befindlichen Zeche, Elias genannt, führt. Hier findet man ein Wasser, welches in den heißesten Tagen von siderischer Kälte ist und dem reinsten Kristall gleicht; es entspringt aus Felsen und ist sehr gesund. – Über dem Elias oben dehnt sich der bebuschte Glockenklang hin, auf welchem hie und da eine schlanke Tanne emporragt.

Wir gehen nun weiter und kommen an ein mittelmäßiges Gut, von welchem nicht weit davon, weiter hinten, ein kleines Haus steht, wel-

* Der Krieg unterbrach den Bau; vermutlich wird er fortgesetzt werden.

** Ich weiß nicht, ob er noch lebt; im Jahre 1806 lebte er noch.

ches mit seiner Wirtschaft einem gewissen Kohlbrenner Schneider gehört, wovon der nicht weit abgelegene Schneiderfels* seinen Namen erhielt.

Nun richten wir unsern Weg weiter nach dem Walde hin, aber unsern Blicken ist der Fels gänzlich entschwunden. Sowie wir einige Schritte in diesem Walde oder vielmehr Wäldchen getan haben, wenden wir uns links und betreten einen Fußsteig, der durch Gebüsche dahin sich windet; über uns singen die Vögel, wir wandern vergnügt weiter, beugen die Zweige der Gebüsche auseinander und steigen jetzt auf einem schmalen Pfade den Hügel hinan; noch erblicken wir keinen Fels, immer weiter steigen wir, kriechen durch die dichten Gebüsche hindurch, und – welche Überraschung! – wir stehen plötzlich nahe bei einem rötlich grauen, ernsten Felsengetürm, um welches in einem dünnen Kreise hie und da einige Tannen hervorragen. Noch blicken wir es staunend an, und die Einsamkeit und Stille, nur vom Gekrächze aufgeschreckter Raben unterbrochen, wirken, daß ein unwillkürlicher Schauer die Glieder überläuft. – Über Gestrüppe und abgerollte Steine steigen wir nun näher hinauf.

Eigentlich sind es zwei Granitfelsen, hie und da von kiesigen Adern durchschnitten; jedoch die Verschiedenheit ihrer äußerlichen Form ist so auffallend als merkwürdig. Der eine nämlich scheint aus lauter abgestumpften Cylindern zusammengesetzt zu sein, hebt sich hoch empor, und da, wo diese Quasicylinder aneinander sich fügen, sind tiefe Ritze und Klüfte; dieser ganze Fels scheint nur leicht und flüchtig aufeinandergeschichtet zu sein und jeden Augenblick einstürzen zu wollen. Man wird von einer sonderbaren Angst befallen, wenn man nahe bei demselben steht; denn unten herum liegen große Granitblöcke, daß man glaubt, sie wären von ihm abgerollt und also müsse der Fels größer gewesen sein. Aber der ganze Hügel, worauf er emporragt, ist ein Granitgebirge, welches die Zeit mit Moos und Bäumen überzog.

Der andere Fels ist kleiner, aber nicht so geformt; er scheint aus mehrern Trapezoiden schräg aufeinandergeschichtet zu sein, daß man ebenfalls befürchten könnte, er werde mit jedem Augenblicke einstürzen; wenn man vorzüglich darauf steht, wird man von einer solchen Furcht beängstigt, – doch er wird nie fallen. Übrigens ist er nicht so nackt und kahl wie sein Nachbar, sondern mit dem grünsten Moose fast ganz überzogen.

---

* So ist der eine Name erklärt. Auch sagt man in der Gegend umher nur schlechtweg: „'s Felsel." Warum man auch Teufelskanzel sagt, will ich nachher erklären.

Hier stelle man sich zwischen diese zwei Felsenmassen, und man wird einem jeden von beiden einen gewissen Character (um mich so auszudrücken) beilegen können. – Der große nämlich ist ein Bild des Ernstes, des Mutes, der Standhaftigkeit und jeglicher Größe; ihn vermochte kein Wetter, kein Sturm zu rühren, er blieb sich gleich, Blitze umkreuzten und berührten ihn, er stand, – und waren die Wetter vorüber, so verweilte mild und belohnend der Abendsonne Purpurblick auf seinem Scheitel, denn sein Streben war groß, wie des Mannes feuriges Streben, es gehörte dem Himmel an. –

Der andere neigt sich schon mehr an die Erde, ein Bild der Schwachheit, der allzugroßen Nachgiebigkeit, nicht vermögend, sich mutvoll emporzuschwingen, nur für die Erde lebend. – Die tiefe Stille nun, welche um diese Felsen herrscht, vermehrt die schauerliche Einsamkeit, die nur bisweilen ein Raubvogel oder ein Windstoß in den hohen Wipfeln der ästigen Tannen unterbricht. Der größere Fels aber ist die eigentliche Teufelskanzel. Auf meinen Wanderungen fand ich in der Nähe einen alten Holzhacker im Walde, welcher mir folgende, nach seinem Ausdrucke wahrhafte Geschichte von diesem Felsen erzählte, welche ich hier beifüge, wie ich sie hörte, da so etwas nicht uninteressant sein kann.

„Zu Anfange, als Johanngeorgenstadt erbaut wurde, kamen häufig Katholiken herüber und suchten die Lutheraner abfällig zu machen; sie wendeten alles an, Überredung, Versprechungen, Bitten, und, da dieses nichts zu fruchten schien, auch Drohungen, welche sie in der Folge nicht unerfüllt ließen, indem man einigemal Feuer angelegt und manches ruiniert fand.

Zu Anfange des Stadtbaues gingen einst frühmorgens drei Bergleute aus, um die umliegenden Gebirge zu untersuchen, wobei sie sich zugleich des Rutenschlagens bedienten. Diese kamen nun auch zu dem Felsen, welcher damals höher und stärker gewesen sein soll; müde und abgemattet setzten sie sich hier nieder, um auszuruhen. Sie erzählten sich manches, und unter andern fingen sie auch an, von dem Baue der Stadt und ihrem Vorhaben zu sprechen und äußerten oft den Wunsch, daß Gott den Katholiken die schwere Sünde vergeben möge, die sie durch so manche Kränkungen an den Lutheranern begingen. Plötzlich rauschte es hinter ihnen, – erschrocken kehrten sie sich um und sahen einen langen, dicken Mönch aus einem Busche hervortreten, welcher, den Zeigefinger der rechten Hand emporgestreckt, ihnen dreimal winkte. – – Sie gerieten in Verlegenheit und wußten nicht, was sie tun sollten; endlich entschlossen sie sich und gingen näher hinzu, worauf der Mönch langsam auf den Fels gestiegen sei, gleichwie auf einer Treppe, und jeder Tritt seines Fußes hätte eine solche Stufe gebildet, wie man heutiges Tages noch sieht. Von oben herab hätte er nun zu ihnen mit einer schauerlichen, besondern Stimme gepredigt, ihnen Gold und Silber und alles, was sie wünschen würden, versprochen, wenn sie katholisch würden, aber den Namen Gottes und des Heilands hätte er nie erwähnt. Doch sie blieben standhaft! Wie er endlich anfing, durch große Verheißungen und glatte Worte ihr Herz zu bestricken, so riefen sie laut in ihrer Angst: „Heiliger Gott, sei uns gnädig und barmherzig!" – Sogleich krachte es fürchterlich, der Mönch verschwand, und in der Luft hörten sie ein gräßliches Gewinsel. Getrost und mutig gingen sie zurück, und unterwegs schon erhielten sie die frohe Nachricht, daß soeben wieder ein reichhaltiger Silbergang gefunden worden sei, welches sie für einen Lohn Gottes ansahen und Dankeslieder anstimmten, u. s. w. – Da, wie ich merkte, den meisten in der Gegend dieses Märchen nicht bekannt ist, so ist ihnen auch der Name Teufelskanzel weniger bekannt; denn der Mönch, welcher hier predigte, war nach ihrer Meinung kein anderer als + + + Gott sei bei uns! Herr Lurian! –

Auf dem größern Felsen nun kann man von hinten wirklich wie auf einer Treppe, nur nicht gar so bequem und ein wenig gefahrvoll, emporklettern, und oben nach Mittag hin ist eine Art von Brustwehr, kurz, dieser Fels ist einer Kanzel in der Tat nicht unähnlich.

O! man steige hinauf und sehe sich um, und predige die Wunder der Natur! – Welch eine erhabene, entzückende Aussicht auf diesem Felsen! Stärke mich, Muse, daß ich es jetzt wage, der lieblichen Aussicht meinen Gesang zu weihen! –

Wanderer, der du mit mir erstiegst in gefährlichen Stufen
Und in Erwartung belohnender Aussicht die felsige Kanzel,
Komm nun, o! komm, und siehe, wie freundlich und gütig der Herr sei!
Siehe nach Mittag hin, welch' ausgebreitete Menge
Freundlicher Felder und Fluren und fleißig durchgrabener Äcker,
Die, am Rande mit Mauer und mancherlei grünenden Sträuchern
Rund umzäumt, wie niedliche Gärten dem Fremdling erscheinen!
Baumbepflanzte Wege und klare Gewässer und Bäche
Schlängeln im Tale sich hin und beugen sich über die Höhen;
Überall Hütten und Häuser und Menschen, alles beleben
Frohsinn, Fleiß und Arbeitsamkeit. – Ha! hörst du die dumpfen
Schläge des mächtigen Hammers, der hinten, vor dir in dem weiten

Wittichsthale, vom Wasser gehoben, Eisen zu Blech schlägt?
Hörst du der Bäche Geräusch und das ferne Klappern der Mühle?
Und wie der Wind den Forst durcheilt und die Täler und Klüfte? –

Dort auf dem Berge, der schroff sich hinabbeugt ins Tal und ans Wasser,
Siehst du die Stadt, die Liebe zur Wahrheit und Freiheit des Geistes
Bauten, daß jetzt so weit umher Gefilde und Fluren
Sich verbreiten, wo einst die kälteste, grausendste Wildnis
Barg blutdürstige Wölfe und Bären! Daß Menschen da wohnen,
Wo einst der Tiere des Waldes mächtige Anzahl sich mehrete. –
Wo man ein winziges Häuslein vordem mit Mühe aufsuchte,
Dehnet sich jetzt so blühend und menschenvoll eine Stadt aus.

Blicke im halben Kreise umher am Horizonte,
Wie sich aus waldigen, böhm'schen Gebirgen Häuser und Felder,
Felsen und kleine Hügel nun deinen Blicken darstellen,
Daß die Stadt und ihr Berg im Tale zu liegen dir scheinen! –
Und nun wende nach Morgen dein Antlitz, und siehe die Mischung
Kleiner und größerer Berge, wie kleine und große Regenten:
Einige siehst du das kahle Haupt zum Himmel erheben,
Andere schmückt des Waldes Grün und des Schattens Erquickung.
Und dort drüben auf jenem kugelförmigen Berge
Ragt auf dem nackten Scheitel ein rötliches Felsengetürm auf,
Wie Ruinen irgendeines gotischen Schlosses;
Täuscht mich der Anblick doch so sehr, daß getäfelte Wände,
Stiegen und geränderte Bogen ich wähne zu sehen.

Weiter hinten blickt auf der weitansteigenden Höhe
Silbern die Kirche des Dorfes Breitenbrunn mir entgegen,
Das sich zwischen Gefilde und Äcker hinab in das Tal dehnt.
Und nun weiter dort hinten, wie sich Flecken und Häuser
Auf den schwindenden Bergen schwindend und zaubrisch verbreiten;
Wie an die Erde der Himmel sich anschließt, und man empfindet,
Tief in der Brust empfindet, daß die Heimat des Menschen
In dem Himmel nur sei, daß solcherlei Sehnsucht ein Gott nur
In des Erdenbürgers strebenden Busen gepflanzet.
Und so nenne den Fels nicht eine Kanzel des Teufels,
Nach der Vorzeit Fabelerzählung, nenn' ihn nach deines
Herzens Gefühlen die Gotteskanzel! – Hier lehre im großen,

Wundervollen Tempel der heil'gen Natur ihren Schöpfer,
Wann dich der scheidenden Sonne Purpur golden verkläret,
Und ein Stern nach dem andern am reinen Azur hervorglänzt,
Zu bezeugen, es sei ein Gott, der die Menschen geschaffen,
Daß moralische Vollkommenheit sei der Schöpfung
Heiligster, höchster Zweck, und Tugend das Mittel der Menschen!
Oder verweile auch hier, wie einst ich mußte verweilen,
Wenn sich am brennenden Himmel wildrollende Donner verfolgen,
Wenn sich die Flammen des Blitzes im zischenden Zickzack verbreiten,
Bänglich durch schlüpfrige Ritze der Wind heult, rauschend die Wipfel
Alternder Tannen erzittern und rings die Söhne des Forstes
Brausen; – wenn sich die ganze Natur im Sturm zu lösen
Droht, wenn Nacht und Dunkel und schlängelnde Blitze dann schrecklich
Dich umzingeln und nirgends ein lichterer Fleck an dem Himmel
Kündet dir an der tobenden Wetter bald nahendes Ende, –
Dann verweile, o Wandrer, wie ich einst verweilte am Felsen!
Was du empfindest, so lange du lebst, vergißt du es nimmer! –

Nachdem wir uns satt und überall umgesehen haben, klettern* wir wieder (aber sei ja vorsichtig!) herab von dem Felsen, betrachten ihn unten noch einmal von allen Seiten und steigen von der Anhöhe selbst wieder hernieder. Oft unterweges blicken wir uns um nach der ragenden Kanzel, bis die dichten Fichtengebüsche sie gänzlich unsern Blicken entziehen. Wir kommen zu dem sogenannten Schneidergute zurück; hier wollen wir eine Milch einnehmen und uns an dem vielfachen Echo ergötzen, welches man, zwischen Nord und Ost gerichtet, nicht weit von dem Hause am Wege wahrnehmen kann. Fünfmal kann man einen starken Schall ziemlich zurück hören.

Nun richten wir unsern Weg wieder nach der Stadt, um für künftige Wanderungen uns zu stärken und zu erquicken. –

---

* Ich habe mich sehr gewundert über den größten Teil der obererzgebirgischen Jugend, in Rücksicht des flinken und geschwinden Kletterns auf Felsen und steile Berge. Die Gemsenjäger in Savoyen müssen nicht geschickter und schneller die Felsen ersteigen als manche Knaben im obern Erzgebirge.

2. *Die Gegend am Schwarzwasser nach Breitenbrunn*

Wenn man eine rechte romantische Gegend, voll Abwechslung und Gegenständen mancher Art, durchwandern und besehen will, so darf man nur auf dem Wege am Schwarzwasser nach Breitenbrunn gehen. Für den aufmerksamen Freund der Natur hat diese Gegend gewiß viel wahren Genuß und Reiz, indem Erhabenheit und Ernst in immer neuen Scenen dem forschenden Auge sich darstellen.

Man geht zuerst von dem Schießhause vorbei auf der Chaussee; zur Rechten rauscht, über große Steine schäumend, das Schwarzwasser, an welchem sich der Rabenberg waldig emporhebt und längs fortzieht. Links an dem schroffen Fuße des Heimberges liegt ein kleines Wiesental ausgebreitet, worin man die sogenannte Finkmühle und die dabei befindliche Zinnschmelzhütte erblickt. – Weiter hinten, am Ende des Tales, geht es nun ein wenig bergan, und das Schwarzwasser macht einen Bogen rechts von dem Wege, daß man eine hübsche Wiese erblickt, über welche oben die Straße sich hinbeugt und Felsen und Gebüsche sich dehnen. Hier ragt am jenseitigen Ufer des Schwarzwassers ein kahler und steiler, mit Felsenruinen verwahrter Gebirgsfuß hervor, vorn an der Spitze mit wenigen hohen, schwarzen Tannen bewachsen; gleich dahinter steigt wieder ein hoher, ebenfalls kahler, schroffer Berg auf, auf welchem ganz oben ein Gemisch von Fichten, Buchen und Felsen sichtbar wird. Gewiß ist der Anblick sehr schön, den man hier hat: neben sich die grüne Wiese mit ihrem Fels, an deren Ende das geschlängelte, rauschende Schwarzwasser, hinter welchem das kahle, steile Gebirge mit dünner Waldung und grauen Felsen ansteigt. Hier habe ich oft und gern verweilt. –

Der Weg senkt sich jetzt wieder hinab und bleibt nun durchs ganze Tal eben. Man kommt an eine Mühle, welche, von einem nicht großen Grasplatze hinten und zur Seite umgeben, jenseits des Schwarzwassers am Fuße des nun waldigen Gebirges liegt. Links dehnt sich jetzt ebenfalls eine Gebirgskette mit Waldung und weiß hervorschimmernden Granitblöcken fort, an deren Fuße unweit der Mühle ein Stolln, namens Trau und bau auf Gott, befindlich ist. Krumm beugt sich der Weg dann um des Gebirges hervorragenden Fuß, und so hat man bis jetzt links wieder eine neue, überraschende Aussicht.

Die Gebirgsseite ist eine Strecke fort meistens kahl, und nur oben zieht sich der dunkle Forst hin, an dessen Saume man mehrere Reihen alter und neuer* Holzstöße erblickt. Weiter unten ragen hie und da aus einem Chaos von Gestrüppe, Steinen, Moos und kleinen Gebüsche einige hohe rötliche Felsen auf, anmutig von Buchen umschattet, welches ebenfalls einen überaus schönen Anblick gewährt. Zur Rechten das rauschende Schwarzwasser und der hinten aufsteigende, dichte Wald, aus welchem der Vögel frohe Gesänge tönen; über sich so hoch den Himmel, vor sich den mit dem Wasser parallel geschlängelten Weg und das ganze tiefe Tal, wie oben höhere Tannen majestätisch aus den Forsten ragen, wie dort zerschmetterte Stämme im Kreise mächtiger Granitblökke trauern und aus dem Dunkel der Waldung ein scheuer Hirsch hervorlugt. Und immer begegnet man biedern aufrichtigen Menschen, auf ihren gesunden Gesichtern leuchtet Frohsinn und Zufriedenheit. Zufriedenheit, – auch wenn im Winter der häufige Schnee die Wege versperrt und die Tür der Hütte verschneit; mutig wird ein Weg gebahnt. Wenn Weib und Kinder frieren: rasch den Schlitten zur Hand, ringsum ist ja Wald,** wo man Holz holen kann; väterlich sorgte die Vorsehung! – Nicht wahr, ihr Erzgebirger, ihr lebt in keinem Sibirien, wie Weichlinge euer Gebirge nennen? Uns, meine braven Landsleute, gefällt's im Schoße unserer Täler und Berge! – Selten und fast nie dringen zu uns die Greuel und Schrecken des Krieges; wenn andere mit vielem Blute sich Land auf Land erobern, genügt uns an einer Hütte und dem nötigen Auskommen, wenn wir nur gesund sind und arbeiten können. O, wie glücklich leben wir auf unsern verschrieenen Bergen! –

Unter Abwechslung der Gegenstände, wie ich sie geschildert habe, kommen wir endlich auch an das sogenannte Teumerhaus, eine an dem Weg liegende Schenke; von hier bis nach Johanngeogenstadt rechnet man eine starke Stunde, und für Reisende ist es wirklich gut, vorzüglich im Winter, daß sie hier ein Wirtshaus treffen.

Der Weg zieht sich immer links am Fuße des Gebirges fort und schlingt sich endlich um eine kleine, mit einer Mauer halb umrundeten Wiese; das Tal erweitert sich nun ein wenig, und das Schwarzwasser macht rechts einen ziemlichen Bogen. Am Ende der Wiese links erhebt sich ein kolossalisches Felsengetürm, welches aus lauter großen, abgerundeten, viereckigen Felsenmassen aufeinandergeschichtet scheint, und dieser hohe Fels, sowie noch einige, die wir unterweges treffen werden, heißen

---

* Seit einigen Jahren wird viel Holz abgeschlagen, wodurch dieses schöne Tal lichter und freundlicher und die Luft selbst weit milder wird; denn in jenen Forsten herrscht auch in den heißesten Tagen auffallende Kälte.

** Freilich wird oft sehr gewüstet; aber ich würde ein schönes Capital haben, wenn ich alles das Holz bezahlt erhielt, was dort verfault. –

die Hefenklöße.* Farbiges Moos und allerlei Gestrüppe bedecken hie und da diesen Fels; schlanke, junge Tannen beugen sich aus den häufigen Ritzen und Klüften hervor und bedecken seinen Scheitel. Von vorn herab ist er wie abgeschnitten und unersteiglich; wenn man ihn aber von der Bergseite erklettert, an welcher er sich emporhebt, hat man eine ziemliche Aussicht ins Tal. Grausen und Schwindel überfällt den Wanderer, der auf seiner Höhe weilt, und der bloße Gedanke schon, „wenn ich hinabstürzte" – treibt bleiches Schrecken und Zittern über sein Angesicht und seine Glieder. Ach! ihm würde auch nie wieder die Sonne scheinen, wenn er hinabstürzte: ehe er den Boden berührte, hätte des Todes Hand ihn zerschmettert! –

Wenn man eine Strecke weiter im Tale fortgegangen ist, kommt man an eine Meilensäule, und hier nun hat man wieder einen vortrefflichen Anblick. Schräg gegenüber erblickt man wieder einen Fels, dessen ganze Gestalt aber von den Hefenklößen abweicht. Er erhebt sich mehr terrassenförmig und spitzig auf der hervorstehenden, waldleeren Seite des Gebirges rechter Hand, und glänzt in verschiedenen bunten Farben, vorzüglich unten; einige junge Fichten schmücken ihn, und hart an seinem Fuße rauscht das Schwarzwasser vorbei, welches hier den angefangenen Bogen endigt. Gerade vor sich sieht man jenen großen, auf dem Schneiderfelsen schon wahrgenommenen, kugelförmigen Berg mit seinem Basaltfelsen, bis an die Mittag von Waldung bedeckt; und nun bilden sich zwei Täler.

Das eine nämlich links hinauf, durch welches ein schäumender Waldbach braust und ein Weg nach Steinheidel und andere Waldflecken führt. Rechts entsteht das andere Tal, durch welches das Schwarzwasser an der Breitenbrunner Straße hart dahinfließt. Der Weg geht jetzt über eine Brücke, wo sich jener Bach in das Schwarzwasser stürzt; wir bleiben aber auf dem Wege nach Breitenbrunn.

Unterwegs kommen wir wieder an einige solche kolossalische Felsen, wie der oben beschriebene, an die Hefenklöße. Aus des Forstes dunklem Grün steigen sie hart an der Straße auf und flößen Staunen und Bewunderung ein.

Wenn man eine Strecke weiter fortgegangen ist und sich rechts gehalten hat, sieht man, wie sich rechter Hand das Tal erweitert, die Waldung

* So nennt man diese Felsen, weil man den Steinmassen, die auf einandergeschichtet scheinen, eine Ähnlichkeit mit einem beliebten Backwerk, – Hefenklößen – gefunden hat. An hohen Festtagen, vorzüglich an Fastnacht, werden sie in dasiger Gegend häufig gebacken.

dünner wird und endlich auf der Höhe einige Felder zum Vorschein kommen. Erfreulicher wird diese Wahrnehmung, wenn endlich der Wald nach und nach aufhört und man an einige Häuser* kommt, hinter welchen wiederum am Saume des Waldes sich verschiedene Felsen emporheben. Alles wird jetzt freundlicher, man naht sich Breitenbrunn immer mehr, und, auf der Brücke stehend, steht man links hinunter in ein von dunkler Waldung eingeschlossenes Tal, welches das nun breiter fließende Schwarzwasser durchschneidet und worin das Hammerwerk Breitenhof liegt. Man hört das Getöse des Hammers und der gehenden Treibräder, hört das schauerliche Pfeifen der Blasebälge, die das Wasser hebt; sieht die Sprudel ewiger Funken und die weißlichen Dampfsäulen zum Himmel steigen, sieht das lebendige Fuhrwerk und das Kommen und Gehen der Menschen. – Rechts dehnt sich Breitenbrunn einen allmählich ansteigenden, hohen Berg hinan, oben auf der Höhe des Berges steht erhaben die Kirche; seiner freundlichen Lage nach verdient Breitenbrunn vorzüglich unter die ansehnlichen, hübschen Dörfer des obern Erzgebirges gezählt zu werden.

3. Der Teufelsstein bei Steinbach

In den vorhergehenden Schilderungen haben wir uns meistenteils in der untern Region um Johanngeorgenstadt aufgehalten; jetzt wollen wir auch die obere durchstreifen und unsern Weg nach Steinbach richten. Vielleicht lächelt mancher hier, der einige Kenntnisse von der dortigen Gegend hat, daß ich den Leser nach Steinbach, ein kleines, von Bergleuten bewohntes Walddorf, führen will, aber nicht dieses will ich ihm, sondern die in dieser Gegend befindlichen Merkwürdigkeiten, und unter diesen vorzüglich den Teufelsstein, zeigen. Warum man diesen Fels so nennt, weiß ich nicht; vermutlich gab die Einbildungskraft des gemeinen Mannes, welche immer die Hand des Teufels und nicht Gottes Hand am Außerordentlichen wahrnimmt, einem Felsen diesen Namen, dessen auffallende Gestalt und übrige Lage ich jetzt schildern und zugleich den Eindruck zeichnen will, den der Anblick desselben in der Brust eines jeden gefühlvollen Naturfreundes macht.

Man geht die Eibenstocker Straße, welche bei einer Zeche, Gotthelf Schaller genannt, vorzüglich vorbei nach dem weiter oben liegenden Walde sich zieht, daß man das schon erwähnte Schwefelwerk dann schräg

* Wenn ich nicht irre, gehören diese Häuser zum Hammerwerke Breitenhof.

linker Hand hin nicht weit von sich erblicken kann. Auf diesem Wege gehe man eine ziemliche Strecke immer durch den Wald fort, bis man rechts herüber in kurzen Pausen eine Glocke* tönen hört. Nun wende man sich rechts, gehe durch die dünne Waldung, und bald wird man auf eine große Blöße** kommen, wo sich auf einer kleinen Anhöhe am Saume des Waldes eine hohe Felsenwand zuerst und auffallend darstellt. Man wird wirklich bei dem Anblick derselben überrascht, ob es gleich nichts Seltenes ist, im obern Erzgebirge häufig auf Felsen zu stoßen, aber die Gestalt dieses Felsens verdient, daß man eine Weile sich hier erst durch den Anblick desselben ergötze. –

Vor sich steht man eine unmerklich sich daher senkende, mit jungen Gebüschen, mit größern und kleinern Steinen und Stöcken überzogene Fläche, welche weiter unten mit den Steinbacher Wiesen und Feldern sich vereinigt. Seitwärts rechts auf einer kleinen Anhöhe hebt sich der Teufelsstein empor.

In der Gestalt dieses Felsens findet man wirklich die täuschendste Ähnlichkeit mit den Ruinen irgendeiner alten Burg aus der Vorzeit; denn man nimmt nicht nur die deutlichsten Spuren mehrerer Fenster, sondern auch Türen und Bogen daran wahr. Er steigt, wie eine Treppe, von der einen Seite zu einer beträchtlichen Höhe auf, und senkt von da sich auch so wieder auf der andere Seite hinab. Ein interessanter Anblick, wie diese rötlichgrauen Ruinen am Saume des Forstes auftragen, dessen schwarzes Grün einen lebhaften Farbenabstich erzeugt und das Romantische dieser Erscheinung vermehrt! Und wenn man den pausenweisen Klang der unfernen Zechenglocke hört, wenn man nicht weiter um sich sieht, sich auf Flügeln der Phantasie in die graue Vergangenheit zurückschwingt, wo Schilde und Speere klirrten: wahrhaftig, man wähnt, es töne die heimliche Klosterglocke, und ein Ritter Bruno oder ein Adelbert habe mit gewaltiger Macht vor etlichen Monden jenes Raubschloß zerstört; nun wird der steinige Boden grünend, von der Anhöhe herab dehnt sich der Burggarten, wo im Schatten der hohen Linden eine Adelheid oder eine Gertrud wandelt, der Minne erste, selige Glut empfin-

---

* Rechts drüben nämlich liegt eine Eisensteingrube, der Schimmel genannt, bei welcher eine große Wasserkunst im Gange ist, man sieht auch die Gestänge derselben deutlich. – Wenn nun das große Rad, welches die ganze Maschine in Bewegung setzt, einmal um sich herum ist, so tönt jedesmal die kleine Glocke; diese Einrichtung hat den Nutzen, daß man gleich hören kann, wenn an der Maschine etwas zu Bruche gegangen.

** So nennt man die von hoher Waldung leeren, freien Plätze in einem Walde.

dend. Nun malt die Phantasie lebhafter und auf die angenehmste Weise diese Bilder weiter aus, und einer süßen Wehmut Gefühl schauert durch die beklommene Brust. –

Aber aus der lieblichen Täuschung erwacht man bald, wenn man näher hinzugeht und mehrere senkrechte Spalten und viele viereckigte, säulenförmige Felsenmassen wahrnimmt, welche, wie von Menschenhänden an- und aufeinandergestellt, den Teufelsstein bilden. Von vorn herab, wo wir jetzt unsre Blicke hinwerfen, ist der ganze Fels wie abgeschnitten, keine Möglichkeit findet sich hier, ihn zu ersteigen. Staunend blickt man ihn an und findet, daß der Mensch in seinen Werken nie die Natur nachzubilden vermag, daß ein kostbares Meisterwerk der Kunst, hier aufgestellt, viel verlieren würde. Aber der Mensch bildet auch nur nach seinen Ideen Gestalten; noch fand man keine Mediceische Venus* unter den Menschen und keinen attischen Eros**, und es fragt sich, ob der geübte Meisel des Künstlers den Stein, welcher verachtet am Wege liegt, nachbilden kann, so daß man die Hand der Kunst nicht entdeckte. – So fehlt auch den Felsen, die man bisweilen im Niederlande in vornehmen Gärten antrifft, weiter nichts, als daß man nicht wahrnehmen müßte, sie wären zusammengepfuscht. Aber um so herrlicher und erhabener ist der Anblick, wenn man an Gegenständen der Natur, wie z. B. an diesem Felsen, wahrnimmt, daß es scheint, als hätten Menschenhände es getan, da dem doch nicht ist; so wie man bei künstlichen Felsen weiß, sie sind zusammengesetzt und sollen doch natürlich scheinen. Dies verhält sich nun so auch im allgemeinen; das Künstliche soll natürlich scheinen, und das Natürliche trägt Spuren der höchsten Kunst an sich. – Es würde uns aber ein großer Teil des Genusses entzogen werden, wenn wir den Teufelsstein nicht erklettern sollten, und zu diesem Ende gehen wir auf die hintere Seite und bemerken zugleich, daß diese hohe emporragende Wand kaum 30 Zoll stark sei. Hinten lehnt sich eine andere Felsenwand an, daß man jedoch die Abgesondertheit beider wahrnehmen kann, und auf dieser steigt man, freilich etwas beschwerlich und mit klopfendem Herzen, empor. Bald kommt man an ein paar fensterförmige Durchsichten; wem nun hier beim Herabblicken auf die Gegend schon schwindlig wird, dem rate ich nicht, weiterzusteigen, weil von jetzt an das Klettern bis zu den Spitzen des Felsens gefährlich wird. Jedoch wird man durch die erhabenste Aussicht vielfältig belohnt.

---

* Verzeihen Sie, meine busenenthüllten Damen!

** Verzeiht, ihr ästhetischen, duftenden Seelen, mit Lorgnette und Hahnenkamm.

Tief unter sich sieht man nun den daran stoßenden Forst, und wie sich hie und da waldige und kahle Berge emporheben; sieht vor sich unten das weidende Vieh und schräg drüben die Wasserkunst beim Schimmel,* sieht, wie sich die Gestänge wimmernd an einander reiben, und weiter hinten Steinbach, man hört das Getöse der gereihten** Pochwerke und das Hantieren links auf der Straße. – Hinter sich sieht man die ganze Fläche von Waldung umzingelt, hinter welcher im verjüngtesten Maßstabe der Schneiderfels hervorblickt, und hinter diesem dehnt sich wiederum fern hinab der Rücken des Rabenbergs. Wahrhaftig, es ist interessant, bei, um und auf diesem Felsen zu weilen. –

Wenn man das obere Gebirge bereist, so beobachte man vorzüglich, einen Gegenstand aus verschiedenen, fernen Gesichtspunkten zu betrachten, sodann sich ihm allmählich zu nahen und dann seine übrigen Untersuchungen anzustellen. Eine allgemeine Regel kann man freilich nicht geben, weil die Lage und Form der Gegenstände und sie selbst zu verschieden sind; aber nur jenen wissenschaftlichen Handwerkssinn*** hege man nicht, wenn man die Schönheiten der Natur betrachten will, die dann nur schön sind, wenn man mit reinen Gefühlen und nach keinem idealischen Maßstab sie betrachtet; wenn man die Natur kindlich ehrt. – So betrachtet den Teufelsstein, so seht von seiner Höhe gleichsam herab auf die Erde, ach! sie ist so schön, wenn man sich über sie erhaben sieht! –

Seitwärts in dem Forste findet man noch mehrere Felsen von verschiedenster Gestalt, die aber, weil der Wald zu dicht um sie sich drängt, jenes Anziehende und Heimliche verlieren, welches wir bei dem Schneiderfelsen und dem Teufelssteine fanden und empfanden. Man trifft hier in der Nähe einen Fels, welcher ein bogiges Tor bildet. – Die mannigfachen bunten Moosarten an den Felsen und auf manchen Bergen dienen auch, dieselben zu beleben und zu verschönern. Ich fand Steine, welche, vorzüglich nach dem Regen, wie Veilchen dufteten, ja noch stärker und reizender; die Ursache ist ein rotes, äußerst dünnes, jedoch sehr fest mit dem Steine vereinigtes Moos, welches aber nur an einer gewissen schwärzlichen Steinart gefunden wird. Dieser sogenannte Veilchenstein ist auch selten, ich fand ihn hinter der Rothen Grube nach Sosa zu. Nicht genug rühmen kann ich den angenehmen Geruch, welchen dieser

---

* Man sehe die erste Anmerkung S. 32.

** Es sind hier mehrere Pochwerke, welche alle übereinanderliegen, daß eines dem andern das Wasser zuführt.

*** Welcher aus so manchen Reisebeschreibungen hervorblickt.

Stein, als ich im Frühherbste die Gegend durchwanderte, nach einem leichten, kurzen Regen von sich duftete. Übrigens kam er mir nirgends wieder vor.

4. Der Auersberg

Von Johanngeorgenstadt nach Abend hin, ungefähr zwei Stunden weit, erhebt sich der Auersberg, welcher von dem sonst* häufig auf ihm sich aufhaltenden Auerwildbret diesen Namen erhielt. Von Eibenstock aus liegt er zwischen Morgen und Mittag, zwei Stunden weit; von Schneeberg aus aber liegt er gegen Mittag, und man rechnet bis zu seinem Fuße vier Stunden, wenn man nämlich über Sosa dahin reist. Wie bekannt, ist dieser Berg nach dem Fichtelberge der höchste in Sachsen: er erhebt sich 2353 Fuß hoch über Wittenberg.

Man merkt, wenn man von Johanngeorgenstadt ausgeht, nicht seine Höhe so auffallend, denn von diesem Gebirge steigt er immer allmählich empor. Als Fremder findet man allein den Weg nicht, man muß einen Führer nehmen und um 1 Uhr früh, versehen mit geistigem Getränke und einem tüchtigen Frühstück (denn auf hohen Bergen wird man bald und oft hungrig), sich aufmachen, daß man vor Sonnenaufgang oben ist; denn das ist der herrlichste, erhabenste Genuß, hier den Fürsten des Tages aus seinem Rosenbette steigen zu sehen.

Angenehm ist von Steinbach aus der Weg freilich nicht, denn bisweilen ist es sumpfig, und Frauenzimmer mögen sich mit Stiefeln verwahren; dann geht man auf lauter quer gelegten Stangen den größten Teil des Weges hinan, immer von hohem, dunklem Wald umgeben. Es wird der Auersberg häufig von Fremden und Einheimischen besucht, und die letztern wallfahrten in ganzen Gesellschaften dahin. Von Eibenstock aus ist der Weg besser, aber man muß viel steigen, denn von Wildenthal aus hebt sich der Berg steil empor. Der angenehmste Weg ist von Sosa aus.

Der obere Teil des Berges (nicht, wie Merkel bemerkt, der höchste Punkt) wird der Turm genannt, indem Johann Georg I., welcher bei einer Jagd sich auf der Spitze des Berges befand und von der herrlichen Aussicht entzückt ward, einen hölzernen Turm drauf bauen ließ, von welchem man jetzt aber wenig oder gar keine Spuren mehr findet. Die-

---

* So viel Auerhähne soll es sonst daselbst gegeben haben, daß man zur Balzzeit weit und breit habe das Geschrei hören können. Jetzt hört man aber wenig oder gar nichts. –

ser Scheitel des Berges ist ziemlich groß und eben, mit Riedgras und Beersträuchern weit bedeckt und auf der etwas tiefern Morgenseite zu von Waldung umrundet, welche aber der Aussicht keinen Schaden tut. Man trifft übrigens weiter unten nach Sosa zu hier und da tiefe Gruben, oft im Fels, welche aber nicht um des Bergbaus willen entstanden zu sein scheinen, denn man nimmt nicht das geringste Merkmal irgendeines Absturzes oder einer Halde wahr; auch findet man Himbeeren von unvergleichlichem Geschmacke.

Im Winter liegt der Schnee am höchsten und längsten auf dem Auersberg, ja, man findet in manchen Löchern zur heißesten Sommerszeit Schnee, welcher viele Jahre alt ist, wie man aus den Schichten des Laubes, die vom Schnee eines Jahres bedeckt, vielfältig aufeinanderliegen, erkennen kann. Auch hält sich viel Wildbret um den Berg auf, freilich jetzt nicht mehr in so großer Anzahl, da die böhmischen Wilddiebe fast truppenweise herüberzogen, das meiste wegschossen und auf Wagen ungescheut fortfuhren.

Über dem Auersberge steht äußerst selten, ja fast nie ein Gewitter, immer legen sie sich tiefer daran, und es ist eine der erhabensten Scenen, wenn man im Sonnenscheine auf der Spitze des Berges steht und unter sich graue Wolken sieht, aus welchen Blitze flammen und Donner rollen. So stand einst Moses auf Sinai. –

O! welche unnennbare Gefühle zittern hier in der Brust des gefühlvollen Menschen, wenn er sich dem Himmel so nahe und die Erde so tief und klein unter sich sieht! Wie eitel, wie lächerlich erscheint ihm hier alles Treiben und Streben der Menschen nach armseligen Gütern, wie klein erscheinen ihm dann die angstvollen Wünsche, die sie nur für die Erde hegen! Mitleidig blickt er auf ihre Fehden und Kriege hinab, mitleidig auf die Götter der Erde, die sich da unten so groß dünken. – So ging einst auch Jesus auf hohe Berge, denn hier fühlte er die selige Nähe seines himmlischen Vaters, hier sprach er mit ihm und überdachte den heiligen Plan zur Rettung der Menschheit! –

Doch, es sei mir erlaubt, eine Reise zu erzählen, welche ich einst mit einigen meiner Jugendfreunde von Schneeberg aus nach dem Auersberge machte. Es ist dieses gewiß eine unterhaltende und belehrende Geschichte. –

Es war in einem Juliusmonate, und die schöne Witterung versprach Dauer, als wir beschlossen, eine Reise auf den Auersberg zu machen, welchen wir so oft in seiner Ferne schon betrachtet hatten. Wir wurden einig, uns so einzurichten, daß wir des Nachts auf der Spitze des Berges bleiben könnten, um dann früh desto gewisser den Aufgang der Sonne zu sehen. Daher versahen wir uns mit Lebensmitteln und zum Teil auch mit Säbeln, und traten froh und heiter um 1 Uhr Mittag unsre Reise an; gingen über Zschorlau nach dem Schindlerischen Blaufarbenwerke und kamen von da nach Sosa. Ich will hier die Anfangsbuchstaben der Namen meiner Freunde hersetzen, damit, wenn sie dieses Buch lesen sollten, sie sich an mich und an die originelle Reise erinnern. W-r und Oe-l aus J**, F-r aus A**, K-sch aus S** und H-n aus H**; vielleicht wird sich der letztere noch seiner Ausrufungen an den Mond und seines Durstes, und die andern alle sich der interessanten Scenen des Nachts auf dem Berge erinnern! –

Unerfahren in solchen Reisen, war schon bei unserer Ankunft in Sosa unser Proviant aufgezehrt, daß wir uns mit frischem versehen mußten, wozu wir Schnaps* und Bier fügten, ein jeder hatte das Seine. – Man riet uns, es war gegen 6 Uhr abends, in Sosa sehr ab, des Nachts auf dem Berge zu bleiben, weil uns sehr frieren würde; aber, wie nun einmal junge Leute sind, wir lachten und bestellten einen Führer, welcher uns bis an den Fuß des Berges leiten sollte. Er erschien, und wir traten die abenteuerliche Wanderung an.

Der Weg ging durch ein schönes, mit Wiesen, Feldern, Bächen und Büschen geschmücktes Tal, in welchem schon einige Dämmerung herrschte. Aus dem Walde zu beiden Seiten drangen die Abendgesänge der Vögel an unser Ohr, die Purpurstrahlen der Sonne malten die Wipfel der Bäume, und hie und da begegneten uns heimkehrende Feldarbeiter und Bergleute, welche uns nicht wenig anstaunten; denn unser Zug mochte auch besonders in die Augen fallen. Voran der Führer, dann einzeln nacheinander, weil der Weg schmal war, wir Wanderer mit Flaschen und Gewehr belastet. –

Nie kann ich aber das romantische Tal vergessen, durch welches wir gingen, so abwechselnd, so heimlich und doch freundlich. Jetzt war zur Rechten Tannenwald und zur Linken Laubholz mit Felsen, jetzt umgekehrt hatten wir Nadelholz zur Linken und Buchen zur Rechten; jetzt gingen wir durch gewässerte Wiesen, jetzt zwischen Äckern und Gebüschen, und ein murmelnder Bach blieb stets uns zur Seite. Endlich kamen wir an dem steil aufragenden Fuße des Auerbergs an und blickten beklommen an der mächtigen Höhe empor, nicht ahnend, daß wir nun noch über eine Stunde zu steigen hatten. Unser Führer stieg eine Strecke

* Um wegen der nächtlichen Kälte auf dem Berge uns von innen zu wärmen.

mit uns empor und zeigte dann, in welcher Richtung wir uns halten müßten, wünschte uns gute Nacht und verschwand.

In Sorgen des Weges und in Furcht (ich will es nur gestehen) vor Wilddieben stiegen wir empor, fest entschlossen, uns mit keinem Blicke umzusehen, damit wir die Aussicht dann doppelt genießen möchten. Wir kamen nun an einen Absatz des Berges, ungefähr in der Mitte der Höhe; hier zog sich eine schmale Seite des Waldes hervor, mit einzelnen Granitblöcken, welches angenehm auffiel. Wir kamen an mehrere der erwähnten Gruben, in welchen ewiger Schnee blinkte; uns schwitzte sehr, und der Contrast der Jahreszeit mit diesem Schnee regte unsern Durst, daß die mitgenommenen Flaschen Bier es empfanden.

Wir kamen sodann an den Teil des Berges, welcher der Turm heißt, und wurden froh, weil wir das Ende unsers Steigens und das Ziel unserer Reise nun bald erreicht sahen. Jetzt wurde es etwas waldiger, wir drängten uns durch Gebüsche, immer emporsteigend, bis wir endlich, und mit welchen frohen Gefühlen! auf die Spitze des Berges kamen. Wir ersahen uns ein bequemes Plätzchen, warfen unser Gepäck hin und uns daneben nieder, um auszuruhen; es wurde gegessen, getrunken, gescherzt und unterhalten. Acht Uhr war vorbei, aber auf dem Berge war es nach dem Stande der Sonne etwa erst fünf Uhr. –

Nachdem wir uns gelabt und erholt hatten, wurde Anstalt gemacht (umgesehen hatten wir uns wenig oder gar nicht), eine Hütte von Reisig aufzubauen, worein wir uns des Nachts legen könnten. Wir fingen daher an, mit unsern Säbeln Äste und junge Bäume abzuhauen, sammelten eine Menge dürres Holz zu einem Feuer und gingen den Bau an. Nach einer Stunde stand die kleine Hütte fertig, vor der Türe* derselben loderte ein Feuer, und die ganze Scene schien einer Niederlassung unsteter Nomaden oder apenninischer Rinaldo-Truppen** nicht unähnlich zu sein; denn die andern hatten sich um das Feuer gelagert und schmauchten ein Pfeifchen. Aber ich strich noch auf dem Scheitel des Berges herum, mich umzusehen, es war 10 Uhr vorbei.

O Gott! wie ward ich überrascht, als ich hin nach West blickte und die Sonne, ohne Strahlen, wie eine Rubinkugel, glühend am grauen Horizonte hinabsinken sah! – Alle Sterne funkelten am Himmel, und in seinem Silberglanze strahlte zugleich der Mond, von der Erde unter mir war nichts zu sehen, ein weißer Nebelschleier wallte darüber. Der Anblick griff mich zu mächtig an, ich wußte nicht mehr, wo ich war, als ich

* Es war vielmehr ein Loch.

** Leidigen Andenkens! –

Sonne, Mond und Sterne am Himmel, Tag und Nacht zugleich sah; und die erhabene, schauerliche Stille, welche nur bisweilen ein rauher Windstoß durch den Forst unterbrach! – Ich wollte weinen, und wußte nicht, warum, – beten wollte ich und konnte nichts denken, und so starrte ich in der höchsten Bewegung meines Geistes umher. Alles war so friedlich, so ruhig, und lieblich winkten die goldnen Sterne mir: – da ward mir leichter, da sank eine drückende Last von meinem Herzen, da fühlte ich mich plötzlich dem Himmel näher, ich stand vor dem Throne der Gottheit, und trunken schwebte ich durch das Reich der Sterne hin ... ewig war der Raum, mein Flug ein Gedanke, meine Bahn zwischen Sonnen, ach! und ich konnte sie nicht beenden ... des Raumes Ewigkeit warf den zitternden Jüngling wieder auf seine Erde. – „O! wäre es mir“ – seufzte ich – „nur vergönnt, so ewig auf Erden zu leben! Warum muß ich wieder vergehen, ohne zu wissen, was ich war, wo ich war? Das wäre grausam, wenn ein Gott ist.“ – – Und da sank schnell die Sonne hinab, ich schauerte zusammen; – „Ja!“ – rief ich – „ja, ich sinke! Aber ich gehe auch wieder auf, gehe strahlend wieder auf!“ – Mein Geist rang mit einem Heere schrecklicher Zweifel, endlich besiegte er sie, mit Sonnenlichte strahlte der göttliche Gedanke Unsterblichkeit in mir auf: und lieblicher winkten alle Sterne mir, und freundlicher lächelte der Mond auf mich. Beruhigt, getröstet und heiter kehrte ich zu meinen Freunden zurück. –

Diese hatten nichts mehr zu trinken, und waren von Durst und von Ameisen* geplagt. Längst schon waren Zwei fort, um Wasser aufzusuchen, aber noch nicht zurückgekehrt, daß wir unterdessen viel Angst ausstanden; endlich kamen sie und brachten – mehrere Flaschen Bier, statt Wasser, welches sie, man denke die Aufopferung, aus Wildenthal heraufgeholt hatten. Dankbar gegen sie, labten wir uns und legten uns einmütiglich in die Hütte, um ein wenig zu schlafen, es war 12 Uhr mitternachts.

Kaum hatten wir uns aneinandergelegt, um uns zu wärmen, denn über die flache Bergspitze daher strich ein kalter Nachtwind, da pfiff man plötzlich in einiger Entfernung von uns zweimal stark auf dem Finger ... wir fuhren erschrocken auf und griffen – ängstlich nach unsern Gewehren. Noch einmal pfiff es jetzt, daß der Wald gellte, wir hoben uns langsam und leise empor und fürchteten schon, von Wilddieben angefallen zu werden,** gossen daher Bier auf die glimmenden Kohlen, damit

* Der gemeine Mann in dortiger Gegend sagt nicht Ameisen, sondern Sahgwammesen.

** Dies tun die Wildschützen aber nie, man darf nur tun, als sieht und wir dadurch nicht bemerkt würden. – Horch! da raschelt es durch das Riedgras langsam über den Scheitel des Berges daher … Keiner von uns wagte erst, aus der Hüte zu sehen; endlich gewahrten wir ein hohes, schlankes Reh nicht weit von uns vorübertrippeln, welches gerade auf die Gegend hinab, woher der Pfiff gekommen war, zulief, lange noch hörten wir das Geräusch seiner Tritte, bis es nach und nach verschwand. – Plötzlich ging ein Büchsenschuß auf, der, von dem Echo vervielfältigt, schauerlich durch die Täler der Nacht dahinkrachte, und nicht lange darauf hörten wir im Tale auf der Mittagsseite einen Wagen rollen. Es war also begründet, daß böhmische Wilddiebe in unserer Nähe gewesen waren. –

Wir hatten nun nicht eben die größte Lust mehr zu schlafen, sondern standen auf und machten wieder Feuer an, während dessen sahen wir in Böhmen ein ziemliches Feuer aufgehen; wir nahmen das Fernrohr zur Hand und bemerkten, daß zwei Scheunen wegbrannten.

Ein Uhr war jetzt vorbei, und schon stieg am östlichen Himmel die Morgenröte auf, und reiner und schöner strahlte ihr purpurgoldener Saum; auch der Scheitel des Berges stieg jetzt an, sich hie und da zu röten, einzeln verloschen schon am Himmel die Sterne, bleicher wandelte Luna und kehrte allmählich ihr Angesicht nach dem blühenden Sonnengotte, welchem funkelnd Venus vorauswandelte.* Aber auf der Erde drunten war noch Nacht und Dunkel; kein Berg, kein Tal, kein Wald, keine Stadt, nichts war zu unterscheiden, alles war eine ewigragende Finsternis; aber Verklärung herrschte auf dem Berge.

Ach! es wäre doch grausend und schrecklich gewesen, wenn auf immer die Erde so von mir wäre getrennt geblieben, wenn ich nicht mehr unter den Menschen dieses Lebens hätte wandeln können, nicht mehr von ihnen geliebt und gehaßt, belohnt und betrogen worden wäre und so einsam immer auf der Spitze des Berges hätte weilen sollen! Man leidet und duldet gern, wenn andere leiden und dulden, aber man genießt alle Seligkeiten doppelt, wenn man sie als Mensch unter Menschgenießt. –

---

kennt man sie nicht. Ein gewisser Steiger in J. merkte, daß des Nachts sich in der verschlossenen Kaue seiner Zeche Wildschützen aufhielten. Er schrieb daher an die Türe: daß sie ihm auch etwas schenken sollten. Wenige Tage darauf fand er eine delicate, frische Hirschkeule. In der Kaue hingen mehrere eiserne Gerätschaften, nie fehlte etwas; aber einst vermißte der Steiger doch eine Axt und schrieb sein Mißfallen darüber an die Tür. Am folgenden Tage fand er eine neue, weit bessere Art wieder in der Kaue. Und so gibt es viele Beispiele dieser Art. –

* M. s. Jean Pauls Briefe und bervorstehenden Lebenslauf.

Immer lichter und goldener wurde es im Osten, immer weiter am Himmel verbreitete sich ein hehrer Glanz; ein Fleck war jetzt der strahlende Verräter der Sonnenbahn, sichtbar erhöhte sich das Licht, die Vögel des Waldes auf der Höhe des Berges wachten auf und sangen so schön, eine wärmere Luft strich über unsere Wangen, – und da hob sich in weißer Glut, neu und vergnügt, die liebe Sonne am fernsten Horizont langsam empor. Ihr erster Strahl traf uns und die Spitze des Berges. Unter uns war alles noch finster und still, weiße Nebel wallten durcheinander, bis endlich nach und nach die Sonne höher stieg, durch ihre allmächtigen Strahlen die Nebel zerriß und zerstreute und magisch uns die Menge der Städte, Dörfer, Häuser, Felder, Wälder, Berge und Felsen enthüllte und darstellte. Dieser Anblick war äußerst überraschend und herrlich! – Wir konnten mit bloßen Augen viele Meilen weit ziemlich deutlich im Umkreise umherblicken und durch Hilfe des Fernrohrs uns besser von den Gegenständen überzeugen und mancherlei neue entdecken. Wir konnten gegen Abend hin das ganze Voigtland und die verschiedenen Herrschaften, die ganze Zwickauer Gegend, nach Mitternacht hin die Schönburgischen Landschaften mit ihren Schlössern und Ruinen und die dahinter sich anschließenden Gegenden erkennen. Nach Morgen zu das untere Erzgebirge und ein Teil des Meißner Landes, woran sich weiter oben Böhmen anschließt und dann in einem halben Kreise nach Mittag bis Abend hin sich ausbreitet. Zwischen Morgen und Mittag ragt aus mehrern größern und kleinern Bergen stolz der waldige Fichtelberg empor und schielt neidisch herüber auf seinen kleinern Bruder; weiter hin nach Morgen der grabähnliche Pöhlberg* und alle die darum liegenden Berge. Näher vor sich sieht man den Riesenberg, einen ziemlich hohen, kahlen, mit ruinförmigen Basaltfelsen auf der Spitze ausgezeichneten Berg, und so gegen Mittag hin nimmt man viel hohe Berge in Böhmen wahr, worüber sich vorzüglich ein mit hellgrünen Steinen bedeckter auszeichnet. Wir hatten eine entzückende Aussicht! – Nun wollten wir auch nach dem lieben Schneeberg sehen, lange mußten wir suchen, und wie groß war unser Staunen, als es tief, tief da unten so klein und unbedeutend lag, daß wir unsern Augen kaum trauten; so ging es uns mit mehrern näher liegenden Orten, wir mußten, ob sie schon auf Bergen lagen, sie doch in der Tiefe aufsuchen.

Wenn die Luft rein und hell ist und man ein gutes Fernrohr hat, kann man sich viel Vergnügen und zugleich manche Belehrung über die Lage

* Dessen im zweiten Teile wird erwähnt werden. Gemeiniglich nennt man ihn Piehlberg.

und Form verschiedener Städte, Dörfer und Gegenden verschaffen, ob man sie gleich mit keinem Fuße betreten hat; man kann, und zwar mit Wahrheit, versichern, diesen und jenen Ort wirklich gesehen zu haben, ohne in die Gegend gekommen zu sein. –

In dem Walde um und unter uns wurde es nach und nach immer lebhafter; wir hörten fleißige Holzäxte klingen, hörten das Rasseln der Wägen in den nahen Tälern (des Wildenthaler Blechhammers monotonische Schläge hatten wir die ganze Nacht hindurch gehört) und den schwebenden Schall der Frühglocken, das frohe Gebrülle des Viehes, das man auf die Weide trieb, und den schönen Gesang der Vögel. Es war entzückend, unvergleichlich erhaben, jetzt auf dem Berge zu weilen. In Tränen hätte man vor Wonne vergehen mögen! – –

Lange noch senkten wir die trunkenen Blicke umher auf die Gegend, wo wir immer mehr neue und interessante Gegenstände und Scenen auffanden. Endlich aber, von Hunger und Durst geplagt, schickten wir uns zur Rückreise an, welche wir auch vergnügt und glücklich vollendeten.

Nach mehrern Jahren reiste ich wieder einmal auf den Auersberg und fand die Ruinen unserer damaligen Hütte noch, worüber ich die lebhafteste Freude empfand, denn dadurch wurde ich an manche frohe Stunde erinnert, die ich nie wieder so genießen werde.

Reiche Leute könnten sich recht verdient um den Auersberg machen, wenn sie eine nicht zu hohe, steinerne Galerie auf die Spitze desselben bauen ließen; die Aussicht gewönne dadurch ungemein, man hätte mehr Bequemlichkeit, und in der Ferne würde dies dem Berge ein interessanteres Ansehen geben. – Steine gibt's im Gebirge, auch arme Leute genug, die sich etwas verdienen möchten und können! –

Der Aufgang der Sonne auf dem Auersberg bei Eibenstock

Eine Novantike für Freunde der Natur*

Den 12ten Juli 1793

Hab ich mir je gewünscht ein Dichter zu sein: so hab ich's heute. Heute habe ich die Sonne auf dem Auersberg aufgehen gesehen. Eine Erscheinung, Freund, die schon von vielen Dichtern lebhaft besungen und von Prosaikern beschrieben worden; deren Beschreibung aber doch das Ge-

* Obige Novantike steht in den Freiberger gemeinnützigen Nachrichten (4r Jahrg. 1803, N. 31, S. 269–273), woraus sie hier mit Bewilligung des Hrn. Verlegers abgedruckt ist. Der Auersberg wird hier von einer ande-

fühl in mir nicht rege gemacht hat, als es die Natur diesen Morgen selbst in uns hervorbrachte. Sei es nun, daß das frühe Erwachen, die Morgenluft und die mit ihr vereinigte Bergluft, die höhere Region, in welcher wir uns befanden, zu unserer Stimmung für Freude und reine Naturgefühl das Ihre beigetragen haben: genug, ich muß Dir gestehen, daß ich solche Empfindungen nie in mir gefühlt habe: ob ich schon die Sonne oft, aber auf der Ebene, habe aufgehen sehen. Ich will dir ohne allen dichterischen Schwung die Erscheinung, so gut ich kann, beschreiben.

Um 12 Uhr des Nachts machten wir uns in Eibenstock auf dem Weg; denn wir hatten volle 2 Stunden einen ziemlichen ungebahnten Weg bis auf die Spitze des Auersberges, der Turm genannt, zu steigen. Unser Weg bis an den Abhang, welcher sich in das Tal der Großen Bucke hinabstürzt, war fast eben. Aber auf einmal, als wir uns dem Abhang näherten, wo wir gegenüber wieder aufwärtsklettern mußten, wurde unser Pfad kritischer. Vorsichtig und in Gefahr hinabzurollen, stiegen wir in das Tal der Großen Bucke hinab, und befanden uns, soviel als die Schatten der Nacht urteilen ließen, in einem sehr engen, auf beiden Seiten mit hohen Gebirgen und frei stehenden Felsenwänden umgebenen Tal eingeschlossen. Der einzige Ort, wo wir ins Tal herabgestiegen waren, machte es zugänglich. Von hier aus stiegen wir wieder in einer von frei stehenden Felsen gebildeten, mit hohen Bäumen bewachsenen und durch zerstreut umherliegende Felsenmassen fast unwegbaren Schlucht aufwärts. Das durch die Hitze der vorigen Tage ausgetrocknete Moos und die durch die schattigen Bäume noch dunkler gemachte Nacht erschwerte unser Steigen ungemein. Unsere Schuhe wurden so glatt, daß wir, aller Versuche ungeachtet, uns nicht immer aufrecht erhalten konnten; und die Dunkelheit erlaubte es nicht, uns bequemere Fußtritte auszusuchen.

Unter solchen mühevollen Aufwärtsklettern waren wir endlich auf der Spitze des Berges angelangt. Heller als das Tal war die Region, in welcher wir uns befanden. Wir konnten die wenig entfernten Gegenstände ziemlich genau unterscheiden. Die schwarze Farbe, die über der süd-, nörd- und östlichen Gegend ausgebreitet war, ließ uns Waldung vermuten; auch bestätigte die Aussage unsers Führers unser Urteil. Diese schwarze Farbe war aber auch jetzt alles, was wir in einiger Entfernung unterscheiden konnten; denn es war finster auf der Tiefe. Die Nacht lag noch mit ihrem bleiernen Zepter über der Gegend um uns her, indes im Osten

---

ren Seite bestiegen, und der gefühlvolle Leser sieht hieraus, daß meine Schilderungen des Obererzgebirges der Natur und Wahrheit getreu und nicht übertrieben sind.

die weißen Sonnenstrahlen den Schimmer der Sterne verbleichten, und nur die hellglänzende Venus allein übrigließen. Diese ersten Boten des werdenden Tages veränderten ihre Farbe aus einem ekelhaften Grau bald in ein helles blendendes Silberweiß: und ihr Abglanz erhellte den Ort unsers Aufenthaltes. Noch immer bedeckte Dunkel das Erdreich und Finsternis die schlafenden Völker; doch die Umrisse der Gebirge wurden mehr bemerkbar. – Jetzt verlor auch Venus ihren Glanz und verbarg ihr reizendes Gesicht hinter den Strahlen des Tagesgestirns als einen undurchsichtigen Schleier. – Jetzt rötete sich tief im Osten der Horizont, aber bald fuhr sie höher herauf, Aurora, die Hoffnung des kommenden goldhaarigen Phöbus. – Goldene Strahlen warf der Schneeberg* in Südwest uns zurück und machte ihn durch sein Leuchten in der Entfernung kennbar. – Jetzt war es ganz Tag bei uns, jetzt umtönte uns der Gesang der erwachten gefiederten Waldbewohner; und doch ruhete noch Nacht auf der Tiefe. Noch konnte man Eibenstock nicht deutlich unterscheiden. Die schlängelnden Krümmungen der Täler waren mit einem sanftem Milchflor ähnlichem Nebel bezeichnet. Das Morgenrot, das der Sonne vorausging, hatte so eine brennende Purpurfarbe, daß unsere Augen seinen Anblick kaum vertragen konnten; und wir erwarteten jeden Augenblick den Hervortritt des jungen Phöbus. Eine neidische schwarze Wolke am Horizont entzog uns die ersten Strahlen noch wenige Augenblicke. Auf einmal aber brach, über die neidische siegend, der erste Strahl der Sonne, gleich einer Fackel hinter einem Vorhang hervorgebracht, so durchdringend hervor, daß unsere Augen tränend wurden. – Die beiden Basaltberge, der Pöhl- und Bärensteiner Berg, bildeten ein Tor, durch welches die Sonne sich den Eintritt über den Gesichtskreis eröffnete. Um uns her glänzten der Berge Spitzen – und die Schatten der Täler zerstreuten sich immer mehr und mehr. Zween Hirsche zogen sich von den Feldern in ihre dicken Schlupfwinkel langsam mitten am Auersberge zurück. Gerührt über das majestätische Schauspiel der Natur, hatte es keiner gewagt, ein lautes Wort zu sprechen: – so mächtig wirkte diese erhabene Naturscene auf unsere Empfindung! Der dumpfe Schall des Hammers im Tal der Großen Bucke, tief unter unsern Füßen gelegen, versetzte uns auf einmal in Gedanken auf die Spitze des Ätna, und wir wähnten, das Getöse der einäugigen Cyclopen in ihrer Werkstatt zu hören, und erzitterten über den etwanigen Ausbruch eines Feuerstromes aus dem Bauche des Berges. – Jetzt hatte sich eine Aussicht über eine

* Die höchste Koppe des Fichtelbergs im Bayreuthischen.

Fläche eröffnet, die nur gesehen, aber nicht beschrieben werden kann. Das erste, was uns in die Augen fiel, waren die Merkmale, daß die Bewohner der vor uns liegenden Städte und Dörfer nach und nach erwachten. Dicke senkrechte Rauchsäulen stiegen aus ihren Wohnungen hoch in die Luft empor, wo sie durch Strahlen der Sonne zerstreut wurden, und erinnerten uns, daß die erwachten Einwohner dem arabischen Gotte in diesen frühen Morgenstunden ein Rauch- und Trankopfer zu bringen schon bemüht waren.

Im Südwesten ragte über die nahen Gebirge in blauer Entfernung der schon erwähnte Fichtelberg hervor. Weiter gegen Westen breitete sich ein Teil des Voigtlandes, des Erzgebirges, des Altenburgischen und des Schönburgischen wie eine Landkarte aus. Dörfer und Städte, Täler, Hügel und Berge, Fruchtland und Waldungen wechselten so angenehm und so frei ohne gezwungene Ordnung miteinander ab, daß wir uns davon kaum loszureißen vermochten. Eibenstock, Schneeberg, Zwickau, Crimmitschau, Altenburg, Hohenstein, Lichtenstein, Annaberg, Scheibenberg waren mit bloßen Augen ohne Schwierigkeit zu unterscheiden. Und die Menge Dörfer, welche vor uns lagen, lassen sich nicht alle herzählen. Gegen Nordosten lag der König der sächsischen Gebirge und bedeckte die Aussicht in das ebene Land Böhmens. Südöstlich lag Johanngeorgenstadt in einer Einöde rund mit Waldungen umgeben; und weiter südlich war, so weit das Auge reichte, die Waldung kaum durch ein einzelnes Waldhaus unterbrochen. Jetzt wünschten wir den Turm wiederhergestellt, welchen einst ein sächsischer Regent auf die Spitze dieses Berges zu seinem Vergnügen, wenn er hier jagte, hatte bauen lassen; wovon noch die Spitze des Berges der Turm genannt wird; träumten uns dann die ungleich größere Aussicht, dachten uns unser Auge mit einem Herschelischen Telescop bewaffnet! Die Erde, welche nun jetzt schon so groß, so schön sich uns darstellte, würde es gewiß dann noch mehr sein; und welchen Horizont hätte hier der Astronom!

Mit einem Wort, ich kann dir die Freude nicht beschreiben, welche ich diesen Tag auf dem Auersberg genossen: unvergeßlich wird er mir sein, denn zu tiefe Eindrücke haben alle die von mir daselbst zum erstenmal gesehenen Erscheinungen in meiner Seele gemacht. Noch eine Bemerkung, welche ich diesen Morgen beim Aufgang der Sonne machte, muß ich dir mitteilen. Ich erinnerte mich an die Urgeschichte der Welt und überzeugte mich fest: Moses, oder wer der Verfasser derselben ist, hat auf einem hohen Berg den Aufgang der Sonne gesehen, und bei der Beschreibung der Schöpfung kopiert; denn alle Erscheinungen folgten fast in der von ihm angeführten Ordnung.

Es war finster auf der Tiefe. Gott sprach: Es werde Licht, und es ward Licht. Das hab ich heute mit meinen Augen gesehen, daß und wie es Licht ward, ohne eine Sonne zu sehen. Es sondern sich Wasser von den Wassern und bilden eine Veste. – Hier hat der Verfasser Nebel aufsteigen gesehen, welcher das flache Land bedeckt und sich nach und nach zu Wolken gebildet hat. Damit man das flache Land von den Wässern, Flüssen, Seen, Meeren u. s. w. unterscheiden könnte, läßt er den Schöpfer eine Absonderung gebieten. Die Nebel schwanden, und man sah Trocknes und Erde. – Jetzt sahe er Pflanzen, Gräser und Bäume auf der Erde – diese mußte der Schöpfer nun schaffen. –

Jetzt ging die Sonne wirklich auf. Doch du wirst, ohne mich, die Idee sehr leicht weiter ausdehnen können. Dieser Gedanke soll keine Erklärung der Urschrift sein; sondern ich führe ihn nur der Ähnlichkeit wegen an.

5. Von Wildenthal über Eibenstock nach Ober- und Unterblauenthal

Das Hammerwerk Wildenthal liegt nicht übel in einem tiefen Tale, an dem einen Fuße des Auersbergs. Das Herrschaftshaus, hinter welchem sich eine waldleere, grüne Bergseite mit einem am Saume des Waldes hervorstehenden Hause erhebt, nimmt sich vorzüglich gut aus. Überhaupt herrscht eine auffallende Tätigkeit und Lebhaftigkeit in diesem einsamen, wildromantischen Tale; das Geräusch der Hämmer, des Fuhrwerks, des Wassers, der dazwischentönende Klang der kleinen Glocke, – und wer zählt all das Geräuschvolle in diesem Tale hier auf?

Sehr angenehm aber ist vorzüglich von hier aus der Weg nach Eibenstock zu. Nicht weit von dem Wirtshause geht man über eine Brücke, unter welcher sich ein rötlicher Bach über Granitblöcke schäumend wälzt und in kleinern Gräben dann auf die Räder verteilt, welche hier in einigen Hütten gehen. Zugleich senkt sich hier das Tal tiefer, so daß man jetzt an der unteren Seite eines Berges fortgeht und den Rest des weit hinab sich dehnenden Tales zur Rechten hat. Der Weg zieht sich links an dem hohen Gebirge hin, ist eben und fest, und so über eine Stunde fast lang zu beiden Seiten abwechselnd und gemischt von Buchen und Tannen beschattet. Je weiter man wandert, desto angenehmer wird es; große, bunte Felsenblöcke ragen dicht zwischen den hochstämmigen Fich-

ten, Buchen und Tannen, welche die linke hohe Gebirgsseite bis zum Wege herab beschatten, hervor; von da senkt sich sogleich der dunkle Wald wieder hinab in das Ende des Tals, aus welchem das Gemurmel des Waldbachs dringt. Gebrochene Tannen liegen trauernd hier und da, und durch die Lücken der Waldung sieht man drüben die kahlen, oft von Buchenhölzern und Felsen belebten, übrigen verschiedenen Gebirgsseiten hervorragen, vorzüglich den Abfall des Auersberges. Hier herum wachsen viele stärkende und gesunde Kräuter, deren Duft zur Abendzeit im Sommer den Geruchsinn lebhaft ergötzt.

Ich wanderte diesen Weg einst in einer warmen, mondhellen Sommernacht; aber es war schaurig, der Mond bildete allerlei Gestalten, die tiefste Stille herrschte, nur vom Gewimmer flatternder Eulen unterbrochen, der Bach rauschte unten so einförmig dahin; ich war allein und damals von düstern Gedanken umlagert. Aber es war dennoch schön, eben dieses schauerliche Wesen schuf mir Genuß! Auf einem hohen Felsenblocke saß ich, mitleidig stahl durch den Raum schwarzer Tannen des Mondes bleicher Strahl sich zu mir herab, mit trübem Blicke sah ich die glückliche Vergangenheit im fliegenden Rosengewande vorüberschweben, und trauernd blickten auf mich die geschiedenen Freuden, – als ich auf einmal langsam Tritte daherschallen hörte, ich fuhr empor. – Ein alter Mann ging vorüber und eilte erschrocken zurück, als er mich gewahrte. Ich lief auf ihn zu und beruhigte ihn. „Ach! mein lieber Herr“, meinte er in seiner Einfalt, „hierum ist's auch nicht richtig!“ – Ich lächelte für mich und gab bloß meine Neugierde zu erkennen, weil es eine vergebliche Mühe ist, alte Leute von dem Glauben an wandelnde Geister zu heilen. Er ging einen Weg mit mir und erzählte mir folgendes Märchen:

„Vor vielen hundert Jahren, da hier noch alles menschenleer und wild war, verirrte sich in dieser Talgegend ein reicher böhmischer Graf, welcher von einem Feste, das ein reußischer Fürst gab, mit seiner Tochter nach Böhmen zurückkehrte. Er war mit der schönen Tochter von seinem Gefolge abgekommen und hatte sich auf diese Art mit ihr verirrt. Beide waren zu Roß, aber da sie in dieser Wildnis nicht mit den Rossen durchkommen konnten, banden sie dieselben an und gingen, um auf einen Weg oder auf ihr Gefolge zu stoßen. – Es war Nacht, alles dunkel und finster, kein Stern stand am Himmel, und so gerieten sie abgemattet, hungrig und durstig an den Ort, wo ich erst saß und wo der große Felsenblock liegt. – Der Graf war ein böser Mann, der seine Untertanen drückte und quälte, manche Jungfrau, manches Weib schon unglücklich gemacht hatte und stets in Schwelgerei lebte. Er fing auch jetzt an zu fluchen und zu toben, als er sich verirrt sah und lästerte den Namen Gottes; aber seine Tochter, ein gutes, frommes Kind, betete zu Gott, daß er sie und ihren Vater aus dieser Wildnis erretten möchte. Den bösen Vater verdroß ihr Gebet, er zog das Schwert und gebot ihr unter den gräßlichsten Drohungen zu schweigen; aber sie betete in ihren Herzen fort. Endlich wurde es plötzlich hell, wie wenn der Mond scheint, – ein fremder, großer Ritter in schwarzer Rüstung stand vor ihnen und sprach: ‚Graf! so du mir dein Kind gibst, will ich dich erlösen aus allem Ungemach: ich bin ein Rittersmann, nicht weit von hier liegt meine Burg!' – Und der Graf antwortete: ‚Wohl will ich dir die Dirne überlassen, so du mich aus der Wildnis geleitest.' Aber das Mädchen zitterte heftig und betete zu Gott. Da sprach der schwarze Ritter: ‚Ich habe keine Gewalt an ihr, doch du bist reif, grausamer Vater! Deine Zeit ist vorbei, du mußt mit mir von hinnen!' – Ob dieser Worte entbrannte der Graf in seinem Zorne und hob das Schwert. Aber der schwarze Ritter grinste ihn schrecklich an, und, als der Graf auf ihn zustürzte, ergriff er einen großen Felsenblock und schleuderte ihn auf den Grafen. Dies ist der Block, den man heutigen Tages noch links am Wege sieht, darunter soll nun der böhmische Graf liegen. – Der schwarze Ritter war – der Satan, welcher alsbald mit Gestank und Dampf verschwand. Aber vom Himmel stiegen die heiligen Engel hernieder, trugen die fromme Tochter aus der Wildnis und heim auf ihr Schloß nach Böhmen. Zum Andenken an diese Begebenheit stiftete sie ein Kloster, welches aber im Jahr 1507 von einer Räuberhorde verbrannt und zerstört wurde." –

Dieses Märchen hat freilich viel Lücken, aber um der Gegend willen, welche ich schilderte, rücke ich es hier mit ein. – Am Ende dieses schönen Weges, nämlich bei den Eibenstocker Feldern, wo die Poststraße einen großen, bogigen Umweg macht, hat man die Aussicht teils auf die vor uns liegenden, sich ausbreitenden Fluren, teils auf Berge, Wälder, Felsen und Häuser, welche vermischt in einem Halbrunde sich darstellen.

Man geht nun auf dem Fußsteige fort, welcher sich bei einer Mühle vorbeizieht. Rechts senken sich die Wiesen tiefer hinab bis an den Saum des Waldes, und an diesem Saume ragt ein ziemlich hoher, ruinenförmiger Fels auf einer kleinen Anhöhe auf, welches einen schönen Anblick gewährt.

Jetzt kommt man durch ein kleines romantisches Wäldchen von Tannen und Laubholz, welches rings herum von Feldern eingeschlossen ist; mehrere Felsentrümmer liegen hier und da, angenehm und vielfach ertönen der Vögel Gesänge, und die Liebe scheint hier mit ihren süßen

Geheimnissen zu weilen. Mehrere kleine Gräben durchschneiden die nahen Wiesen zur Wässerung, welches, wenn die Sonne das Wasser in Silber verwandelt, herrlich aussieht; und nun weiter vorn kommt man wieder auf die Straße und erblickt Eibenstock.

Eibenstock ist gewissermaßen in einem Halbrund gebaut, auf der einen Seite ziemlich eben, auf der andern aber ziehen sich die Häuser etwas bergab, und steigen zum Teil dann wieder an einem Berge auf. Im Ganzen ein recht schöner Anblick. Übrigens ist die Gegend um Eibenstock nicht etwa schlecht, aber man findet auch keine besonderen Gegenstände, welche eine nähere Schilderung verdienen. –

Der Weg von Eibenstock bis Oberblauenthal, ein Eisenhammerwerk an der Mulde, ist auch sehr unterhaltend.

Bis an den Wald vor Oberblauenthal hat man nun wieder allerlei Berge, Wälder und Gefilde vor den Augen, doch in dem Walde selbst herrscht eine angenehme Kühle und Abwechselung, und wenn man eine Strecke darin fortgegangen ist, senkt sich der Weg allmählich einen ziemlichen Berg hinab. – An dem Ausgange der Waldung wird man auf die angenehmste Weise durch den Anblick des Hammerwerks überrascht.

Dieses sieht man vor sich in einem engen Tale, auf den obern Teile der Gebirgsseiten von Waldung fast überall umgeben; an den Bergen herab, und unten breiten sich Felder und Wiesen aus, durch welche sich die Mulde, an ihren Ufern mit Gebüschen geschmückt, hindurchschlängelt. Die gewöhnliche Lebhaftigkeit und all das geschäftige Wesen auf solchen Hammerwerken, das Rauschen mehrerer Bäche, alles dieses erhöht auch hier den schönen Anblick und gibt ihm viel Anziehendes. Wenn man den Berg vollends hinuntergestiegen ist, hat man unten wieder eine interessante Ansicht von dem Tale.

Da, wo die Mulde hervorfließt, bildet hinten die schwarze Waldung ein schönes Halbrund, welches sich, je höher es steigt, in lichteres Grün verwandelt. Zur Seite sieht man den steilen Fuß des Berges, von welchem man herabkam, an seinem Ende nimmt man junge Fichtengebüsche und weiß hervorragende Sandsteine wahr. Weiter hin, der Mulde entgegen, ragt ein großer, kahler, felsiger Berg majestätisch hervor, einzelne hohe Tannen zieren seinen Scheitel, an seinem zähen Fuße breiten sich bebuschte Wiesen aus, durch welche in einem schönen Bogen die Mulde sich windet. Der Anblick dieses blaßrotgrauen Berges ist so auffallend als schön: aber auch hinter ihm ragen noch in der Nähe einige solche Berge, nur oben mit mehr Waldung, und unten aus der weiten Schlucht schimmert das schöne, herrschaftliche Gebäude des Hammerwerks

Unterblauenthal hervor, welches zusammen gewiß ein angenehmer Genuß für das Auge ist. –

Dahin nun richte man seine Schritte selbst und betrete den Weg, welcher durch Erlengebüsche oft hart an dem felsigen Ufer der Mulde sich hinwindet.

Unterblauenthal liegt fast noch angenehmer als Oberblauenthal; freilich kommt es hier auf das Urteil eines jeden selbst an, der diese Gegenden durchwanderte und kennt. Von Unterblauenthal, vorzüglich von dem sogenannten Herrnhause aus, hat man die schönste Aussicht durch das ganze lange Tal hinab; ich sage es noch einmal, die schönste, vortrefflichste Aussicht hat man hier. –

In Merkels, von Engelhardt neu herausgegebenen Erdbeschreibung von Sachsen im ersten Bd., S. 201, liest man Folgendes:

„Die Gegend über Eibenstock, Johanngeorgenstadt, Wiesenthal, Jöhstadt usw. bis nach Böhmen auf der einen und bis ins Voigtland auf der andern Seite, nennt man gewöhnlich (??) das Sächsische Siberien, ein Name, der freilich paßt, wenn man jene Gegenden mit Meißnischen oder Thüringischen vergleicht. Denn man erblickt dort, ausser etwas kärglichem Ackerbau, fast nichts, als Wald und Wüstung. Der Schnee liegt gewöhnlich 2–3 Ellen, in den Hohlwegen wohl 20–30 Ellen, tief, und schmilzt immer erst spät im Frühjahr, oft kaum vor Johannis. In einer Nacht verschneit gleich Haus und Hof, daß ein Meißner oder Thüringer nicht wissen würde, ob er in Sachsen oder Siberien sei.“ – –

Da Herr Engelhardt das meiste aus handschriftlichen Nachrichten erfahren hat, so mag die angeführte Stelle auch aus einer dergleichen Nachricht vielleicht herrühren. Denn der verdienstvolle Herr Herausgeber würde sich gewiß bedacht haben, dieses einzurücken, wenn er die Gegenden bei Johanngeorgenstadt und Eibenstock durchwandert hätte, und derjenige, welcher ihm jene Nachricht überschickte, hat entweder dabei besondere Absichten gehabt, oder er ist nicht weiter als vor die Türe gekommen. – Mir sowohl als mehrern unparteiischen Erzgebirgern, welche die Gegenden gewiß kennen, in welchen sie leben, kam es sehr lächerlich vor, daß man wähnen kann, in diesem Teile des Gebirges bloß kärglichen Ackerbau, Wald und Wüstung zu erblicken; daß ferner der Schnee in den Hohlwegen 20–30 Ellen tief liegen soll. Das ist nun wahrlich übertrieben! – Denn man stelle sich nur vor, wenn der Schnee 20–30 Ellen in den Hohlwegen liegen soll, müssen diese natürlich selbst so tief sein;* aber ich kann behaupten, daß es in dortiger Gegend nicht einen solchen Hohlweg gebe. Der Boden ist steinigt und fest und kann so tief gar nicht durchgefahren werden, man würde sehr bald auf Felsen stoßen, womit die ganze Gebirgskette versetzt ist; übrigens ist auch das Fuhrwesen gar nicht so stark und häufig. Der Begriff überhaupt, welchen man hier den Meißnern und Thüringern von dem obern Erzgebirge geben will, ist nun wohl ein wenig überspannt und falsch. Nicht ein Winter ist wie der andere, und man findet, wenn im Gebirge ein großer Schnee gefallen ist, auch in Meißen und Thüringen nicht wenig, wie ich sehr wohl weiß. – Es gibt sogenannte Spaßvögel, welche in den anderen sächsischen Provinzen die fadesten Lügen** von dem obern Erzgebirge gesagt haben. Verständige Leute sollten daher nicht alles unbedingt glauben, das Ungewöhnliche nicht für das Gewöhnliche halten und weniger parteiisch sein!! –

6. Der Weg von Sosa nach dem Schindlerischen Blaufarbenwerke

Von Unterblauenthal kommt man nach Sosa, ein ziemliches Dorf, dessen Einwohner sich teils vom Bergbau und Spitzenklöppeln, teils aber vom Arzeneiverfertigen und Vitriolbrennen nähren. Man trifft, sogar in den entferntesten Gegenden, bisweilen Bergleute mit Arzeneikästen, welche meistenteils aus Sosa sind. Eigentlich sind es keine gewöhnlichen Bergleute, sie kleiden sich bloß aus besonderer Anhänglichkeit in bergmännische Tracht.

Sosa liegt in einem schönen Tale, zwei Stunden von Johanngeorgenstadt, von einem Bache durchschnitten und auf den beiden Bergseiten von Feldern und Büschen umgeben. An dem untern Ende des Dorfes fängt sich ein dichter, finstrer Wald an, welcher sich bis an den Ausgang des Tales fortzieht und wodurch der Weg nach dem Schindlerischen Blaufarbenwerke geht. Aber man stelle sich unter Weg hier ja nicht das vor, was eigentlich mit diesem Begriffe verbunden ist. Es ist vielmehr ein ganz schmaler, oft steiniger, oft lehmiger Pfad, der hier und da plötzlich verschwindet und eben so plötzlich wieder sich zeigt; Gestrüppe und Äste verwirren des Wanderers Fuß, daß man äußerst vorsichtig gehen muß, um nicht Schaden zu nehmen. – Man geht dem Waldbach anfänglich immer rechts zur Seite, aber weiter unten muß

---

* Und wenn der Schnee in den Hohlwegen so hoch liegen soll, kann man voraussetzen, daß diese noch tiefer sein müssen; also vielleicht 40–50 Ellen, was sind den 10 Ellen? – Die hat man bald geschrieben! –

** Dites encore, que la neige n'est pas blanche!

man öfters herüber und hinüber springen, um fortkommen zu können. Es ist ein schauerliches, stilles Tal, welches man hier durchwandert, nur selten sieht man den Himmel, kein Vogel singt hier, kein Blümchen duftet hier, ewiger Wald bedeckt alles mit grauenvoller Finsternis, und eine Kühle wie in Leichengrüften herrscht darin. Banger Schauer schüttelte meine Glieder, in unerklärbarer Furcht pochte mein Herz, als ich das erstemal dieses Tal durchwanderte; oft sah ich mich ängstlich um, jedes Knarren einer alten Tanne, jedes unbedeutende Geräusch erschreckte mich Einsamen, kein lebendiges Wesen war zu erblicken, und dennoch freute ich mich in der Beklommenheit meiner Brust dieses wilden Tals. Bald mußte ich über schlüpfrige Wurzeln, bald über Gestrüpp und Steine klettern, bald über den Bach setzen, bald durch dichte Gebüsche mich drängen, bald auf einem handbreiten Ufer, an herab hängende Äste mich festhaltend, klimmen, bald hinan-, bald herabsteigen. Weiter unten erhoben sich zu meiner Linken weißgraue Felsen aus dem grünen Dunkel empor, welche hier und da mit Moos bedeckt waren. Dieses überraschte mich sehr, und nach einer kleinen Strecke kam ich an einige schlüpfrige über den Bach gelegte Hölzer, auf welchem Wege ich dann einen Fahrweg erreichte, der bis an den Ausgang des Tales führt. Sosehr Furcht und Grauen das Herz des Wanderes füllten, als er sich in diesem langen, schauerlichen Tale einsam und verlassen sah: um so größer war die freudige Überraschung und das Erstaunen bei dem Ende dieses Tales.

Aus dem schaurigen Dunkel des schweigenden Forstes trat ich plötzlich in ein breites, grünes, freundliches Tal, durch dessen Mitte hinab die Mulde sich schlängelte; Blumen prangten hier, Vögel sangen fröhlich, die Wellen des Flußes schlugen plätschernd an die Ufer, über mir war so rein und klar der Himmel ausgespannt, und eine warme Luft umwehte mich. Ich kann nicht sagen, wie angenehm ich überrascht war, mit welchen frohen Gefühlen ich umherblickte; mir war, als sei ich einer Gefahr entgangen, als käm ich aus dem Totenhaine des Tartarus in die freundlichen Gefilde Elysiums. – Zu beiden Seiten sah ich die sehr hohen Gebirge mit vermischter Waldung bedeckt, an deren Saum hier und da Felsen von Buchen umschattet aufragten; vor mir erblickte ich das große, steinerne Wehr, auf dessen mittelstem Pfeiler ein weißes Monument daherblinkte, welcher Anblick außerordentlich viel Romantisches in sich faßt. Ich ging nun weiter und kam auf das Wehr, welches zugleich eine Brücke über die Mulde bildet. Es ist aus lauter Quaderstücken auf dem felsigen Bette des Flusses gebaut, und man hat hier zugleich den angenehmsten Anblick eines wenn auch nicht hohen, aber doch starken Wasserfalls; mit Pfeilesschnelle strömt das klare Wasser über die schrägen Quadersteine und stürzt dann schäumend und siedend sich in die klippenvollen Bassins hinab, wo es nun murmelnd weiterfließt. Ein dumpfer, ewiger Donner herrscht hier. Das weißmarmorne Monument auf dem mittlern Pfeiler ist einfach und geschmackvoll; es ist zur Erinnerung an den verstorbenen, verdienstvollen Factor Bauer auf dem Schindlerischen Blaufarbenwerke errichtet. In einem Oval ist eine lateinische Innschrift, welche sich ungefähr so anfängt: En petrarum molem perennem! Perennis quoque sit memoria etc.

Die Mulde fließt hier hart an dem waldigen Fuße des Gebirges linker Hand fort, welches sehr schön in die Augen fällt. Man geht nun über das Wehr und immer den Weg an einem starken Bache fort, welcher von der Mulde abgeleitet ist und die Räder auf dem Blaufarbenwerke treibt. Zu beiden Seiten ist man von Erlen und Haselgebüschen umgeben, lachende Wiesen breiten sich aus, immer steiler und höher werden die Gebirge, tiefer wird das Tal und alles schöner und freundlicher. – Jetzt sieht man das Blaufarbenwerk, weiße Dampfsäulen steigen auf, eine Menge dichter Holzstöße umschanzt es; die Gebäude sind gut gebaut, und das ganze Werk überhaupt schön angelegt, welches alles in diesem schönen Tale auf die angenehmste Weise sich darstellt. Das Schindlerische Blaufarbenwerk liegt an dem Fuße des Steinbergs, eines sehr hohen, steilen Berges, welchen Waldung und allerlei gestaltete Felsenblöcke bedecken. Es ist sehr angenehm daselbst, und man findet vortreffliche Spaziergänge.

Der Weg geht jetzt hinter dem Werke vorbei und steigt ein wenig an, so daß die ganzen Gebäude tiefer unten liegen. Weiter hin geht jetzt ein Weg den steilen Berg hinan, man kommt auf denselben nach einem kleinen Dorfe Albernhau;* der andere Weg geht gerade auf dem Fuße des Gebirges fort, daß man immer noch am waldigen, steilen Ende des gegenüber ragenden Gebirges die Mulde zur Seite hat. Dann kommt man bei dem Floßhause vorbei, wo sich ein Floßgraben** anfängt, welcher durch mehrere Täler fließt und dann in Schlema bei Schneeberg sich endigt. –

Von hier kommt man endlich an die sogenannte Muldenbrücke, welche überbaut ist und hart an einen Felsen anstößt, durch welchen ein tiefer, wagenbreiter Weg gehauen ist, welches sehr schön aussieht; im

* Man sagt in der Gegend gewöhnlich Olbernhau; ich weiß nicht, welches richtig ist, übrigens tut dies nichts zur Sache.

** Ich habe nicht gesehen oder gehört, daß er bei Unterblauenthal abgeleitet sei, wie man in Merkels Erdbeschreibung 1. Bd., S. 175, liest.

heißesten Sommer herrscht in diesem Felsenwege die angenehmste Kühle. Hier hat man eine herrliche Aussicht hinab auf das Tal, wo auf der einen Seite durch Wiesen, auf der andern die Mulde an Felsengetürme sich dahinschlängelt, an welcher man öfters Leute mit Angeln sitzen sieht. Einzelne Waldung bedeckt die Berge, und weiter unten macht das Tal einen schnellen Bogen, daß es scheint, als endige es sich hier; Tannen und Fichten verhüllen alles, und in das dunkle Grün verschwindet hier die Mulde.

Der durch den Felsen gehauene Weg steigt jetzt einen ziemlichen Berg auf und ist bis zur Hälfte gepflastert; er führt nach dem nicht weit entfernten Dorfe Bockau. –

Diese Wanderung von Sosa aus gewährte mir viel und mannigfaltigen Genuß. Der Übergang vom Schauerlichen und Wilden zum Freundlichen und Sanften, die immer neuen Abwechslungen, die Ruhe und der Friede in dem reizenden Muldentale tat meinem Herzen so wohl, daß ich mit Petro ausrief: Hier will ich mir Hütten bauen!

7. *Die Gegend um Bockau*

Wenn man von Johanngeorgenstadt nach Bockau geht, kommt man hinter dem einsam im Walde liegenden Jägerhause auch in eine Gegend, welche der Ochsenkopf heißt. Einige nennen das ganze dortige Gebirge so, andere nur eine Gegend desselben. Verschieden sind auch die Meinungen über den Ursprung dieses Namens, die alle hier aufzuzählen nicht nötig ist; aber die allgemeine und, wie mir scheint, richtigste Meinung darüber will ich hier anführen:

Eine starke Viertelstunde hinter dem Jägerhause fand man vor vielen Jahren seitwärts vom Wege eine hölzerne Tafel an eine Buche angenagelt, worauf ein Ochsenkopf gemalt war. Ein Fleischer trieb hier einen Ochsen; dieser wurde plötzlich scheu, ging dem Fleischer zu Leibe und spießte ihn auf die Hörner, daß er sterben mußte. Zur Erinnerung an diese Begebenheit ward auf der Stelle, wo man den Fleischer gefunden hatte, jene Tafel aufgerichtet, und die ganze Gegend führt seit dieser Zeit den Namen Ochsenkopf. Denn in ältern Büchern findet man diesen nicht.

Dieses ganze Gebirge ist mit hohen Tannen und Buchen bedeckt, ist wild und öde; es gibt viele, vorzüglich warme, Quellen daselbst, und gebrochene Tannen sieht man zerstreut umherliegen. Überhaupt, wenn starker Wind ist, muß man sich vorsehen, denn Bäume brechen dann links und rechts.

Der Weg geht bergab, ist steil und steinigt, und wird erst am Ende des Gebirges und der Waldung angenehmer. Man sieht dann zur Rechten eine Wiese von Laub- und Nadelholz umsäumt, und vor sich durch das Tor der Waldung die Kirche, mehrere Häuser und Felder des nahen Bockaus, hinter welchem sich oben mehrere waldige Berge herabziehn. Aus den fernen Bergen blickt zwischen schwarzem Walde der untere Teil von Albernhau herüber, welches alles hier schön angenehm in die Augen fällt. Nun ist man den Berg herabgegangen und nahe vor Bockau; man hat die Aussicht in den romantischen Talgrund hinter der Kirche, woraus sich ein Bach hervorschlängelt. Dann geht der übrige Weg bis an das erste Haus des Dorfes auf Fels, und man sieht, daß die Kunst ihn bereitete.

Bockau ist unter den gebirgischen Dörfern eines der vorzüglichsten und schönsten; es hat fast lauter gute und viel schöne Häuser, zwei Schulen, und die Nahrung seiner Einwohner ist nicht gering. Es liegt in einem flachen Tale; gegen Morgen zieht sich mit Feldern und Äckern, um welche hier und da Gebüsche stehen, eine Gebirgsseite herab, welche oben mit Wald bekränzt ist. Gegen das Ende des Dorfes bricht sich das Gebirge und bildet mit dem gegenüber ragenden Berge eine große Schlucht, durch welche hinauf die Häuser sich ziehen, welches zusammen sehr schön aussieht. Nach Abend zu, auf der flachen Seite des Tales, in welchem Bockau liegt, erblickt man nichts als Felder, durch welche sich Wege und Steige winden, und schräg oben fällt ein gemischter, kleiner Wald malerisch in die Augen. Es ist diese Gegend in der Tat eine der schönsten.

O! wäre meine Feder vermögend, alle die Aussichten, alle die abwechselnden Gegenstände zu zeichnen und zu schildern, welche stets neu dem Auge sich darstellen! – Wie schön z. B. nimmt sich Bockau und seine Gegend aus, wenn man auf der Höhe bei Albernhau steht, wie malerisch liegt es vor den Blicken des überraschten Wanderers ausgebreitet! –

Durch die erwähnten Felder, welche man mit vielerlei Kräutern und Arzenei-Gewächsen bepflanzt sieht, geht der Weg nach der erwähnten Muldenbrücke, also über Albernhau und Zschorlau nach Schneeberg. Die Gegend bei der Muldenbrücke habe ich schon geschildert, aber es sei mir erlaubt, einen Anblick zu beschreiben, welcher mir auf dem Berge vor Albernhau ward. –

Ein Regen nötigte mich bei meiner Wanderung, in der überbauten Muldenbrücke zu verweilen, und unterdessen las ich die mancherlei Namen und Witzeleien, die mit Kreide und Kohle darin angemalt waren. Viel Genuß fand ich hier freilich nicht. Als daher der Regen nachgelassen hatte, machte ich mich auf und stieg den vor mir liegenden Berg hinan, wo der Weg nach Albernhau führte. Auf der Höhe blieb ich stehen, um auszuruhen, und blickte mich um: o! welch' ein überraschender Anblick entzückte mich! – Da, wo die Bockauer Felder am vorliegenden Walde sich endigten, bildete ein in verklärten Farben spielender Regenbogen ein großes Tor, vor welchem alles, nach mir zu, in grauen Nebelgewölk gehüllt war: aber das dahinter liegende Bockau und seine angenehme Gegend beleuchteten mit einem außerordentlichen Lichte die Strahlen der Sonne, daß es hinter finstern Wolken in der herrlichsten Verklärung vor meinen trunkenen Blicken ausgebreitet lag. – Der erhabene, herrliche Anblick ergriff mein Herz, es war mir unmöglich, mich davon zu trennen, und so stand ich, bis die Strahlen von Phöbus' Antlitz die grauen Gewölke zerteilten und Iris wieder zurück in den Himmel kehrte. –

Wahrhaftig, wenn die Alten die Iris, oder den Regenbogen, eine Botin der Götter nannten, konnten sie kein erhabeneres Meteor wählen, denn man fühlt bei diesem Anblicke die ganze Seeligkeit des Olymps! –

Die Gegend des untern Teils von Albernhau ist auch sehr romantisch; man sieht am Ende des grasigen Tales aus der dunklen Waldung mehrere Felsen aufragen, welches dem Auge einen besondern Genuß gewährt.

Wenn man aus dem Walde hinter Albernhau kommt, sieht man tief im Tale erstlich Zschorlau, wie es sich so lang herabdehnt, und überhaupt ist dieses Tal durch allerlei Abwechslungen verschönert; ferner erblickt man die ganze Gegend um Schneeberg und sieht die Spitze des Kirchturmes hinter der mit Feldern bedeckten Höhe hervorblicken, sieht Griesbach und alle die Berge, Teiche und Wälder und eilt freudig und begierig nach Schneeberg selbst zu.

Wenn man diese Wanderung bis hierher interessant gefunden hat, wird es den Verfasser nicht reuen, auf die kleinsten Gegenstände bisweilen Rücksicht genommen und auch die verborgensten Schluchten durchwandert zu haben; denn ein Baum, ein Fels oder ein kleines Gebüsch, so unbedeutend diese auch an und für sich selbst sein mögen, tragen oft im Einzeln viel zur Verschönerung einer Gegend bei. – Auf dieser Wanderung von Johanngeorgenstadt nach Schneeberg nimmt man sehr deutlich den allmählichen Abfall von minder Gefälligem und Fruchtbarem wahr. Vorzüglich zeichnet sich die Gegend um Schneeberg äußerst angenehm aus, ich zähle sie unter die schönsten des Erzgebirges, und sollte man in den vorigen Wanderungen vielleicht nichts Interessantes gefunden haben, so wird man es in diesen gewiß um so mehr finden. Denn man glaube nicht, daß ich diese Wanderung aus schriftlichen Nachrichten zu Hause am Schreibepult gemacht und in ein Gewand gehüllt habe, welches Unbekanntschaft mir den erwähnten Gegenden bedecken sollte – Nein! ich habe das obere Erzgebirge selbst durchwandert, und was ich erzähle, selbst gesehen. Diese kleine Erinnerung geschieht deswegen: weil ich oft zu warm und zu begeistert sprach und man dieses in unserm korsarischen Zeitalter leicht für etwas anders ansehen möchte. –

II. Schneeberg

und die umliegenden
nähern und entfernten
Gegenden

Schneeberg verdient unstreitig unter die größern und schönern Städte des Erzgebirges gezählt zu werden; es liegt auf einem ziemlich hohen, breiten Berge, welcher gegen Nordwest sich mit einem größern Gebirge vereinigt, so daß es scheint, als wenn der Berg ein Ausdrang* jenes Gebirges sei. Rings umher dehnen sich in einem Kessel nahe und entfernt mehrere Gebirge, und man sieht auf diese Art den Schneeberg** in einem runden Tale sich erheben. Diese Gebirge sind teils mit Fluren, Häusern und Zechen, teils mit Laub- und Nadelholz, mit Felsen und Gebüschen bedeckt und geschmückt, und über die ganze Gegend ist ein mildes, freundliches Licht verbreitet. –

Majestätisch hebt sich die schöne, große Kirche über die Stadt empor, und in der weitesten Ferne hört man den harmonischen Klang der Turmglocken. Eine Menge Gärten und Obstbäume umgeben das Ende der Häuser und den grünen Berg. Auf zwei Seiten ziehen sich die Häuser herab an den Fuß des Berges, nämlich nach dem Schießhause zu auf der einen und nach Neustädtel und dem Mühlberge zu auf der andern. Man nennt daher diese Häuser, weil sie tief im Grunde liegen, die erste Seite

---

* Man verzeihe mir diesen gewagten Ausdruck, vielleicht dient er, die Sache anschaulicher zu machen.

** Der Berg nämlich, worauf die Stadt liegt, heißt der Schneeberg. Sonst schrieb sich auch das Bergamt „das Bergamt uffm Schneeberg". –

den Schießhausgrund, die andere den Mühlgrund oder auch schlechtweg den Grund. Jedoch auf der letztern Seite vereinigen sich die Häuser so eng mit Neustädtel, daß der Fremde nicht das Ende und den Anfang beider Städte wahrnehmen und auf diese Art alles für ein Ganzes halten wird.

Das Lyceum in Schneeberg ist von jeher wegen seiner Lehrer und der zweckmäßigen Anstalten, vorzüglich aber wegen des gut eingerichteten Singechors berühmt gewesen, welches unter der Leitung und rastlosen Tätigkeit des würdigen Herrn Cantor Thomas zu einem der besten gediehen und des Beifalls aller Fremden von jeher gewürdigt worden ist. Hierbei darf ich des großen Konzerts nicht vergessen, welches aller vierzehn Tage auf einem großen, zweckmäßig dazu eingerichteten Saale des Rathauses gegeben wird und wo man die größten Stücke meisterhaft von einem stark besetzten Orchester aufführen hört. Ferner verdient hier das, von dem ehemaligen Diakonus, jetzigen Superintendent in Gera, Hrn. M. Hahn, gestiftete Bürgermuseum einer schuldigen Erwähnung. Für einen geringen Beitrag können alle Bürger, die ihren Geist bilden und ihren Verstand aufklären wollen, Anteil an Vorlesungen über Naturgeschichte, Veredlung und Bildung der Künste und Professionen, Menschengröße und Menschenschwäche, kurz über alles Nützliche, nehmen. Das Museum besitzt eine schöne Bibliothek und Naturaliensammlung, Modelle u. dgl. und ist weit und breit her beschenkt worden.* Freilich findet das Gute immer Widerstand, und der verdienstvolle Herr M. Hahn mußte manche Kränkung erfahren. – –

In Schneeberg überhaupt ist es sehr lebhaft, es ist an und für sich sehr volkreich, und überdies liegt immer eine beträchtliche Garnison daselbst; sowohl der Schnitt – als auch der Materialhandel ist stark, am stärksten aber wohl ist der Spitzenhandel; denn alle Spitzen, welche in der umliegenden Gegend meilenweit gefertigt werden, werden in Schneeberg von den vorzüglichsten Handlungshäusern aufgekauft und nach Leipzig, Frankfurt, Hamburg usw. verführt. Wieviel hundert Menschen ihr Brot dadurch haben, ist bekannt. – Auch gibt es in Schneeberg eine Buchhandlung und zwei Buchdruckereien, welche viel für auswärtige Buchhandlungen drucken.

Was übrigens den Bergbau betrifft, so ist es meist Kobalt, was man findet und finden will; man lese darüber in Merkels Erdbeschr. von Sachsen. –

---

* Vor kurzem hörte ich , daß diese Bürgergesellschaft sich einer Auflösung nahe. Dies wäre wahrhaftig sehr zu bedauern! –

Auf dem Wege von Zschorlau hat man unstreitig den schönsten Anblick von Schneeberg und der umliegenden Gegend. Zur linken neben sich erstlich breitet sich eine mit fruchtbaren Feldern und Äckern bedeckte Talebene aus, durch deren Mitte hinab sie sich bis an den erwähnten Grund Neustädtel zieht. An dem obersten Ende sieht man die Kirche mit ihrem spitzigen Turme, neben welcher der Totenacker mit seiner weißen Mauer heraufblinkt. Auf dem hinter Neustädtel nach Mittag zu sich herumbeugenden Gebirge sieht man mehrere Zechen, worunter sich vorzüglich die turmförmigen Göpelgebäude auffallend auszeichnen. Weiter hinten bricht sich dieses Gebirge und bildet so mit dem gegenüber steil aufragenden einen Taleingang, woraus ein großer Teich daherschimmert; hier geht der Weg nach dem Dorfe Lindenau. Die Höhe des gegenüberliegenden Gebirges bedeckt ein großer Wald, welcher in der dasiger Gegend vorzugsweise der Forst genannt wird. Dieses Gebirge dehnt sich nun seitwärts Neustädtel in einem kleinen Bogen nach Schneeberg zu, wo es sich dann nach Griesbach lenkt. Bei Neustädtel nimmt sich die Sommerwohnung des Hrn. Kammerherrn und Oberforstmeisters von Lindenau sehr schön aus nebst dem umgebenden Garten; aber vorzüglich schön präsentiert sich bei Schneeberg der Richtersche Garten, welcher in der ganzen Gegend berühmt ist und von dem verstorbenen Kaufmann Richter in Schneeberg in der teuern Zeit auf dieser Bergseite angelegt und eine Menge armer Menschen, welche daran arbeiteten, dem Hungertode entrissen wurde. Gesegnet sei das Andenken dieses wohltätigen Mannes! – Nun richtet man seine Blicke auf Schneeberg, wie sich die Kirche so majestätisch erhebt, wie der schöne Turm des Rathauses so frei über die Häuser aufsteigt und die schiefernen Dächer so silbern daherschimmern, wie statt einer Mauer die schönsten Obstgärten die Stadt umzingeln. Vorzüglich fällt aber das Scheidersche Haus, ein wahres Palais, sowie das große Malzhaus und das Bergmagazin-Gebäude lebhaft in die Augen. Überall fast, wohin man blickt, sieht man Häuser und Menschen.

Hinter Schneeberg, gegen Abend zu, sieht man das hart vor der Stadt ansteigende Dorf Griesbach mit seinen Fluren, Gärten und Bäumen; auf dem höchsten Punkte liegt die Kirche, hinter welcher sich weiterhin ein dunkler Fichtenwald herumzieht. Daneben dehnt sich der Keilberg sanft herab, man erblickt die Lindenallee bei dem Schießhause, das romantische Gerichtswäldchen und das tiefer liegende Hammerholz, einen angenehmen Wald; weiter vorn den Wolfsberg, welcher sich gegen Schlema hinabdehnt, dessen obersten Teil, nämlich einige Häuser von

Oberschlema, man hier auch erblickt. Doch über alles dieses werde ich mich noch weiter verbreiten. –

Der Standpunkt selbst, von wo aus man diese Aussicht hat, ist auf der Zschorlauer Höhe, nämlich auf dem Gebirge, welches zwischen Schneeberg und Zschorlau sich erhebt. Weiter vorn, der Stadt gegenüber, wird dieses Gebirge weit höher und steiler, ist von vermischter Waldung beschattet und wird der Kleesberg genannt; auf dem höchsten Gipfel dieses Kleesberges ragen bei einem Felsen zwei hohe, alte Tannen auf, daher nennt man den Berg oft auch den Zweitannenberg. Von ihm weiter unten ein mehreres. –

So angenehm, so herrlich ist hier der Anblick dieser Gegend, so abwechselnd und mannigfaltig liegen hier die Gegenstände vor unsern Augen, liebe Leser! Aber sehr angenehm ist der Anblick von Schneeberg auch, wenn man in Schlema, also auf der Morgenseite, sich befindet. Am Ausgange des schönen Tales, worin Schlema liegt, hebt sich der Schneeberg hoch empor, und auf seinem Scheitel breitet sich die Stadt in der Länge aus; sehr erhaben ist hier wiederum der Anblick der hohen Kirche, welche man von hier aus sehr weit wahrnehmen kann.

Auf dem Schneeberg selbst hat man die vortrefflichsten Aussichten. Gegen Mittag hin sieht man in der sanften Ebene des Tales Neustädtel hingegossen, hinter welchem das Gebirge* mit seinen Zechen aufsteigt; allerlei Wege schlängeln sich durch die Gefilde, und das bebuschte Gebirge bei der Bartholemäi-Schenke fällt sehr angenehm in die Augen. Vor sich sieht man den sogenannten Grund, worin die größte Lebhaftigkeit herrscht; Halden flimmern zwischen den Häusern und Feldern, und hie und da sieht man an- oder ausfahrende Bergleute.

Geht man gegen Morgen zu, so hat man den weitansteigenden Kleesberg gegenüber und vor sich ein tiefes, schönes Tal, woraus das Getöse des Wassers und der Pochwerke dringt. Und richtet man seinen Weg endlich gerade nach Morgen hin, so wird man durch den Anblick des herrlichen Tales, wo sich Schlema hinabdehnt, und des Dorfes selbst überrascht. Rechts am Eingange des Tales schmückt eine gemischte Waldung die obere Gebirgsseite, an welcher hie und da Häuser und Bauerngüter liegen; weiter hin wird das Gebirge flacher, und fruchtbare Felder breiten sich aus, an deren unterm Teile der von Gebüschen umgrünte Floßgraben sich daherschlängelt. Links am Eingange zieht sich der Wolfs-

* So nennt man diese Gebirgseite überhaupt, hinter welcher der Filzteich liegt.

berg eine Strecke hinab und bricht sich dann zurück, wodurch mit der gegenüber aufragenden Bergseite wiederum ein ganz kleines Tal sich bildet; Felsen und Gebüsche nimmt man auf seiner vordern Seite wahr. Dann beim Ausgange des erwähnten kleinen Tales zieht sich eine hervorstehende Gebirgstirne fort, welche sehr steil und mit Felsen bedeckt ist, zwischen denen einzelne Birken und Fichten aufragen. Überhaupt hat diese Gebirgstirne, wie ich sie nannte, ungemein viel Anziehendes und Romantisches; mehrere Häuser liegen von allerlei Bäumen umschattet an ihrem Fuße hart an, und ernste Felsen heben sich dahin malerisch auf. Durch die Mitte dieses Tales, dessen Schönheiten alle man nicht zu schildern vermag, breitet sich Schlema hinab; man sieht die Kirche und die dahinterliegenden Blaufarbenwerk-Gebäude, woraus weiße Rauchsäulen ruhig emporsteigen, und hinter allen diesen hebt sich am Ende eine mit dunkler Waldung bedeckte Gebirgwand auf, wodurch der Anblick des Ganzen viel an seinem Abstechenden und Abwechselnden gewinnt. Es ist eine herrliche, unvergleichliche Aussicht! – Und so ist die ganze Gegend um Schneeberg eine der schönsten, die man finden kann; ich übertreibe nichts, wer aufmerksam und genau die Gegend durchwandert hat, wird mir gewiß Recht geben. Denn es ist nicht genug, flüchtig seinen Blick auf solche Gegenstände zu richten, man muß auch zugleich auf die Harmonie, den Contrast und die mannigfaltigen Abwechslungen selbst Rücksicht nehmen. – Doch wir wollen uns jetzt mit der Betrachtung einzelner Gegenstände einlassen.

1. Der Kleesberg

Hohe und ausgezeichnete Gegenstände fallen natürlich zuerst und vorzüglich in die Augen; dies ist nun in der Gegend um Schneeberg mit dem hohen, von zwei alten, großen Tannen ausgezeichneten Kleesberg auch der Fall. Daher wollen wir ihn ersteigen und uns an der weiten vortrefflichen Aussicht laben. Du aber, der du kein Gebirger und also das Bergsteigen nicht gewohnt bist, sprich deinen Füßen Mut ein und verwahre dich mit einem langen und zollstarken Geduldsfaden; denn du wirst das Steigen ziemlich beschwerlich finden! –

Der nächste Weg von der Stadt aus führt den Bathsemberg hinab; es ist dieses der zwischen Morgen und Mittag liegende Teil des Schneeberges, an dessen Fuße eine Mühle, Bathsem-Mühle genannt, liegt, wovon der Berg diesen Namen erhielt. Zur Rechten des Weges hinab zieht sich ein hoher lebendiger Zaun, welcher zum Teil einen Grasgarten einschließt, worin man einige kleine Ruinen und einen verfallenen Turm findet. Überhaupt hat man von hier eine sehr angenehme Aussicht in das vorliegende, enge Tal hinab, welches von einem Bache und einem Wege parallel durchschnitten wird; man sieht unter sich an der Seite des Berges hohe, klippenvolle Felsen, wo man von Angst und Schwindel überfallen wird, wenn man darauf steht und hinunterblickt. Gegenüber ragt der auf einer Seite mit Feldern, auf der andern mit Waldung bedeckte hohe Kleesberg auf, an dessen unterm Teile zwischen Bäumen versteckt ein Gut liegt, das Bergmeistergut* genannt. Am obern Ausgange dieses Tales sieht man die letzten Häuser des Grundes, Neustädtel und das sogenannte Gebirge; an dem untern erblickt man einen Teil von Oberschlema und die darum liegenden waldigen und waldlosen Berge. In diesem Tale hatte ich das Glück, zum erstenmal den würdigen, verdienstvollen Herder aus Weimar anzutreffen, der durch den Tod nachher der Welt zu früh entrissen wurde.

Doch wir gehen nun wieder auf den Weg zurück und den Berg vollends hinab. Bei der Mühle kommen wir über den Bach und richten unsere Schritte auf den am Ende des Waldes schräg ansteigenden Weg, welcher zu dem erwähnten Bergmeistergute führt. Buchen, Fichten und Kiefern in schöner Mischung, mit einzelnen bemoosten Felsenblöcken, vom Gesange der Vögel belebt, ergötzen zur Linken unser Auge; aber hinter uns wollen wir durchaus nicht sehen, bis wir uns auf der Spitze des Berges befinden. Und so sind wir jetzt an das Gut gekommen, welches wir aber rechts liegen lassen und am Saume des Waldes auf dem grasigen Boden emporsteigen. Hier sehen wir, sowie auch ein wenig weiter oben, einen Pfad durch den Wald, wo es sich äußerst angenehm wandelt; auch findet man hier am Saume der Waldung eine kühle Nische mit Rasensitzen, welche der Herr Bergcommissionsrat von Herder, als er sich noch als Bergassessor in Schneeberg befand, anlegen ließ, und Herders Ruhe genannt wird. Immer weiter steigen wir empor am Saume des Waldes und blicken hinein in das grüne Dunkel, wo hie und da graue Felsen, von Buchen grün umdüstert, aufragen. Jetzt zieht sich das Holz ein wenig quer vor und wird dünner; wir kommen hier an einen kleinen, schieferartigen Fels, an dessen Fuße eine kühle Quelle hervorrinnt, welches auf dieser Höhe des Berges sehr überrascht, denn wir haben schon eine schöne Strecke zurückgelegt. Neben uns, rechts auf der übrigen

* Es gehörte sonst, wenn ich nicht irre, dem verstorbenen Bergmeister Beyer in Schneeberg. –

Seite des Gebirges, dehnen sich Felder und Fluren herab, auf welchen der Schäfer mit seiner Herde herumzieht.

Nun haben wir den Wald hinter uns und nicht mehr zur Seite, und vor uns sehen wir den übrigen, allmählicher aber noch weit genug ansteigenden Teil des Berges, auf dessen Spitze die zwei hohen Tannen aufragen. Der Boden ist nun nicht mehr gleich und begrast, sondern mit kleinen Hügeln, Sträuchern und Gestrüppen bedeckt, daß man dadurch gänzlich ermüdet wird, ehe man zum Ziele kommt. Die Waldung zieht sich unten in gerader Linie fort und vereinigt sich mit dem übrigen Forste, welcher dieses Gebirge auf der Morgenseite bedeckt. –

Jetzt endlich nach langem, ermüdendem Steigen sind wir oben; wir haben den kleinen Fels erreicht, unfern der beiden ersten Tannen, wir ersteigen den Fels und sehen umher und hinab und staunen und fühlen eine heilige Wollust, können keine Worte finden und spähen mit trunkenen Blicken umher. Welche Überraschung, welche Mischungen und Abwechslungen! – Schneeberg, wo wir uns erst so hoch dünkten und manche Aussicht hatten, liegt da unten vor unsern Füßen in einem Tale jetzt, rund und kesselförmig von Gebirgen eingeschlossen; silbern blitzen im Glanze der Abendsonne die Schieferdächer, kleiner ragen Turm und Kirche über die Stadt, und aus den Schornsteinen steigen hier und da weiße Rauchsäulen empor. Gärten schlingen sich um den Berg, Wege und Bäche durchschneiden sich, und aus dem Grün der Bäume schimmern die roten Dächer der Richterschen Gartengebäude daher. Ausgegossen zwischen Fluren und Äckern durch die Fläche des Tales liegt Neustädtel; Halden und Gebüsche bedecken einzeln die Gebirgsseiten, und hinter dem Teiche dort, aus dem Eingange eines neuen Tales, blickt Lindenau daher. Waldige Berge erheben sich dahinter und bieten neue Aussichte nach dem Voigtlande zu dar. Sanft dehnt sich Griesbach herab mit seinen Fluren, Gärten und Teichen, und weiter unten flimmert der Spiegel des Herrnteiches;* höher herab dehnt sich der Keilberg mit Äckern, Feldern und Wegen, und oben blinken durch die Lücken der Waldung ebenfalls mehrere Teiche herüber. Das Schießhaus mit seinen dichten Hopfengärten und der schattigen Lindenallee, das isolierte Gerichtswäldchen, die ganze mit Fluren bedeckte Fläche, die mit allerlei Wäldern und Felsen belebten Gebirge und kleine und größere Täler stellen sich dem entzückten Auge auf die herrlichste Weise dar. – Mehr gegen Morgen sehen wir ganz Schlema durch das romantische Tal ausgebreitet, ein herrlicher Anblick! Dahinter stellen sich unsern Blicken alle die fernen Dörfer und

* Er gehört dem Rate zu Schneeberg.

Städte dar, welche man nur durch Hilfe eines Fernrohrs deutlicher erkennen kann. Und endlich gegen Morgen zu die unübersehbare Reihe teils kahler, teils waldiger, teils mit Häusern bedeckter Berge, die sich in den fernsten Horizont verlieren; vorzüglich nimmt sich das auf einer Berghöhe ausgegossene Bernsbach sehr schön aus; dahinter blickt im Nebelgrau der grabförmige Pöhlberg bei Annaberg majestätisch herüber. Man sieht Bockau und die ganze Gegend, dann näher vor sich Zschorlau, und endlich gegen Mittag ragt über alle Gebirge hoch der Auersberg, welchen man überhaupt bei Schneeberg sehr gut wahrnehmen kann. Es läßt sich wahrhaftig nicht alles mit der Feder aufzeichnen und schildern, was und wie man es sieht; man könnte wieder, so wie von den Aussichten auf dem Auersberge, ein besonderes Buch schreiben. Man sieht eine Strecke des Voigtlandes, einen großen Teil des Schönburgischen Landes und des übrigen obern Gebirges nebst den böhmischen Gebirgen. –

Hier saß ich oft auf diesem Felsensitze, wenn die Sonne sank und durch einzelne schwarze Fichten mit dem Golde ihrer Strahlen mich scheidend beleuchtete, wenn der Abendglocken Feierschall aus den Tälern emporschwebte und Hesperus am Azur funkelte, – hier saß ich oft einsam und starrte mit trunkenen Blicken umher, hatte so viel zu hoffen und noch mehr zu wünschen; doch die Zeit löste, was so fest gebunden schien, – die Ewigkeit der Menschen währt kaum Jahre lang. –

Aber es ist nicht genug, der entzückenden Aussicht zu erwähnen, welche man auf dem Kleesberge hat; auch den Berg selbst wollen wir untersuchen, und es wird uns nicht an Überraschung und Genuß mangeln.

Gegen Schneeberg hin bildet sich weiter unten ein freier, von Wald auf drei Seiten umgebener Platz, welchen kleine Gesträuche bedecken und wo sich eine alte, weitästige Buche erhebt, in deren Rinde mehrere Namens-Buchstaben eingeschnitten sind. Es ist sehr angenehm hier und vorzüglich in dem Dunkel des Tannenwaldes, welcher sich gegen Morgen zu schräg am Gebirge hinabdehnt; hier fand ich mehrere von Steinen zusammengebaute Sitze, mit Moose bedeckt, vermutlich Asyle geheimer Liebe.

Hinter den zwei Tannen auf dem Scheitel des Berges, wo es jäh hinabgeht, sieht man mehrere große, von Gebüschen beschattete Felsen, davon einer vorzüglich der Pandurenfels genannt wird. Im Siebenjährigen Kriege nämlich lagen hier eine Zeit lang Panduren, welche die Stadt beängstigten. Auch erzählt der gemeine Mann, daß es in dieser Gegend, hauptsächlich bei den zwei Tannen, nicht richtig wäre, daß man in der

Mitternachtsstunde bisweilen ein Feuer habe brennen sehen, daß ein großer Schatz daselbst vergraben liege, welchen ein fürchterlicher Unhold bewache u. dgl. m. In den ältern Zeiten sollen Personen auf diesem Berge abhanden gekommen sein, vorzüglich erzählt man von einem gewissen Beuthner, daß derselbst eines Tages auf den Kleesberg spazieren gegangen, aber nicht wiedergekommen sei; die ganze Gegend sei ausgekundschaftet und untersucht und in den alten Schächten gegraben worden, dennoch sei keine Spur von ihm zu entdecken gewesen. Die Geschichte ist wahr, kann aber auch aus den natürlichsten Gründen erklärt werden; denn jetzt noch gibt es an dem Berge herum viele tiefe Löcher, deren Rand sehr locker ist: wie bald konnte nicht zu jener Zeit der erwähnte Beuthner, welcher ein Bergmann war, an ein solches Loch gekommen, mit dem lockern Rande hinabgestürzt und so verschüttet worden sein?! –

Hinter dem Pandurenfels zieht sich ein Fahrweg durch den Wald, welcher nach Aue führt. Hier sind viele Sandgruben, welches in dem Grün der Gebüsche auf eine besondere Art auffällt; denn diese Sandgruben haben mehrere Eingänge und inwendig niedrige Pfeiler von dergleichen Sandsteinen, daß sie den Leichengrotten der Vorzeit nicht unähnlich sind.

Nun gehe man weiter oben über den Weg und in das dünne Gebüsch; man steigt über Felsenblöcke ein wenig hinab, und plötzlich sieht man sich auf der schmalen Spitze eines hohen, schroffen und klippenvollen Felsens, vor welchem sich ein dunkles, tiefes Tal, von hohen, dichten Tannen bedeckt, hinabdehnt. Weit hinunter sieht man die abgerollten, mit Moose sparsam bedeckten Felsenmassen aus feuchten Gestrüppen blinken; eine grause, bange Stille herrscht, die nur das monotonische Gemurmel des fernern Waldbachs unterbricht, – kein Vogel singt, kein Käfer summt hier, nur bläuliche Nattern rascheln durch das dürre Laub zwischen den tiefen Ritzen, nur der Fuchs und der Habicht verzehren hier in Ruhe ihren Raub, und eine schauerliche Kälte herrscht ewig um dieses Felsengetürm. – Banger Schauer bebt durch die Glieder, starrende Angst hemmt auf Secunden des Blutes Lauf, wenn man sich so plötzlich auf der Spitze dieses Felsens und den schrecklichen Abgrund vor sich sieht; unwillkührlich beugt sich der Fuß zurück, und die Hand greift gewaltsam nach den überhängenden Ästen der nahen Tanne. So starrt man hinab in das Tal des Todes und fühlt sich schon bei dem Gedanken: „Wenn ich jetzt ausglitte!“ – halb tot, sieht sich mit zerschmettertem Haupte unten zwischen den spitzigen Blöcken im

Geiste schon liegen, wie das blutige Hirn umhergespritzt an den bemoosten Klippen klebt und eine blutige Bahn den schrecklichen Sturz bezeichnet.

Nun wollen wir zur Seite hinabsteigen, aber, ob es hier herab gleich keine besondere Gefahr gibt, so nimm dich dennoch in Acht, da die Steine locker sind und die dürren Tannennadeln* den Boden sehr schlüpfrig machen. Unten klimmen wir über die zerstreuten Felsenblöcke und haben nun den hohen, zu beiden Seiten von alten Tannen und Buchen umgebenen Fels vor uns, an welchem wir mehrere von der Natur gebildete, bequeme Sitze wahrnehmen.

Majestätisch und ernst hebt das schwärzliche Steingetürm an dem steilen Gebirge sich auf und ladet zu ernsten und heiligen Betrachtungen. Überhaupt, wenn man den Ossian recht mit Genuß lesen will, muß man ihn auf Wanderungen durch das obere Gebirge lesen. Da sieht man Kolma auf Felsen und Bergen nach ihrem Salgar rufen und Fingal die Krieger sammeln und Oskar an Kormalo den an Argon und Ruro begangenen Meuchelmord rächen. O! hier zwischen Bergen und Tannenwäldern, unfern des rauschenden Waldstroms auf einem Felsen sitzend, Ossians Gedichte zu lesen, welch ein erhabener Genuß! –

Wenn man sich ganz unten im Grunde des Tales durch Fichtengebüsche gedrängt und über einen kleinen Bach gesetzt hat, kommt man plötzlich in eine kleine, begraste Fläche, rund herum von waldigen Bergen eingeschlossen, in deren Hintergrunde eine Mühle, die Heßmühle genannt, liegt. Auch hier ist es sehr romantisch, und sonderbar nimmt sich das Geräusche der Mühle und des Wassers aus. Von hier durch die minder dichte Waldung des Tales kommt man endlich nach Zschorlau,** welches zwischen zwei sanft abhängenden Gebirgen ausgebreitet liegt und unter die vorzüglichen Dörfer des obern Erzgebirges gezählt wird.

2. Das Gerichtswäldchen und das Hammerholz

Wenn man an das Schießhaus kommt, sieht man gegen Nordost auf einer sanften, von Feldern eingeschlossen Anhöhe ein kleines Wäldchen, welches das Gerichtswäldchen heißt; ehedem war nämlich daneben der Gerichtsplatz, und noch 1799 stand eine Radsäule da. Jetzt aber ist alles

* Bei dieser Gelegenheit will ich erinnern, daß man in den Wäldern des Erzgebirges beim Herab- oder Hinaufsteigen hoher Berge sich wegen der dürren Nadeln sehr vorsehe. Stiefeln mit Absätzen, lederne Handschuhe und einen starken Stock mit einem Stachel muß man notwendig haben. –

** In dieser Gegend spricht man gewöhnlich Schorl oder da Schuhel.

urbar gemacht, und man sollte überhaupt überall die Brandmale der Menschheit demolieren und alle Gerichtsplätze urbar machen, damit aus dem Boden, der Verbrecher-Blut trank, für die Menschheit wenigstens noch einiger Segen keime. Und soll je ein Verbrecher hingerichtet werden, so wird sich gewiß noch ein Plätzchen finden. Aber daß man besondere, eingerichtete Plätze und schön gemauerte Galgen noch hat und darauf hält, dies läßt schließen, daß man von den Menschen, also von sich selbst, alles fürchtet und nichts hofft. So bauen sich die Menschen ihre eigenen Schandmäler! –

Doch von dieser kleinen Ausschweifung kommen wir wieder zurück und auf den Weg, welchen wir nach dem Gerichtswäldchen hin betreten haben, nämlich die Lindenallee vom Schießhause an. Es ist schade, daß diese Allee so ungleich und bisweilen holpricht ist, daß sie nicht besser conserviert wird; sonst hat sie manches Angenehme. Zu Anfange hat man rechts die Hopfenplantagen, um welche sich der verstorbene Kaufmann Etler so verdient gemacht hat und wodurch dem Brauwesen in Schneeberg kein geringer Vorteil erwachsen ist. Weiter unten geht es sich, an einem schön gezogenen Fichtenzaune vorbei, äußerst angenehm durch den duftenden Hopfengarten. Überhaupt ist die Partie um das Schießhaus nicht übel und könnte bei einer gewählteren Anpflanzung der Lauben und mehrerer verschiedenartiger Bäume recht schön genannt werden.

Jetzt sind wir da, wo sich die Allee verliert und, links nach dem Keilberge zu, ein Fahrweg sich abbeugt, welcher über Langenbach nach Wildenfels hinführt. Wir aber gehen immer den geraden Weg fort, bis wir auf der Höhe sind und eine hinten von Waldung eingeschlossene, mit Wiesen und Gebüschen zum Teil geschmückte, seichte Talfläche vor uns haben. Rechts nicht weit von der Straße erhebt sich ein kleiner, aber zum Sitzen und Umsehen bequemer Fels; auf diesen zu gehen wir, ersteigen ihn und blicken uns um und haben eine neue Ansicht der Gegend; obgleich zwar die Aussicht nicht weit ist, so ist sie doch immer schön genug und abwechselnd.

Vor uns gegen Mittag sehen wir Schneeberg ausgebreitet, hinter welchem der Rücken des nahen Gebirges hervorblickt, und weiter hinten am Horizonte ragt aus der Mitte waldiger Berge in ungewissem Grünblau der Auersberg auf. Rechts hinter dem ausgebreiteten Keilberge blinkt die Griesbächer Kirche von der waldbekränzten Höhe herüber, hinter uns breitet sich die schon erwähnte Fläche bis an den aufsteigenden Wald hinab. Links aber, nicht weit von uns, sehen wir das Gerichtswäldchen, hinter welchem in größerer Entfernung der auf einer Seite waldige Kleesberg mit seinen zwei Tannen sich erhebt und dann als ein mit Feldern und Häusern sich ausbildendes, minder steiles Gebirge sich hinabzieht und Schlema auf der Morgenseite einschließt. Gegen Morgen zu liegt das Hammerholz, und hinter demselben dehnen sich allerlei Berge dahin, auf und an welchen man teils Wälder und Fluren, teils einzelne Häuser und Dörfer wahrnimmt, unter welchen letztern sich wiederum das hohe Bernsbach ausgezeichnet darstellt. Im Ganzen enthält diese Aussicht hier genug Angenehmes und Abwechselndes. Bei dem Felsen, auf welchem wir stehen, finden sich mehrere Vertiefungen und haldenähnliche Hügel, woraus man sieht, daß hier in den ältern Zeiten eine Zeche gewesen sein muß.

Nun steigen wir wieder herab und gehen auf einem sparsam betretenen Fußsteige auf das nahe Gerichtswäldchen zu, welches, wenn es auch kalten und gefühllosen Modeseelen gleichgültig scheinen mag, dennoch für den Freund der Natur viel Anziehendes hat. –

Es dehnt sich dieses Wäldchen auf dem höchsten Punkte der Anhöhe gegen Morgen hinab und ist rings herum von Äckern und Feldern umgeben. Oben ist der Boden felsig, und man hat eine angenehme Aussicht daselbst: der übrige Boden ist zum Teil begrast und mit Blumen und Beersträuchern bewachsen. Die Bäume auf der obern Seite sind hohe Kiefern und alte Buchen, in welchen letztern man viele Namen und Buchstaben eingeschnitten findet; auf der untern Seite breitet sich eine Anpflanzung junger Kiefern aus, und fast in der Mitte erblickt man schattige Buchengebüsche, worin man Lauben mit Moosbänken antrifft. Dieses Gerichtswäldchen hat sehr viel Romantisches, und Liebende haben gewiß oft hier gewandelt und geweilt, wenigstens lassen dieses manche eingeschnittene Namensbuchstaben und die Beschaffenheit dieses Haines vermuten. Übrigens hat man eine herrliche, freie Aussicht hier und daher einen doppelten Genuß.

Nun gehen wir von da den breiten, begrasten Weg hinab bis an das vorliegende Gut und dann hinter dasselbe an dem lebendigen Zaune fort gegen das Hammerholz zu. Dieses Hammerholz ist ein in ein kleines Tal hinab und auf der andern, hohen Seite wieder hinauf sich ziehender Wald von Fichten, Kiefern, Tannen und Buchen. Doch wir sind jetzt am Ende des erwähnten Zaunes, wo der Weg bergab geht, und bald stehen wir vor dem Walde.

Man betrete den Weg, welcher durch Fichten gerade hinabführt. Zur rechten Seite zieht sich parallel mit dem Wege eine kleine grüne, von

Gewässern durchschnittene und von den auf beiden Seiten ragenden Bäume umdunkelte Schlucht hinab, an deren Ausgang links ein klarer frischer Quell zwischen den Gesträuchern hervorquillt und die Wiese tränkt, auf welche wir jetzt gekommen sind. Es ist ein überraschender Anblick, wenn man den kurzen Weg durch den Walde herab gegangen ist und nun auf einmal auf einer langen, beblumten Wiese sich sieht, welche ein von Hasel- und Erlensträuchern beschatteter Bach murmelnd durchfließt. Links oben ist diese Wiese in einem Oval von Waldung umgeben, hinter welcher sich ein rötlicher, steiler Berg aufhebt, dessen Scheitel ein dunkler Forst krönt; aus dem dunklen Grün der fernen Gebüsche schlängelt sich der Bach herab und belebt durch sein sanftes Murmeln, so wie die aus dem Walde tönenden Gesänge der Vögel, das einsame, freundliche Tal. Uns gegenüber hat sich die Waldung geteilt; eine grünende Anhöhe erhebt sich malerisch, auf welcher oben zwei schlanke, hohe Tannen ein schönes Tor bilden. Wo diese Anhöhe beginnt, vor uns rechts, ragt ein hoher bemooster Fels, von hohen Fichten und Tannen zur Seite umgeben, und auf seiner Höhe (denn er ist mit dem dahinter steil aufsteigenden Gebirge verbunden) breitet sich ein dunkler Wald aus und zieht sich so durch das Tal hinab. Rechts hinunter sehen wir den Ausgang des Tales und der Wiese, wo sich uns ein Teil von Schlema und das drüben mit Gütern und Fluren geschmückte Gebirge darstellt, auf dessen Rücken sich ein schwarzer Wald ausbreitet. O! gefühlvoller Leser, könntest du doch nur selbst dieses erfreulichen Anblicks genießen, was würdest du empfinden, welche Wonne würde deine Brust durchzittern! Die Sprache ist dazu zu arm!

Nun gehen wir über den Bach und am Saume des Waldes linker Hand die Anhöhe hinan. Auf dieser Seite finden wir oben wiederum, in Gebüschen versteckt, eine kühle Quelle, jetzt wenden wir uns rechts und zwischen zwei vorragenden Waldspitzen, vor welchen die erwähnten beiden Tannen ein Tor bilden, und kommen nun erst auf den breiten Rükken der Anhöhe, wo wir wieder einen angenehmen Anblick haben. Wir sehen hier nämlich einen großen Teil des Schönburgischen Landes, einzelne Häuser und Dörfer, Fluren und Wälder, Berge und Täler; vorzüglich nimmt sich das auf einer Höhe liegende Lösnitzer Schießhaus sehr schön aus. Wenn wir uns nach Mittag umkehren, sehen wir Schneeberg und einen Teil seiner Gegend, den Kleesberg und gegen Abend hin den hochliegenden Gerichtswald; vor uns breitet sich das Hammerholz in dem Tale aus, und der ganze Anblick, den man durch das Tor der Waldung hat, ist ein lebendiges Panorama der Natur.

Wir treten den Rückweg an, wenden uns aber links auf die von allerlei jungen Buchen und Buchengebüschen beschattete Fläche des Berges, welchen wir zuerst im Tale uns gegenüber hatten und aus dessen waldigem Fuße jener Fels ragt.

Hier durch diese Buchengänge wandelt man äußerst angenehm; es scheint hier beinahe, als hätte die Kunst diese schlanken Buchen so angepflanzt und diese Gänge gebildet, lächelte nicht aus allem die schöpferische Kraft und unnachahmliche Einfachheit der Natur hervor. Von sich selbst beugen und verweben sich junge Buchen zu schattigen Lauben, und unverhofft ladet ein bemooster Stein zur Ruhe; Vögel singen zärtliche Melodien aus verstecktem Grün, und Schmetterlinge spielen über nickende Halme. Hier sieht man die Liebe verschlungen weilen, hier sie Blumen pflücken und Kränze in den Tempellauben aufhängen, zur Erinnerung einstiger Seligkeiten. Und wann der Mond sein Zauberlicht über die Gefilde gießt und die Schöpfung ruht und sehnsuchtsvoll die Brust sich hebt – – Mir fielen Hölty's Worte ein:

Geuß, lieber Mond, geuß deine Silberflimmer
Durch dieses Buchengrün,
Wo Phantasei'n und Traumgestalten immer
Vor mir vorüber fliehn!

Enthülle dich, daß ich die Stätte finde,
Wo oft mein Mädchen saß,
Und oft, im Wehn des Buchbaums und der Linde,
Der goldnen Stadt vergaß! – –

Seitwärts drüben führt durch den Wald ein Weg hinunter nach Schlema, wo man beim Ausgange des Waldes auf dem Berge plötzlich durch den schönen Anblick des durch das Tal ausgebreiteten Dorfes überrascht wird. Der Weg durch Schlema nach der Stadt ist dann sehr angenehm und durch manche Abwechslungen unterhaltend.

3. Die Eisenburg bei Willbach

Der Weg von Schneeberg bis Willbach, einem schönen Dorfe, ungefähr eine starke Stunde von der Stadt gegen Mitternacht zu, hat allerlei Angenehmes. Man geht nämlich bei dem Schießhause vorbei jener Anhöhe zu, die wir schon betraten, wo der kleine Fels ragt und nicht weit davon das Gerichtswäldchen liegt; ein breiter Fahrweg führt uns ziemlich eben dann eine Strecke bis an die Gebüsche des Waldes fort. Hier wenden wir uns rechts auf den Pfad, welcher sich drüben am Saume des Waldes als breiterer Weg die Anhöhe hinanzieht. Das Gerichtswäldchen, das Hammerholz und die ganze Gegend gewinnt eine neue, auffallende Ansicht; vorzüglich schön nimmt sich der Anblick des zwischen dem Fels und dem Gerichtswäldchen hinter der Höhe hervorblinkenden Kirchturms sowie des daneben hochragenden, fast überall sichtbaren Kleesberges aus.

So gehen wir weiter und kommen auf die Willbächer Felder, welche sich freundlich über das breite Gebirge ausbreiten. Hier haben wir nun wieder eine herrliche Aussicht; Schlösser sehen wir auf Bergen ragen, worunter vorzüglich das Hartensteiner Schloß mit seinem umgebenden Buchenhain sich malerisch auszeichnet, – die Berge werden kleiner, wenige Wälder sehen wir, aber desto mehr fruchtbare Gefilde, und wo wir Wälder erblicken, bestehen sie meist aus Laubholz. So breitet sich an einem Gebirge der große Buchenwald hinab, in welchem man die Prinzenhöhle antrifft. Kurz, hier sehen wir das Fruchtbare, Gefällige und Freundliche des Erzgebirges beginnen; es fängt ein ganz neuer Stil der Gegend an, daß heißt aber, jenseits der Mulde, welche hinter Willbach in dem tiefen Tale herab nach dem Schlosse Stein zu fließt. So finden wir in der Gegend um Willbach viel Interessantes. –

Um nun die Eisenburg zu finden, gehen wir nach der Kirche zu, also an das Ende des in einem seichten Tale herab sich ziehenden Dorfes, wo sich dann eine wilde Schlucht hinabdehnt und in den schwärzlichen Forst verliert. Willbach ist ein hübsches, schönes Dorf, wohin man aus Schneeberg vorzüglich zur Zeit, wenn die Kirschen reif sind, häufig wallfahret und auch außerdem hier eine Milch einnimmt. Was mir auffiel, weil ich es noch nie sah, war der Glockenstuhl; denn da kein Turm auf der Kirche ist (er müßte vor kurzem darauf gebaut worden sein), hängen die Glocken in einem besondern Schuppen neben der Kirche. Aber mir fiel bloß ein, daß eine Kirche, welche Glocken besitzt, wenigstens einen zweckmäßigen Platz dazu, einen Turm haben sollte, – wär er auch klein oder ein quid pro quo. Der Characterstuhl kam mir vor wie ein neuer Dichter oder Schriftsteller; seine Werke haben vielleicht einen reinen und schönen Klang, – aber er kann sie nicht hoch genug hängen, um die literarischen pias fraudes zu läuten, daß der sehnsüchtig ausgestreckte Klingelbeutel von der Neugierde der selten kommenden Eingepfarrten und Filialdörfler desto schwerer werde. – Bei dem großen Pfarrhause und der kleinen Kirche gehen wir jetzt vorbei, und bald sehen wir uns im Freien. Vor uns dehnt sich ein dunkler Wald aus, und ein dahin führender Weg zieht sich am Rande der erwähnten, wilden Schlucht eine Strecke fort; dann kommen wir auf einem alten, rasigen Fahrweg, welcher hin zur nahen Eisenburg führt. Ein Schauer überfällt einen, wenn man in das schweigende Dämmergrün des Waldes tritt und unfern zwischen den Tannen und Fichten die Ruine der Burg und den dicken, verfallenen Turm ragen sieht.

Diese Eisenburg war vor alten Zeiten ein Raubschloß und soll durch einen unterirdischen, tiefen Gang, welcher sogar unter der Mulde weggehen soll, mit dem Schlosse Stein in Verbindung gestanden haben. Man hat aber noch keine Spuren dieses unterirdischen Ganges entdecken können. Als der Kaiser Maximilian viele solcher Raubschlösser schleifen ließ, hatte auch die Eisenburg dieses Schicksal. Sie liegt auf einer Gebirgsecke an der Mulde, rings herum ist hoher Wald; aber man möchte fragen, ob dieser Wald auch sie in jenen alten Zeiten umgeben haben mag. – Ich glaube, nach der Beschaffenheit der Gegend und des Bodens, daß, wenn auch nicht dieser Wald sie umgeben hat, sie dennoch in einem dichten Walde versteckt gelegen habe, wie viel andre dieser Raubschlösser.

Man sieht noch den innern Hof, Pforten, Treppen und Hallen, sowie einen starken, nicht hohen Turm, aber freilich zerstört und im Ruin. Aber diese Burg muß sehr fest gewesen sein, welches man noch aus den traurigen Überresten wahrnehmen kann. Besondere Gefühle regen sich in der Brust, wenn man im trauernden Kreise dieser Ruine sich sieht, und wem Matthisons meisterhafte Elegie in den Ruinen einer alten Bergveste bekannt ist, erinnert sich hier gewiß lebhaft derselben. Doch wenn es den Leser nicht belästigt, wage ich jetzt, ein Gedicht hier einzurücken, welches ich einst in den Ruinen der Eisenburg niederschrieb:

Empfindungen in den Ruinen der Eisenburg

Jahre schwinden, ewig durch die Räume
Wandeln Sonnen ihre alte Bahn;
Einmal währen nur der Menschen Träume,
Einmal dauert nur des Lebens Wahn.
An der Schande grausen Mälern nagt der Zahn der Zeit,
Aus des Ruhmes Diamant blitzt nur Vergänglichkeit. –

Banger Ernst umdunkelt dies Gemäuer,
Einst ein fester Sitz der Tapferkeit
Wilder, raubbegieriger Ungeheuer, –
Jetzt die Beute der allmächtgen Zeit;
Eulen wimmern hier um Mitternacht ihr Schauerlied,
Sturmwind beugt die Distel, die aus der Ruine blüht.

Wildes Moos grünt an den öden Wänden,
Wo mit ihrem Haus die Schnecke schleicht;
Frech Gestrüpp verstrickt mit seinen Enden
Jene Treppe, die dem Fuße weicht;
Aus dem feuchten Schutte schlüpft der Molche Brut hervor,
Hagedorn blüht aus des Fensters lockern Sims empor.

Auf des Turmes tief gespaltner Mauer
Dehnet sich ein junger Fichtenwald; –
Dies war sie, die einst geträumte Dauer,
Dies der Turm, der unzerstörbar galt,
Dies der Trotz der oft Belagerten und ihre Macht; –
Und nun steht zerborsten er, bemoost und unbewacht!

Manche Beute ward einst hier vergeudet,
Manches Wandrers Habe hier verzehrt;
Manche Jungfrau, manches Weib erbeutet
und beim üpp'gen Mahle frech entehrt;
Ketten rasselten und Seufzer stöhnten im Verließ,
Rüden bellten, wenn zur Jagd ihr Herr ins Hifthorn stieß.

Und ein frommer Pfaff vergab die Sünden
Jährlich für ein wohl besorgtes Mahl;
Wußte selbst den Himmel nicht zu finden,
Dessen Gnade andre er empfahl, –
Kannte seines Klosters Weine und Gebete nur,
Fühlte glücklich sich bei seiner mästenden Tonsur. –

Oder wandelte im Grün der Tanne
Eine Jungfrau einsam durch das Moos,
Seufzte glühend nach dem schönen Manne,
Dessen Bild entzückend sie umschloß: –

Und nun trat er plötzlich kosend aus dem Busch zu ihr,
Bat um Liebe, und – bald standen sie verschlungen hier. –

Aber jetzt herrscht um die grausen Trümmer
Dumpfes Schweigen, ew'ge Dämmerung;
Geister wandeln in des Mondes Schimmer, –
Schwert und Lanze zischt in wildem Schwung',
Rosse stampften vor dem halb verfallnen Bogentor:
Wer ist da? – „Der Tod und sein Gefolge!" schallt's empor.

Und es spornt der Tod herein den Rappen,
Seine Schwester fliegt voran, die Zeit;
Ihn bedienen tausend bleiche Knappen,
Ihre Zofe heißt Vergänglichkeit.
Moder rieche ich und Blut erblick' ich überall,
Särge folgen, krachend hör' ich der Trophäen Fall.

So durchstürmen ewig sie die Erde,
Schrecken und Entsetzen ihre Bahn;
Nichtsein zuckt aus jeglicher Gebärde,
Alles wird Ruin, was sie nur sah'n.
Was des Menschen Hand gebaut, ist endlich doch sein Grab,
Dann ist alle Kunst vergebens, und er sinkt hinab! –

Lehre du, begrastes Burggemäuer,
Dieses Lebens Unbeständigkeit!
Alles, sei es uns auch noch so teuer,
Alles morden dennoch Tod und Zeit! –
Hänge nie an dieser Erden Güter je dein Herz,
Tobe in der Freude nicht, verzage nicht im Schmerz! -

4. Über Stein zur Prinzenhöhle

Weiter oben durch Willbach findet man den Weg nach Stein. An den Feldern schließt sich ein großer, dichter Wald, meistenteils aus Buchen bestehend, an, welcher der Steinische Wald in dasiger Gegend genannt wird und im Rufe der Spukerei bei dem gemeinen Mann sonst stand und zum Teil noch steht. Man findet aber weit und breit keinen solchen Buchenwald; so viel ausgewachsnes Tannen- und hartes Holz, von solcher

Menge und Stärke, gibt es wohl in Sachsen wenig. Es ist sehr kühl in diesem Walde, aber an einigen Stellen wiederum sehr schauerlich und heimlich. Man trifft ganze kleine Himbeerwälder darin an, deren Früchte von einem besondern stärkenden Geschmacke sind. Übrigens aber ist es einsam, und wenn zwei Menschen einander begegnen, erschrecken sie gewiß anfänglich voreinander. An einigen Stellen soll sich zu gewissen Zeiten eine weiße, verschleierte Frau sehen lassen, welche ein großes Buch trägt und beständig in dem dürren Laube am Boden wühlt. – Sonst gab es auch viel Wild in diesem großen, dicken Walde, besonders Schweine, die sich sehr gut von der zahlosen Menge der Buchennüsse nähren konnten; jetzt aber hat sich dies ganze Wild an die Tafeln der Großen verhandelt. Der Weg ist bei trockenem Wetter sehr gut, hingegen wenn es geregnet hat, ist fast kein Fortkommen, da der Boden lehmigt ist; vorzüglich wenn es bergab geht, kommt man sehr übel an.

Aber übrigens ist es ein interessanter Spaziergang. Wenn man, wo sich der Weg bergab zieht und zu beiden Seiten junge Buchengebüsche ihn beschatten, eine Strecke hinabgewandert ist, hat man plötzlich einen überraschenden Anblick. Links gegenüber nämlich dehnt sich ein großer, schwarzer Tannenwald herab, an welchem man, ohne irgend etwas anderes zu erblicken, den obern Teil eines mit Schiefer gedeckten Turms wahrnimmt; man staunt auf die Erscheinung, sieht aber, je tiefer man hinabwandert, den Turm immer höher und nach und nach das Schloß fein zauberisch hervorwachsen. Man beugt jetzt noch einige Schritte um einen großen Stein herum, stellt sich dann auf den hohen Rand des Weges und hat nun einen romantischen Anblick, den keine Feder zu schildern vermag. Sich gegenüber nämlich erblickt man den hohen, schwarzen Tannenforst, welcher sich weit durch das Tal hinabzieht und mit dem lichten Grün junger Buchen hier und da angenehm absticht; schräg rechtshin ragt das hohe Schloß mit seinen Gebäuden dicht an der fließenden Mulde auf und spiegelt mit seinen vielen Fenstern sich auf der ruhigen Fläche des Stroms, welcher durch die begraste Ebene des Tales still in seinem Bette hinabwogt. Auf dem jenseitigen Ufer der Mulde zieht sich eine lange, hohe Lindenallee von dem Schlosse an hinab gegen das Ende des Tales, welches sich hinten in einem waldigen Halbrund zu endigen scheint und in sein Dunkel die silbern strahlende Mulde aufnimmt. Bei dem Schlosse macht die Mulde einen ziemlichen Bogen, denn auch das Tal bricht sich schnell von Südost nach West, also fast ein rechter Winkel, daher stelle man sich den angenehmen Anblick des verfallenen, auf Felsenspitzen gebauten Schlosses vor, welches sich gerade an diesem Winkel der Mulde erhebt, daß man von demselben aus auf der einen Seite den kommenden, auf der andern den fortgehenden Fluß vor Augen hat! –

Hinter dem Schlosse, zwischen den beiden herab sich ziehenden Gebirgsseiten, sieht man hinten aus einem Buchenhaine auf der Höhe des Berges das Schloß Hartenstein sich freundlich erheben, so wie sich auch gegenüber das Städtchen gleichen Namens an einem flachen Gebirge zwischen Fluren herabbreitet. Im Ganzen ein herrlicher, äußerst romantischer Anblick! Dieses hat man auch gefunden, und die Gegend um das Schloß Stein ist oft gezeichnet und in Kupfer gestochen worden; aber man hat nicht jedesmal die schönste Ansicht gewählt. Auf dem Schlosse Hartenstein fand ich in einem Saale ein Ölgemälde, wo die ganze Gegend um Stein, und zwar von der schönsten Ansicht, trefflich und meisterhaft vorgestellt und ganz natürlich abgebildet war; nach diesem Gemälde müssen Landschaftsmaler die Gegend copieren, wenn sie ganz interessant sich ausnehmen soll. Doch wir gehen nun den Berg vollends hinab und in das Tal. Hier sehen wir in der Nähe des Schlosses einige Häuser, nämlich auf dem diesseitigen Ufer der Mulde, und indem wir nach der überbauten Brücke gehen, ruft man uns aus dem nahen Hause zu, erst à Person zwei Pfennige Brückzoll zu entrichten. – Dieser Zoll kann nur denen überflüssig scheinen, welche das Wohltätige einer Brücke nicht einzusehen vermögend sind.

Jetzt sind wir im Innern des Schlosses, und zwar eigentlich noch vor dem Tore; aber die Seite, wo wir uns jetzt befinden, ist mit Ställen, Scheunen und Schuppen angebaut. Über dem Tore sieht man die starken Räder, über welche sonst die Ketten der Zugbrücke herabrollten; auch der Burggraben ist noch sichtbar, den wildes Gesträuch und Schutt füllt, unter welchen Nattern und Kröten nisten. Das übrige Äußere des Schlosses ist ein Beweis, daß es schon sehr alt sei; denn der Stil des Baues grenzt an das Gotische, und aus den vielen und mannigfachen Fenstern erkennt man den kindischen Geschmack jener Zeiten, so wie man auch wahrnehmen kann, daß später manches dazugebaut und verbessert worden sei. Aber der innere Hof des Schlosses erweckt Grauen und Furcht, wenn man um sich und über sich blickt, wie auf hochragenden Felsenspitzen man die Seitengebäude aufgeführt hat, welche dem augenblicklichen Einsturze drohen und mit Gestrüppe und Sträuchern bewachsen sind. Vorzüglich der alte Turm, welcher einst zur Warte gedient haben mag, füllt durch sein auffallendes Ansehen mit Schauergefühlen die Brust des

Wanderers, der mit der nächsten Minute den Zusammensturz desselben fürchtet. Doch wie die Alten mauerten, könnten die Neuern, ungeachtet ihrer gerühmten Mauerei, nicht mauern; je länger es steht, desto fester wird es. – z. B. die Häuser hinter den Mönchen in Bautzen.

In diesem Hofe selbst herrscht ein zweifelhaftes Dunkel, die hohen Wände der Gebäude, welche sich in einem Viereck miteinander verbinden, sehen schwarz und wie verräuchert aus. Unten herum erblickt man viele Türen und Pforten, und vorzüglich durch die, welche dem Torwege gegenüber sind, gelangt man in mehrere verfallne Hallen und Gemächer, deren ehemaliger Zweck mir öfters unerklärbar war; z. B. das niedrige, von einigen Pfeilern unterstützte Gewölbe, in welchem sich ein nicht tiefes viereckiges Bassin befindet, in dessen Mitte ein rundes, tiefes Loch hinabgeht, unter welchem man Wasser brausen hört. Sollte dies vielleicht ehedem ein Bad gewesen sein? – Aber man liest nirgends, daß die alten Bewohner solcher Schlösser viel aufs Baden gehalten oder gar eigene Bäder angelegt hätten. –

Jetzt wohnt in dem vordern Teile des Schlosses ein Pachter oder vielmehr Verwalter; denn es ist eine ansehnliche Wirtschaft dabei. Fast die meisten Gemächer, Kammern und Böden sind nicht mehr zu bewohnen und zu gebrauchen; sie sind die Residenzen einheimischer Fledermäuse. Auch geht in der Gegend unter dem gemeinen Leuten das Gerücht, daß es nicht geheuer im Schlosse sei, daß sich ein Mönch sehen lasse u. dgl.

Doch wir gehen jetzt hinter dem Schlosser durch Erlengebüsche auf einem schmalen Pfade fort, kommen über einen Graben und dann in das Tal, wo uns die Mulde entgegenfließt. In dieser Richtung sehen wir rechts den großen Steinischen Wald bis gegen das Ufer der Mulde sich herabdehnen; links auf der höhern Gebirgsseite aber zieht sich ein dünnes Gehölz fort, welches jedoch bald weiter hinten in einen großen Buchenwald sich verwandelt, in dessen Dunkel die Prinzenhöhle liegt. So verfolgen wir links unsern Pfad, welcher sich durch Wiesen schlängelt, daß uns die Mulde zur Rechten bleibt. Erst kommen wir bei einem Kalkofen, sodann weiter oben bei einer Mühle vorbei, und hinter derselben nimmt uns das schattige Dunkel des Waldes auf. Hart an der Mulde windet sich oft unser Pfad dahin, und das Tal wird jetzt so eng, daß nur eben die Mulde bequem hindurchfließen kann. Links zur Seite steigt das hohe, steile, mit Felsenblöcken bedeckte Gebirge auf, welches ein finstrer Buchenwald beschattet und sehr mühsam zu ersteigen ist. Man fühlt einen besondern Schauer, wenn man durch das waldige Dunkel über die bemoosten Felsentrümmer die steile Höhe hinanblickt und sich des jungen Prinzen erinnert, welcher einst, wo gewiß alles noch wilder war, hierher und noch dazu hinauf in die Höhle geführt wurde. Doch wir sehen jetzt einen guten Weg im Zickzack an den Berg hinauf angelegt. Der vor mehrern Jahren verstorbene Fürst von Schönburg hat sich sehr rühmlich durch die Anlegung eines bequemen Weges zur Prinzenhöhle um dieselbe verdient gemacht. Denn es würde äußerst mühsam und gefählich sein, wenn man über Felsen und Gestrüppe den steilen Berg emporsteigen sollte. Aber damit der Wanderer diesen Beschwerlichkeiten nicht ausgesetzt sein möge, zieht sich ein bequemer Weg im Zickzack bis zur Höhle empor.

Der Eingang dieser Höhle ist ziemlich eine Mannslänge hoch und ungefähr zwei Ellen breit, aber je weiter man hinter kommt, desto enger und niedriger wird sie, daß man endlich nicht weiter kann.* Man sieht übrigens, daß sie nicht von Natur so entstanden, sondern durch Menschen weiter ausgebildet worden sei; es war vielleicht eine enge Schlucht vorher, welche irgend jemand zu einem besondern Behufe erweitern und bequem machen ließ. Sie geht eine ziemliche Strecke in den Fels hinein, und am Eingange ist eine Tafel befestigt, worauf die Geschichte des Prinzenraubes geschrieben steht,** aber jetzt schwer zu lesen ist; auch das Schönburgische Wappen ist am Eingange angemalt. Übrigens außen vor der Höhle ist es sehr angenehm und unterhaltend; angenehm durch die Gegend selbst; allerlei Holz umschattet den Fels der Höhle, und nahe dabei rinnt eine labende Quelle herab, Vögel singen, und aus dem Tale herauf dringt das Rauschen der Mulde, so wie gegenüber das waldige Gebirge sich mit hervor ragenden Felsen hinabzieht und durch das Dunkel der Tannen die Ruine der Eisenburg hervorschimmert; – unterhaltend durch die unzähligen Namen, welche an den Fels um die Höhle gemalt und in die Rinde der Bäume geschnitten sind. Aus den fernsten Gegenden findet man viele. Hohe und Niedrige stehen hier ohne Rang nebeneinander, und was das beste ist, niemand hat besondere Gedanken oder Verschen dazu geschrieben, wie es oft dergleichen Merkwürdigkeiten*** der Fall ist, wo mancher Mißbrauch mit dieser Art, sich zu verewigen, getrieben wird. –

---

* Man muß sich mit Feuerzeug und einem Lichte versehen haben, damit man innen sich umsehen kann.

** Ich erwähne der Geschichte nicht erst wieder, da sie einem jeden Sachsen bekannt sein muß.

*** Dabei erinnere ich mich des Lutherbrunnens bei Wittenberg und des Brockens. –

Dies, lieber Leser, war die Wanderung über Stein zur Prinzenhöhle; möchte sie dir so gefallen haben, wie ich es wünsche. Doch wenn wir wieder bis Stein zurückgekehrt sind, wollen wir einen kurzen Spaziergang nach dem Schlosse Hartenstein machen.

Man sieht zwar hinter dem Schlosse einen ziemlichen Fahrweg nach Hartenstein zu führen, aber dieser führt nicht auf das Schloß, sondern in das Städtchen. Durch die Wiesen am Schloßberge erblicken wir einen Pfad, diesen wollen wir auch betreten, denn er führt zum Ziele. Der Weg ist sehr angenehm, aber doppelt angenehmer und romantischer wird er, wenn man auf die Höhe gekommen ist und durch den dämmernden Buchenhain nach dem Schlosse zu geht. Mit ihren Ästen verweben sich die hohen Buchen und wirken ein magisches Dunkel; hier und da ragt ein Felsenblock hervor an einem Busche, und rechts oben blinkt die weiße Mauer des Schlosses hinter den weißstämmigen Buchen herab. Links durch die Lücken einzelner Kiefern, welche am schroffen, felsigen Abhange des Berges ragen, sieht man die Stadt Hartenstein auf der breiten Fläche des Berges herab ausgebreitet, welches zusammen den interessantesten Anblick gewährt. So kommt man endlich auf diesem Pfade an den breiten Fahrweg, welcher sich von der Stadt auf den Berg und an das Schloß zieht.

Vor dem Tore des Schlosses ist eine starke, steinerne Brücke, welche über den breiten Graben führt, welcher jetzt aber ausgetrocknet, begrast und mit allerlei Gebüschen bewachsen ist. Über das Schloß selbst kann ich wenig oder gar nichts sagen; es ist ziemlich groß, in gutem Zustande und wird ganz bewohnt. Aber daß man von allen Seiten die vortrefflichste Aussicht auf alle die schon erwähnten Gegenstände habe, läßt sich denken. Vorzüglich die Aussicht auf das Muldental, worin sich das Schloß Stein so malerisch zwischen den dunklen Waldungen erhebt, ist eine der schönsten. Auf der Seite gegen Morgen und Mittag zieht sich ein terrassenförmig angelegter, freundlicher Garten an dem Berge hinab und erhöht das Angenehme dieser Gegend und des Schlosses. Auf der Seite vor dem Tore sieht man noch einige schöne Häuser auf dem Rücken des ansteigenden Berges, und alte Linden verbreiten ihren erquickenden Schatten. –

Nun richten wir unsern Weg zurück nach Schneeberg, wo uns alles noch einmal in die Augen fällt und uns mit den freudigsten Gefühlen erfüllt.

5. Über Schnorrensgut und Auerhammerwerk nach Celle

Wer sich einige Zeit in Schneeberg aufhält, wird gewiß auch von dem Schnorrensgute hören, welches vorzüglich sonntags von den Schneebergern häufig besucht wird. Wir wollen daher jetzt auch einen Spaziergang dahin machen.

Man geht von Schneeberg den sogenannten Stangenberg hinan; man nennt so den Weg, welcher an den Berg herab nach Schlema führt und unten zu beiden Seiten mit Stangen versehen ist, um sich festzuhalten.* Wenn man unten ist, geht man rechts den Fahrweg fort, welcher über eine Brücke führt und mit einem andern quer nach Schlema sich ziehenden vereinigt. Über diesen geht man gerade weg und auf den Pfad, welcher sich eine Strecke lang an einen lebendigen Zaune fortzieht. Man kommt sodann auf einen andern ebnen Weg, welcher sich oben um den Berg herumzieht; auf diesem geht man eine kleine Strecke weiter und betritt einen neuen, welcher nicht weit von dem Beuthnerischen Hause bergan an der Spitze des Waldes vorbeibeugt und sodann ungehindert die übrige ziemliche Strecke weit nach dem Gute führt.** – In dem Walde, dessen ich erwähnte, ist es sehr romantisch; Fichten, Tannen und Buchen in schöner Mischung wirken ein liebliches Dunkel, wo bemooste Felsentrümmer zur Ruhe und zum Denken einladen, wo verstohlener Vögel leiser Gesang daherschwebt und aus dem Tale das Geräusch des Tages dringt. Wie oft ich hier auf den weich bemoosten Felsenruinen gesessen unter der alten Buche, welche ihre dicht belaubten Arme über mich breitete und unter ihrem Dämmergrün mich aufnahm! Wie oft in dieser glücklichen Einsamkeit sank der Friede des Himmels in das aufruhrvolle Herz, wie oft tat hier vor meinem Geiste eine glückliche Zukunft sich auf und goß Entzücken in die jugendliche Brust! Doch die Jahre schwanden, der Traum zerrann. –

Wir befolgen jetzt den begonnenen Weg und haben auf der Höhe, nicht fern von dem Walde, den herrlichsten Anblick von dem oft erwähnten Schlema und der ganzen übrigen Gegend, welche man aus den vorigen Schilderungen noch kennen wird. Ich versichere im voraus jedem Fremden, daß er hier einer Aussicht genießen wird, die über alle Beschreibung ist; diese Lage, diese Mannigfaltigkeit, dieser hohe Reiz,

---

* Einen solchen Stangenberg, aber weit höher und steiler, gibt es auch bei Johanngeorgenstadt.

** Diese etwas weitläufige Wegbeschreibung geschieht um der Fremden willen.

– – o! Ihr, die ihr des obern Erzgebirges spottet, kommt hierher und seht und fühlt, und – ihr ändert gewiß euer Urteil. –

Hart an dem Wege weiter oben zieht sich nun eine Strecke weit ein Fichtenwald fort, bei dessen Ende der Wald merklich ansteigt. Wenn man endlich gegen und auf die Höhe gekommen ist, sieht man hinter einer Reihe hoher Linden das Schnorrensgut mit seinem großen Garten liegen und Felder und Äcker, von Waldung eingeschlossen, breiten sich um dasselbe aus. Dieses Gut gehört jetzt dem Herrn Lagerfactor Schnorr in Schneeberg, welcher es sehr verbessert, geschmackvoller verändert und ein ziemlich großes Tanz- und Gesellschaftshaus darangebaut hat, welches der Funkenburg in Leipzig fast ähnlich ist.

Das mehrste Vergnügen gewährt der große Garten, worin allerlei Lauben und Partien angelegt sind, welche, da sie nicht das Ansehen des Gekünstelten haben, mehr interessieren als manche gewöhnliche Spielereien in solchen Gärten.

Die äußere Gegend, vorzüglich gegen das Tal hinab, ist sehr schön; auf der flach sich herabsenkenden Gebirgsseite, wo wir uns nämlich jetzt am Ende der Gartenmauer befinden, ist alles größtenteils Feld und Akker. Aber uns gegenüber zieht sich ein hohes, waldiges Gebirge quer herab, und so bildet sich unten ein Tal, in welches wir nun gehen wollen.

Der Weg senkt sich am Saume des Waldes links hinab. Unten müssen wir über Felsenblöcke klettern und über einen Bach setzen, dann sehen wir uns in einer ziemlich langen Talwiese, welche auf beiden Seiten von dicker Waldung eingeschlossen ist. Es ist hier beständig sehr kühl und still, nur das monotonische Murmeln des Wiesenbaches, welchen Erlen- und Haselgebüsche umgrünen, gibt diesem Tale einiges Leben. So geht man eine Strecke fort, bis der Wald rechts sich plötzlich abbricht und einer Menge Äcker und Felder Platz macht, welche sich über eine hügelförmige Fläche bis herab an den Bach ausbreiten; links zieht sich immer höher der Forst fort, und ganz oben sieht man hohe, alte Tannen stolz darüberragen. An dem waldleeren Fuße dieses Gebirges liegt das herrschaftliche Gebäude des Auerhammers, welches freundlich heraufschimmert. Nach und nach werden mehrere Häuser dabei sichtbar, Rauchsäulen sieht man jetzt emporsteigen, immer deutlicher und lauter wird das Getöse des Hammers und des Wassers. Weiter hinten sehen wir Gefilde, Häuser und Wald, dort liegt das Städtchen Aue. So kommen wir endlich nach und nach auf das Hammerwerk, welches am Fuße eines Gebirges hart an dem Schwarzwasser liegt. Dieses fließt aus einem finstern, waldigen Tale hervor, ist aber weit größer als bei Johanngeorgenstadt, indem mehrere Bäche es verstärkt haben.

Die Gegend um Auerhammer hat mir recht sehr gefallen, vorzüglich der Wald und der Berg mit den bebuschten Felsen hinter dem Herrnhause und hier die herrliche Aussicht auf die lebhafte Talebene. Es ist so friedlich, so ruhig hier, man findet ein Asyl gegen das Geräusche der übrigen Welt. An das Herrnhaus stößt ein großer Fischteich, auf dessen baumbepflanztem, breitem Grasufer man einen herrlichen Spaziergang hat. Ich habe hier sehr vergnügte, frohe Tage verlebt, unter Freunden die flüchtigen Freuden des Lebens sorglos genossen. – Klein war deine Hütte zwar, seliger E., und du selbst arm, aber unsere Freuden waren groß, und wir sehr reich, denn wir waren zufrieden! –

Von der Schullehrer-Wohnung aus führt ein kleiner Pfad hinauf an den Saum des Waldes, wo in einem schattigen Halbrund ein kleiner Tisch nebst einigen Bänken angebracht ist. Von hier aus hat man eine herrliche Aussicht über die ganze Talgegend, so wie der Ort an und für sich sehr angenehm ist.

Jetzt gehen wir von Auerhammer durch das weite Tal hinunter nach Aue zu, welches der Länge nach vor uns ausgebreitet liegt und wo ein neues, großes Tal sich herabdehnt. Aue und Celle müssen dem Fremden als ein Ganzes beinahe vorkommen, denn beide trennt nur die Mulde voneinander, in welche sich hier das Schwarzwasser ergießt, daß durch den Zusammenfluß dieser zwei in dem obern Gebirge merkwürdigen Gewässer diese Gegend auf solche Art interessanter wird. Aue ist ein kleines Städtchen, welches aber durch die unferne Porcellanerdenzeche* jedem Sachsen bekannt sein wird; von seiner übrigen Lage ist nichts Besonderes zu erwähnen. Das auf dem jenseitigen Ufer der Mulde ausgebreitete Celle aber ist durch seine Lage vorzüglicher. Doch wir wollen über die steinerne Brücke selbst hinübergehen.

Am obern Ende des Dorfes gegen das Rittergut zu zieht sich gegen Abend eine große, begraste Ebene hinab, welche auf der einen Seite von der Mulde und dem hart daran aufsteigenden hohen Gebirge, dessen obern Teil dunkler Wald bekrönt, – auf der andern Seite von einem flachen, mit einzelner Waldung bedeckten Gebirge umgeben ist, und hinten zieht sich in einem Halbrund ein schwarzer Forst herum, welches einen ungemein schönen Anblick gewährt. Aber weit romantischer wird dieser Anblick durch die Kirche, welche, weit entfernt von Celle, ganz

* Die gemeinen Leute in dortiger Gegend nennen diese Zeche: 's weiße Zeug.

allein mitten auf dieser Wiesenfläche steht und auf den ersten Anblick wie ein kleines Kloster in die Augen fällt. Es ist eine herrliche Aussicht, welche sehr lebhaft an die Ritterzeiten und Klostergegenden erinnert.

Die entfernte Lage dieser Kirche hat folgendes Märchen zur Folge gehabt: Ehedem stand daselbst eine Kirche, welche zu dem ehemaligen Kloster Neucelle, an dessen Stelle jetzt das Rittergut steht, gehörte. Da nach der Reformation dieses Kloster, nach dem Schicksale mehrerer anderer, aufgehoben wurde, so demolierte man jene Kirche und wollte sie nahe bei dem Dorfe zum Gebrauche für den protestantischen Gottesdienst wieder aufbauen. Aber, oh, welch' Wunder! Nicht nur was man aufgebaut hatte, war jede Nacht wieder zerstört, sondern alles lag wieder an dem alten Orte, wo die Kirche gestanden hatte. Da man nun eine vergebliche Arbeit sah, so baute man die Kirche wieder da auf, wo man sie vorher erst niedergerissen hatte, und – es fiel keine Neckerei wieder vor, der Bau ward vollendet. So steht heutiges Tages noch die Kirche auf ihrem alten Platze. – Dieses Märchen wird mit vielen Variationen in dortiger Gegend erzählt und oft das Rittergut mit der Kirche verwechselt.

Der Spaziergang durch diese Talebene ist äußerst ergötzend, und wenn man vorzüglich dann den Weg nach Unterschlema wandelt, wird man von den schönsten Abwechselungen und Vorstellungen der Natur entzückt; man wird es nicht bereuen, diesen Weg gegangen zu sein, denn auch Unterschlema liegt sehr interessant. Anmutige Wäldchen wechseln auf den grünen Höhen zur einen Seite, so wie fruchtbare Gefilde sich auf der andern Seite des Tales verbreiten, in welchem die Häuser und Güter zwischen Obstbäumen versteckt liegen.

Wer dann etwa einigen Durst empfindet, der kehre bei dem Steinmüller (so heißt der Eigentümer einer häufig besuchten Schenke) ein und labe sich durch einen Trunk Kirchberger Weißbier, welches man hier vortrefflich erhält.

6. Übrige Gegend um Schneeberg

Hinter dem Gebirge bei Neustädtel liegt der an und für sich wegen der dabei angelegten Torfstecherei wohlbekannte Filzteich.

Sein Name zeigt schon an, daß es in seiner Gegend sehr moorig sei, und außer dem Teiche erblickt man nichts weiter als Wald. Aber man hat eine volle Stunde nötig, ehe man den Teich umgeht, daher kann man sich die große Fläche Wasser vorstellen. Er existiert schon seit dem fünfzehnten Jahrhunderte, wo er, da der Schneeberger Bergbau sehr emporgekommen war, zum Treiben der Räder, welche die unterirdischen Wasserkünste in Bewegung setzten, angelegt wurde, wozu er auch noch gebraucht wird. Daher steht er unter bergamtlicher Jurisdiktion, wird zu gewissen Zeiten gefischt, und man hat unter andern vor mehrern Jahren sehr große Hechte gefangen. – Bei dem Kanale, durch welchen das Wasser in ein nahes Haus, worin es sich auf die Zechen verteilt, geleitet wird, steht ein Stein, in welchem man „Dammbruch" eingehauen liest; dies ist zur Erinnerung an den 4ten Februar 1783, wo das Wasser den fehlerhaft gewordenen Damm an dieser Stelle durchbrach und das Dorf Zschorlau überschwemmte, wo es mehrere Häuser fortführte, viele sehr beschädigte und einriß, daß 18 Menschen umkamen, und so drang es bis Auerhammer.

Neben dem Filzteich findet man die große Torfstecherei, welche aber erst seit 1789 vorzüglich in Gang gekommen ist und jetzt gute Dienste leistet. –

Seitwärts bei Neustädtel öffnet sich ein großes Tal, worin man vornen einen ziemlichen Teich erblickt. Durch dieses Tal gelangt man auf einem sehr angenehmen Wege nach Lindenau, einem Dorfe, welches sich ebenfalls in einem seichten, flachen Tale sehr schön ausbreitet und durch seine abwechselnde Umgebungen für den Freund der Natur gewiß viel Reiz hat.

Auf der Poststraße* von Schneeberg nach Zwickau kommt man von Griesbach aus erstlich nach und durch Weißbach. Dieses Weißbach ist ein schönes, großes Dorf von einer vortrefflichen Lage, vorzüglich die Gegend bei der Kirche ist so romantisch, so einladend, daß man mit Mühe sich davon trennt. Ich würde mich, so wie über die nachfolgenden Gegenden, gern weiter verbreiten; aber für mich endigt sich hier das obere Erzgebirge. Die Berge werden kleiner, die Wälder seltener, und von hier an erblickt man meistenteils Äcker und Felder, kurz, hier ist der Abfall des Wildromantischen und der Anfang des Fruchtbaren und ganz Gefälligen. Man übersieht hier die Gegend um Zwickau, dessen Turm man auf der Höhe gegen Abend hin auch schon wahrnimmt; ferner stellt sich auch die Gegend bei Wildenfels, nah und fern, dar, und dieses alles ist ja kein oberes Erzgebirge, welches einzig nur der Zweck dieser Schilderungen ist. Es sei daher andern überlassen, jene Gegenden zu durchwandern; ich muß meiner Absicht getreu bleiben.

Der Keilberg bei Schneeberg, dessen ich auch erwähnte, ist kein hoher und vorzüglicher Berg; es ist vielmehr ein breites, sanft und allmäh-

* Der ehemalige böse Weg ist jetzt in eine sehr schöne Chaussee verwandelt.

lich ansteigendes Gebirge, auf dessen Fuße eigentlich Schneeberg liegt, wenn man es genau betrachtet. Auf der Höhe des Keilberges trifft man in der dünnen Waldung mehrere niedrige Felsen und Felsenblöcke, sowie dahinter einige Teiche. Auf dieser Höhe hat man eine vortreffliche und weite Aussicht.

Auch habe ich vorn von einem Wolfsberge gesprochen; dieser liegt gleich dem Schneeberge gegenüber und bildet mit diesem ein Tal, durch welches der Fahrweg nach Schlema herabgeht. Dieses Gebirge bricht sich dem Stangenberge gegenüber gegen Morgen hinab, an der Ecke ragt ein ziemlich hoher Fels auf, worin man den Eingang einer Höhle erblickt, welche aber nur etwa eine Elle lang ist. An diesem Berge stehen einige Eichen, die einzigen in der ganzen Gegend. –

In der Fortsetzung dieser Wanderungen werde ich den Leser über Schwarzenberg, Geyer, Scheibenberg nach Annaberg und von da weiter herum führen. Auch nach Wiesenthal um des Fichtelberges willen werden wir einen Abstecher machen müssen.

Jetzt will ich noch von den Festen, Gebräuchen und Vergnügungen des obern Erzgebirges erzählen, worin man gewiß viel Interessantes und Nationales finden wird.

III. Vorzügliche Feste der obern Erzgebirger

1. Die Fastnacht

Unter die vorzüglichen Feste gehört die Fastnacht, eigentlich ein Fest nur für die Bergleute, aber an den meisten Orten nimmt jedermann gern Anteil daran. Ich werde daher jetzt von Johanngeorgenstadt sprechen, weil in dieser Stadt dieses Bergfest mit bergmännischen Solennitäten gefeiert wird.

Tags vorher sind gewöhnlich die Bergleute aus den combinierten Bergrevieren Schwarzenberg und Eibenstock in ihrem Ornate daselbst eingetroffen. Früh um fünf Uhr wird dann die große Glocke geläutet, worauf von dem Stadtpfeifer und den Berghautboisten ein Morgenlied von dem Turme geblasen wird. Sowie nun der Tag angebrochen ist, sieht man die geputzten Bergleute auf den Gassen einher- und in das Rathaus ziehen, woselbst sie sich alle versammeln. Das Volk steht nun umher und freut sich; Mütter freuen sich über ihre Söhne, Weiber über ihre Männer, Kinder über ihre geputzten Väter, Mädchen über die schmukken Burschen. Das ist ein Treiben und Drängen, Schwatzen und Lachen; am Markte und in der Kirchgasse sind fast alle Fenster besetzt. Nun werden auch die Bergbeamten nach dem Range von Steigern und Bergältesten sowie die Schichtenmeister von ihren Leuten auf das Rathaus feierlich begleitet, wo von oben herab ihnen Trompeten und Pauken entgegentönen. Mit dieser Feierlichkeit wird auch die Fahne abgeholt. Welche Lebhaftigkeit hier herrsche, kann man sich leicht vorstellen.

Endlich um neun Uhr unter dem Geläute der Glocken bewegt sich der festliche Zug mit starker Musik nach der Kirche zu. Ein Knappschaftsältester oder Schichtmeister führt den Zug an, welcher vier Mann hoch eingerichtet ist. Doch dies alles nach der Ordnung zu beschreiben nebst der Tracht wäre zu weitläufig und überflüssig. Abbildungen von der festlichen Bergmannstracht findet man im Freiberger bergmännischen Taschen-Kalender. Aber das Ganze nimmt sich vortrefflich aus; wenn man von oben den langsam wallenden Zug erblickt, sieht man nichts als Grün, Weiß und Schwarz nebst den hier und da hervorragenden Federbüschen. Das Bergamt in seiner Tracht nimmt sich vorzüglich schön aus. Und so ist der Zug längst in der Kirche, welche fern vom Rathause steht, während man immer noch seinem Ende aus dem Rathause entgegensieht.

In der Kirche wird musicirt und sodann eine Bergpredigt gehalten. Nach derselben wird unter andern auch verlesen, wieviel in diesem Jahre Erz ausgebracht worden sei u. dgl.

Nach der Predigt oder vielmehr nach dem Gottesdienste geht der Zug in der nämlichen Ordnung wieder auf das Rathaus und löst sich dann wieder auf, so wie er begonnen hat. Nun nimmt jede Familie vergnügt ein festliches Mittagsmahl ein; vorzüglich bäckt man an diesem Tage viel Hefenklöße, und der ärmste Bergmann tut sich da, nach seinem Ausdrucke, eine Güte, d. h., er ißt mit seiner, oft zahlreichen, Familie ein halbes Pfund Schweinebraten mit Erdäpfelbrei oder Sauerkraut und trinkt ein Glas Branntewein.

Gegen Abend geht er zu Bier und zu Tanz und verjubelt lustig und froh die letzten, sauer verdienten paar Groschen, weiß nicht, ob er morgen noch lebt oder zerschmettert aus der Grube heraufgezogen wird.

Das Bergamt veranstaltet gewöhnlich einen Ball, woran der Rat, die Geistlichkeit und alle Honoratioren der Stadt Anteil nehmen und wo es äußerst froh und vergnügt zugeht. Viel Fremde aus der umliegenden Gegend nehmen häufig teil an diesem Balle, daß die Fastnachtsfreude in Johanngeorgenstadt seit mehrern Jahren sehr merkwürdig geworden ist.

So endigt sich oft mit dem Morgen des folgenden Tages ein Volksfest, welches dem Bergmanne dortiger Gegend heilig, für den stillen Beobachter aber äußerst lehrreich und interessant ist

2. Weihnachten

So wie in allen christlichen Ländern und Provinzen das Weihnachtsfest mit allerlei verschiedenen Feierlichkeiten und Gebräuchen begangen wird: so machen auch hier die Bewohner des obern Erzgebirges keine Ausnahme, vielmehr feiern sie es sehr solenn und verfahren dabei noch mit besondern Eigenheiten. Doch diese Feierlichkeit, muß ich erinnern, hat bloß Bezug auf den Heiligen Abend und höchstens auf den ersten Feiertag.

Während der ganzen Adventzeit arbeitet und schnitzt der fleißige und speculative Bergmann an allerlei mechanischen Spielereien, welche meistenteils allerlei Modelle des Bergbaues sind und ihm manchen Schweißtropfen kosten. Diese verkauft er nun entweder, damit er Feiertagsgeld habe, oder er illuminiert sie zur Freude seiner Familie am Heiligen Abend. So findet man hölzerne Steiger, in deren Bauche man ein ganzes, wohllöbliches Bergamt mit Köpfen nickend Session haltend sieht; überbaute 4–5 Stock hohe Pyramiden, wo man das ganze Bergbauwesen, auch die Eisenhammer, Wasserkünste in völligem Gange sieht u. dgl. m.

Aber der Heilige Abend selbst, wie illuminiert wird es gefeiert. Zu dieser Zeit hat es mir vorzüglich in Schneeberg gefallen, wo man Abends auf dem sogenannten Gebirge hinter Neustädtel und auf dem Mühlberge fast alle Häuser an den Fenstern sehr hell erleuchtet sieht, welches in dem Dunkel der Nacht sehr schön in die Augen fällt. Dazwischen tönt immer ein beständiges Lärmen und Singen, auch die Bergsänger gehen Abends mit Stangen-Laternen und Zittern herum und singen allerlei Bergmannslieder. Bei dem geschickten Schlossermeister Muth sah man sonst auch verschiedene Bergwerks-Vorstellungen, welche ein einfacher Mechanismus lebendig machte, wobei noch allerhand kleine Spaßerei vorkam.

Die gewöhnlichen Speisen am Heiligen Abende sind Semmelmilch, Hering mit Milchbrei oder mit Äpfelsalat, oder Sauerkraut und Wurst, wobei das Gläschen Schnaps nicht fehlen darf. Zu dieser Mahlzeit brennt ein großes, buntgemaltes Licht, auf welchem oft Namen und Jahrzahl zu sehen ist oder ein Spruch. Diese Lichte machen und malen sich die Bergleute selbst und schenken zu dieser Zeit einige ihren Vorgesetzten. Die Andächtigen singen zu Hause fromme Lieder, während die Frohen umherziehen und die Weihnachtsgeschenke bewundern. Da geht denn der Wirt oder die Wirtin des Hauses, wo es beschert hat,* herum und teilt Kuchen und Äpfel unter die zum Teil deshalb anwesenden Zuschauer aus.

Sonst war auch das sogenannte heilige Christ-Spiel gebräuchlich, wo Bergleute und andere gemeine Leute in schön gereimten, burlesken Versen die Geburt Jesu als ein Lustspiel aufführten und so von Haus zu Haus zogen. Dabei war immer eine lustige Person, welche allerhand Possen trieb (z. B. dem König Herodes, welcher frisiert mit goldnem Zepter und Reichsapfel auf einem hölzernen Stuhle saß, Schnupftabak unter die Nase rieb, daß er niesen mußte. Joseph wurde als hektisch vorgestellt und hatte eine Säge in der Hand; Maria sprach oft im schönsten Contrabaß, denn Frauenzimmer waren bei dieser Truppe nicht); die Engel gingen in langen Hemden, mit vielen Bändern geschmückt und gepudert, und hielten mit einem seidenen Tuche große Husarensäbel in der Hand; die Hirten hatten hohe spitzige Hüte von Zuckerpapier auf und knallten entsetzlich mit den Peitschen, auch bliesen sie auf Nachtwächter-Hörnern; der Stern war von Pappe und ölgetränktem Papier an einer Stange aufgesteckt und konnte gedreht werden; manchmal brannte er, denn inwendig stak ein brennendes Licht, auch an; das Christkindlein endlich war nicht himmlischer Abkunft, es sah erbärmlich aus und ward oft sehr übel behandelt. Übrigens war immer ein Knecht Ruprecht dabei, welchen man im Gebirge Rupperich nennt; wie gewöhnlich war er in einem Schafspelz vermummt, mit einer Klingel und einer Ofengabel versehen und mußte die nachlaufenden Jungen zurückschrecken. – Am sogenannten heiligen Dreikönigfeste erschienen dabei gar diese drei Majestäten, wobei eine schwarze war. Doch seit mehrern Jahren hat dieser Unfug aufgehört, welcher eigentlich noch ein Überbleibsel des in Sachsen herrschenden Aberglaubens war. So wurde vor wenig Jahren in einer dort benachbarten böhmischen Stadt das Leiden und der Tod Jesu auf diese Weise aufgeführt, wo den Heiland ein starker Fleischer repräsentierte, welcher einmal, als er am Kreuze hing und von dem Lanzenknecht in die Seite gestochen wurde, mit starker Stimme vom Kreuze

* Wu ass Bornkinnel baschärt hod – nach gebirgischer Mundart. Bornkinnel ist soviel als gebornes Kindlein.

herniederrief*: „Hannes, stiech nett su dährb, sust stiechst d' mer halter ja d' Leber gkuttenkar durch!" – Doch auch diese Greuel sind nicht mehr, auch dort geht ein helleres Licht auf und wirkt – Wunder! –

Am Christtage früh um 5 Uhr** wird dann Metten gehalten; daß dieses von den katholischen Metten herstamme, brauche ich nicht erst zu erklären. Hier tut sich nun der Bergmann wiederum auf sein Grubenlicht etwas zugute, mit welchem er, eines Arms dicke Flamme aufgeschürt, in die Kirche zieht, daß man glaubt, der Ort brenne. Und erst in der Kirche, wenn man auf den Emporkirchen viele hundert dieser hochlodernden Grubenlichter in mehrern schönen Reihen erblickt, hat man dann die prächtigste Illumination.

Bei den folgenden Heiligen Abenden geht es eben wieder so wie am Weihnachtsabende zu. Doch was ich erzählte, gilt nicht etwa von Schneeberg ganz allein, man trifft es fast in allen obererzgebirgischen Städten an. –

IV. Besondere Gebräuche

1. Das Hutzengehn

Darunter versteht der gemeine obere Erzgebirger, einen Nachbar, Bekannten oder Freundin auf eine nicht lange Zeit zu besuchen, mit ihm oder ihr zu schwatzen. So habe ich bei gemeinen Leuten vorzüglich im Winter dieses Hutzengehn so bemerkt: Der Nachbar, die Bekannte oder Freundin kam im Negligee, grüßte, setzte sich auf die Ofenbank, fing ein Gespräch an, und war es eine Mannesperson, so schmauchte er ein Pfeifchen. Abends kamen mehrere Mädchen mit ihren Klöppelkissen und Klöppelflaschen***, setzten sich um ein tischförmiges, rundes Gerüste, auf dessen Mitte ein Öllämpchen stand, stellten ihre Flaschen darum, setzten sich mit ihren Klöppelkissen bereit, und nun ging das Klöppeln

* „Johannes, stich nicht so derb, sonst stichst du mir ja die Leber ganz und gar durch!" – Halter, welches Wort in ganz Böhmen, Oesterreich und Bayern national ist, bedeutet soviel als: halt ich dafür.

** An einigen Orten zu einer anderen Stunde.

*** Dies sind runde Flaschen von sehr dünnem Glase mit hellem Wasser angefüllt, hinter welche das Lämpchen gestellt und dadurch ein klarer Schein auf das Spitzenmuster verbreitet wird.

an, welches ein sonderbares Geräusche macht. Sie erzählten sich und sangen, scherzten und bemerkten nach besonders ausgesprochenen Sprüchen, wie viel sie Schläge* gemacht hatten. Dann kamen einzeln junge Burschen, welche sich mit hinzusetzten und scherzten oder, da es meist junge Bergleute waren, erzählten, wie sie heute auf der Grube hätten unglücklich sein können, worüber die Mädchen erschraken und sie innig bedauerten. Kurz, solche Winterabende im Erzgebirge sind sehr interessant; wenn draußen im Schnee der Sturm tobt und man in der warmen Stube unter solchen gutherzigen Menschen traulich sitzt und ihren Erzählungen horcht, auch wohl gar von ihrer Gastfreundschaft mit der einzigen Kost, mit gebratenen Erdäpfeln, tractiert wird, – in der That, wenn man die Menschen liebt, vergißt man hier Ball und glänzende Gesellschaften, wo selten ein warmes, gefühlvolles Herz schlägt, wo man nur der Eitelkeit und ausländischen Sitten fröhnt. O! unter diesen Naturmenschen befand ich mich besser, als in der sogenannten großen Welt; ich fand unter ihnen beinahe wieder, was ich dort verlor. –

2. *Aschermittwoch*

An diesem Tage ist es in den meisten Orten gebräuchlich, daß das männliche und weibliche Geschlecht, freilich gewöhnlich die erwachsene Jugend, mit Häckerling oder Heugesäme gegeneinander zu Felde zieht und sich damit einäschert. Diese Motion ist freilich oft etwas derb, und die Empfindungen dieses Äscherns sind ziemlich unangenehm, denn man fühlt ein immerwährendes Jucken und Brennen, welches der auf die Haut und in die Haare geriebene Häckerling verursacht. Aber die gebirgischen jungen Leute sind nicht so überzart und überzuckert, sie lieben diese Motion sehr und verfahren dabei gegenseitig schonungslos und ohne Mitleid, daß sie dann stundenlang mit dem Auskämmen und Reinigung der Haare zubringen müssen. Niemand nimmt den andern etwas übel, ein Gemeingeist, ein Frohsinn spornt alle zur lebhaftesten Tätigkeit. –

Doch gibt es auch verschiedene Abwechselungen; Liebende oder junge Eheleute z. B. äschern sich oft mit Rosinen und Mandeln an diesem Tage ein. Freilich ist dieses nicht so unangenehm und beschwerlich, und mancher süße Herr wird dieses auch finden. Ich wollte es euch nicht raten, ihr zarten, duftenden Herrchen, deren Abgott das hoch gekräuselte, schilf-

* Halbe, ganze und Doppelschläge sind Kunstausdrücke beim Spitzenklöppeln.

ähnliche Haar ist, – ich wollte es euch ja nicht raten, bei einem Einäschern mit Häckerling und Heugesäme zugegen zu sein! Verzweiflung würde euch töten, wenn ihr im oft und gern betrachteten Spiegel euer zerstörtes Haargetürm mit so grobem Puder durchstreut sähet, wenn ihr alle euer Hoffnungen und Mühe so vernichtet erblicktet; denn die erzgebirgischen Mädchen kümmern sich wenig um eure Hahnenkämme, dadurch berückt ihr sie noch nicht! –

3. Der Walpurgisabend

Jener, und wie man hoffen darf, ziemlich verschwundene Glaube an Hexen und ihre Macht hat auch im obern Erzgebirge einen Gebrauch hinterlassen, welchen man fast an allen Orten desselben antrifft. Am Abend vor dem ersten Mai nämlich, also am Walpurgisabend, hört man in den Gegenden umher ein immerwährendes Schießen, bisweilen auch aus Mörsern,* wodurch man sonst die in der Luft reitenden Hexen erschießen wollte. Jetzt sollte nun vielmehr dieses Schießen als ein Zeichen des besiegten Aberglaubens angesehen werden, also ein Victoriaschießen nach dem Kampfe mit Irrwahn und Vorurteil.

Auf den Bergen versammeln sich die Jungen, welche alte Besen anbrennen, sie dann oft herumschwingen und endlich hoch in die Luft schleudern, welches bei dem Dunkel der Nacht ein hübsches Schauspiel abgibt. Dabei wird übrigens gejubelt und geschrien, wie es die rohe Jugend immer zu tun pflegt. –

Man belächle diesen alten Gebrauch der Erzgebirger nicht; nicht aus Aberglauben üben sie denselben, ich versichere vielmehr, daß dort die Bergleute in vielen Dingen weit aufgeklärter und belehrter sind als der niederländische Bauer. So z. B. ist der Glaube an den Berggeist oder Kobel ziemlich verschwunden.

4. Das Osterficken

Am ersten Osterfeiertag früh, an einigen Orten am dritten Feiertage nachmittags, ist es gebräuchlich, daß Bekannte sich aufsuchen und mit Gerten von Birkenreisern oder Wacholder einander peitschen, welches man ficken nennt. Oft im Bette wird man von solchem Zuspruche überrascht und an den Händen oder Füßen ausgefickt. So sieht man die fröhlichen

* Diese kleinen Mörser heißen Böller.

Leute im größten Negligee oft einander auf den Gassen verfolgen. Das weibliche Geschlecht fällt in starker Anzahl oft über eine einzige Mannsperson her, und dann wehe dieser; ungeachtet seiner natürlichen Sanftheit verfährt es hier dennoch ohne Schonung. Es ist ein lustiger Krieg, welchen man führt. Auch dieser Gebrauch ist sehr alt und war sonst allgemeiner. –

5. Der Pfingstlümmel

Am ersten Pfingstfeiertage sorgt jedes Glied in einer Familie, daß es nicht zuletzt im Bette angetroffen werde: ist dieses der Fall, so wird man ausgelacht, verspottet und Pfingstlümmel genannt. Den ganzen Tag über, wohin man geht, hört man sich so nennen und wird ausgelacht. Das ist nun die größte Lust, wenn mehrere solche Pfingstlümmel zusammenkommen und sich selbst über einander lustig machen. Auch auf den Zechen, Tags vorher, ist dies der Fall, und so bei vielen Professionen und Ständen, auch sogar die Hirten beobachten diesen Gebrauch, wer der erste ist, klatscht ein Konzert mit der Peitsche.

6. Der Johannisabend

Es ist auch an mehrern Orten des obern Erzgebirges, vorzüglich an der böhmischen Grenze, Gebrauch, am Abend vor dem Johannisfeste große Feuer anzumachen. Man sorgt aber nicht für die Größe des Feuers, sondern vielmehr, daß ein dicker, großer Dampf entstehe; deswegen nimmt man grünes Reisig und schürt diese Johannisfeuer in Tälern an den Bächen an, damit man durch eingeweichtes Fichtenreisig einen recht dikken Dampf machen könne. Dieser Gebrauch ist auch bei den Grenzböhmen häufig, aber ich konnte nirgends eine bestimmte Ursache erfahren. Geschieht es dem Johannes zu Ehren oder liegt irgendein Aberglaube zum Grunde? Ich weiß es nicht.
Am Johannistage selbst tanzen die Kinder um eine mit Bändern, Kränzen und vergoldeten Eierschalen geschmückte junge Tanne. Doch dieser Gebrauch herrscht fast überall in Sachsen.

V. Die vorzüglichen Vergnügen im obern Erzgebirge

1. Das Vogelstellen im Herbste

Es ist nicht zu berechnen, welch' eine Menge Vögel, und meistens Krametsvögel, alljährlich nur im obern Erzgebirge auf allerlei Art und Weise gefangen wird, und der Vogelfang selbst macht ein vorzügliches Vergnügen des Erzgebirges aus. Um Michaelis geht gewöhnlich das Vogelstellen an, und ich werde hier alle die verschiedenen Arten des Fanges aufzählen und beschreiben.

Um kleine Vögel, meistenteils Rot- oder Blaukehlchen, zu fangen, bedient man sich der Tränke. Zur Zeit, wenn kleine Bäche früh schon ein wenig zugefrieren, sucht man in einem nahen Waldtale einen solchen kleinen Bach, deren es viele gibt. Diesen bedeckt man nun eine große Strecke weit mit dichtem Fichten- und Tannenreisig, läßt aber hier und da kleine Lücken, daß das Wasser hervorblinkt, und bringt darin viereckige Rahmen von dünnen Brettchen an, worin man Leimruten feststeckt. Dieses alles bereitet man gegen Abend vor und geht dann wieder fort.

Frühmorgens fliegen nun die kleinen Vögel umher und wollen trinken, aber die Bäche sind gefroren; so kommen sie endlich durstig an unsern Graben, welcher durch das dicht überdeckte Reisig für Frost gesichert ist. Lange hüpfen sie darum, bis sie endlich an die Lücken kommen, wo die Leimruten stecken, worauf sie sich setzen und trinken, für diese Bequemlichkeit aber ihre Freiheit und gewöhnlich ihr Leben hingeben müssen. Denn nachmittags geht man hin und nimmt die schreienden und flatternden Gefangenen ab, wobei man manches Vergnügen hat. –

Um Stieglitze und Hänflinge zu fangen, hat man eigene, kleine Herde, wo der sogenannte Strauch* aus dürren Disteln besteht, dessen Samen jene Vögel gern fressen; sie gehen häufig darauf, wo denn plötzlich über sie ein Netz springt und sie fängt. Die Erzgebirger halten, so wie die Harzbewohner (über welche man sich in Bechsteins Naturgeschichte der Stuben- und Singvögel belehren kann), sehr viel auf Sing- und Stubenvögel, wenden oft den letzten Groschen dafür an und sind meistens ganz

*Auch beim Vogelstellen sind termini technici; es gehört zur kleinen Jagd.

leidenschaftlich für manche Arten Vögel eingenommen. So findet man in der Stube des ärmsten Bergmanns doch immer gewöhnlich ein halbes Dutzend lebendiger Vögel, worunter die beliebtesten und allgemeinsten solche sind:* 1) der Reitzufink, 2) der Stieglitz, 3) der Hänfling, 4) die Lerche, 5) der Zeisig, 6) der Quäcker, 7) die Zippe, 8) der Grünschling, 9) der Gimpel und andere mehr. In Schönhaide ist das Vogelstellen vorzüglich auf Feld- und Heidelerchen, einheimisch. –

Der Vogelfang mit Leimruten ist bekannt. Aber weniger und fast gar nicht werden die Kloben bekannt sein, welche Art, Vögel zu fangen, der übrigens verdienstvolle Oberförster Mirus in Jahnsgrün erfunden hat, wovon auch eine Abbildung und Beschreibung im Forst- und Jagdkalender für das Jahr (wenn ich nicht irre) 1798 zu sehen und zu lesen ist. – Früh vor Tages geht man auf den Klobenherd; hier steht eine mit grünem Reisig überdeckte Hütte, um welche nicht weit davon in einem halben Kreise eine Anzahl hoher, oben mit einigen wenigen Ästen versehener Stangen steht, worauf die Kloben, welche wie hervor ragende Äste aussehen, angebracht sind. Unten gehen von jeder Stange Schnüre herein in die Hütte; sowie nun auf irgend dem Kloben einer solchen Stange man Vögel sitzen sieht, sucht man, wieviel Nummer die Stange sei, und faßt die dahin gehende Schnur; ruckt ein wenig, und plötzlich schreit oben auf dem Kloben der mit den Beinen gefangene Vogel. Man läßt die Stange nieder, nimmt die Vögel aus und stellt wieder auf. Ich würde gern einen solchen Kloben hier näher beschreiben; aber teils gehört dieses nicht hierher, teils kann man sich aus der schweren Beschreibung desselben keine deutliche Vorstellung machen, besser ist, wenn man alles selbst sehen kann. –

So künstlich und sicher auch dieser Vogelfang ist, so gefallen mir doch die großen Herde mit Schlagnetzen weit besser und schöner. Früh um drei, vier Uhr zieht man schon fort, mit einer Laterne und mit Lebensmitteln versehen. Man kommt in der Hütte an; hier wird mit Kohlen der kleine Ofen geheizt und Wasser nebst Milch zum Kaffee zugesetzt, während der Vogelsteller die Lockvögel füttert und aushängt, und die Netze aufspannt. Währenddessen kommt die Morgenröte schon ein wenig, und da solche Vogelherde meistenteils auf Bergen zwischen dem Walde liegen, so ist es dann ein herrlicher Anblick, wenn die Sonne aufgeht und nun alles lebendig im Walde wird, so wie auch die vielen Lockvögel

* Nach gebirgischer Mundart: 1) drr Reitzugfink, 2) drr Stillitz, 3) drr Hamfling, 4) da Lerch, 5) drr Zessig, 6) drr Quacker, 7) da Zipp, 8) drr Grünerts.

nun an zu singen fangen. Jetzt muß man ruhig sein, der Kaffee ist auch fertig geworden, und man trinkt, raucht ein Pfeifchen und gibt acht, wo es Vögel gibt. Man kann durch Spalten und kleine Fensterchen zu allen Seiten der Hütte hinaussehen. – Sowie dann ein Schwarm Vögel heran und in den mit Beeren geschmückten Strauch gefahren ist, wird mit einem Ruck plötzlich das große Netz zugezogen, und wer da ist, muß nun eine dabeiliegende Rute ergreifen und die gefangenen Vögel in die Zipfel des Netzes treiben, wo man sie leichter herausnehmen kann.

In andern Gegenden sticht man, um den Vogel zu töten, ihm eine Feder durch den Kopf; welch' ein grausamer Tod! Der obererzgebirgische Vogelsteller hat einen bessern Vorteil; er weiß nämlich auf dem Rücken des Vogels einen kleinen Knochen, welchen er geschickt schnell zerdrückt, daß der Vogel kein Glied mehr zuckt. Dies geht sehr schnell, und ein Schock Vögel drückt er so in wenigen Minuten tot. –

Übrigens hat es mir recht sehr auf diesen Vogelherden gefallen, es ist so heimlich und traulich daselbst, daß man sich Mittags ungern trennt. Freilich, es kommt viel auf die Gesellschaft an, in welcher man sich befindet; ich war in sehr lustiger Gesellschaft und erinnere mich noch mancher lächerlicher Scenen und Geschichten, welche auf solchen Vogelherden vorfielen. Es gibt der Vogelherde sehr viele im obern Erzgebirge, besonders an der Grenze.

Endlich durch den Dohnenstrich fängt man auch Vögel in Menge, und im Herbste kann man immer und wohlfeile gebratene Krametsvögel essen und niederländische Leckerbissen im Gebirge ganz gewöhnlich antreffen.

Man ist ungemein im Erzgebirge für den Vogelfang eingenommen, kleine Jungen sogar sieht man häufig mit einer Klette, worauf Leimruten stecken, nebst zwei oder drei Lockvögel aufstellen. Das Forstdepartement eifert zwar sehr darüber, aber die geplagten Forstbedienten können nicht überall sehen und sein. Das Geschlecht der Vögel stirbt darum nicht aus, sonst müßte es jetzt weniger derselben geben als sonst, und dieses kann wohl niemand beweisen. Übrigens kommt die viele Waldung und die Menge der Wacholder- und Eibischbeeren dem obergebirgischen Vogelfange sehr zustatten. –

[Anmerkung des Verlages: Der Verlag hat sich nur aus Gründen einer werkgetreuen Wiedergabe des Textes entschlossen, dieses Kapitel über das Vogelstellen, einer in früheren Zeiten verbreiteten abscheulichen Tierquälerei, wiederzugeben. Siehe dazu die Anmerkung des Herausgebers.]

Für den Fremden muß es ein besonderer Anblick sein, wenn er im Winter die obergebirgische Jugend auf kleinen für sie eingerichteten Schlitten von hohen Bergen mit Pfeilesschnelle herunterfahren oder vielmehr -gleiten sieht, welches man Ruscheln* nennt.

In großer Menge versammeln sich Knaben und Mädchen mit ihren kleinen Schlitten auf der Höhe eines Berge, wo nämlich ein wenig Bahn herabgeht, setzten sich auf, geben sich einen Schwung und fliegen schnell den Berg herab; aber sie können sehr geschickt ihren Schlitten mit den Füßen lenken, ohne Schaden zu nehmen. Freilich geht manchmal ein Unglück vor, aber selten, und welches Vergnügen auf dieser Erde ist nicht mit Gefahr und Unglück immer verknüpft? –

Manche, damit es noch schneller geht, lassen ihre Schlitten gar mit glattem Stahle an den Kufen belegen. Man sieht hieraus, daß an keine Gefahr gedacht wird. Auch macht man in die Ruschelbahn bisweilen, ja gewöhnlich Vertiefungen, damit der Schlitten hier einen neuen Schwung erhält, hochspringt und weit schneller hinabfliegt. Ich habe es sogar gesehen, daß Knaben auf Schlittschuhen die spiegelglatte Bahn eines Berges herabfuhren, ohne sogar zu fallen oder zu wanken. Kälte und Schnee wird gar nicht geachtet, ohne Handschuhe, ja auch barfüßig oft, ergötzt man sich durch das Ruscheln. Manchmal versieht's einer und wirft auf der Hälfte des Weges um, daß er in den Schnee purzelt und der Schlitten allein den Berg herabfliegt: darüber lachen ihn die andern entsetzlich aus, aber der kleine Schneemann steht gelassen wieder auf, holt sich seinen Schlitten wieder und ruschelt nun vorsichtiger. –

Abends beim Mondscheine ruscheln auch die erwachsenen jungen Leute auf größern Schlitten, Handschlitten genannt. Dabei sind oft auch erwachsene Mädchen, und eine junge Mannsperson hat dann immer drei bis vier derselben hinter sich auch auf dem Schlitten, nimmt sich zusammen, daß er nicht umwirft, und erhält zur Belohnung dann am Ende von jeder ein Küßchen.

Durch dieses Ruscheln erhält der Körper Geschmeidigkeit, wird abgehärtet und fest, so lernt der Knabe Unerschrockenheit und Geistesgegenwart, Mut und Vorsicht und verabscheut jede kleinliche Furcht vor Gefahr. Darum lassen die meisten Ältern unverwehrt und gern ihre Kinder ruscheln.

---

* Es kommt dieses Wort vermutlich von 'Rutschen' her.

3. Schneehäuser, Schneemänner und Lawinen

Im Winter vergnügt man sich auch gewöhnlich durch den Schnee selbst. So macht man kleine Schneeballen und setzt daraus hohe pyramidenförmige Häuschen zusammen, worein man abends ein brennendes Licht setzt. Dieses sieht nun prächtig aus, vorzüglich in der Ferne, daß man gar nicht weiß, wofür man es halten soll; denn die Schneeballen an und für sich sind erleuchtet, und durch die Lücken strahlt übrigens noch der hellere Schein hindurch.

Ferner formt man aus dem Schnee große, menschliche Figuren, welche man bemalt und mit einem ausgehöhlten, bunt-durchsichtigen Kürbisse statt des Kopfes ziert, in welchem ebenfalls des Abends ein brennendes Licht gesetzt wird. Damit macht man sich nun viel Spaß. Auch häuft man von Schnee einen Berg auf, in welchem man Höhlen und Ausgänge bildet. – Wenn es taut und der Schnee sich ballt oder vielmehr ballen läßt, gehe man auf hohe, steile Berge, macht einen nicht großen Ball und läßt ihn auf der Oberfläche des Schnees hinunterrollen. Je weiter dieser nun rollt, desto größer wird er und stürzt sich als Lawine dann mit Pfeilschnelle hinab ins Tal, wodurch aber bisweilen eine ganze Strekke Wegs oft verschüttet wird. Solche Lawinen rollen sich häufig auch selbst die Berge herab, aber die Größe und den Schaden haben und tun sie nicht, wie ihre gigantischen Brüder in den Schweizergebirgen. In den Wäldern jedoch tun sie durch Umknicken junger Bäume manchen Schaden. –

VI. Kurzes Gespräch zweier Bergleute in obergebirgischer Mundart

Da auch die Sprache im obern Erzgebirge unter das Interessante desselben kann gezählt werden, so habe ich in folgendem kurzem Gespräche vorzügliche Eigenheiten und Ausdrücke derselben erwähnen wollen.

Zwa Barkleut pagönga annanner:	*Zwei Bergleute begegnen einander:*
1. Galück auf, Hänner!	1. Glück auf, Heinrich!
2. Galück auf, Kahr! Wulenden* warste däh? Epper im Wald?	2. Glück auf, Karl! Wo warst du denn? Etwa im Walde?
1. Na! Ich ho schuna ganzen Morgn sette Kupwithing, do bi ich a wink hutzen ganga za men Pod Dafet.	1. Nein! ich habe schon seit dem ganzen Morgen solches Kopfweh, da bin ich ein wenig auf Besuch gegangen zu meinem Pathen David.
2. Do warste? – Jasuh. Sei netta Madla za Rocken bei denn Pod? Ass gieng racht za Foden.	2. Da warst du? – Ja so. Sind nicht auch Mädchen zu Rocken bei deinem Paten? Es ging recht lustig zu.
1. Eiuh! Ass Müllerhannel un ass Schmidtrickel un ass Beierkordel war do, se thaten singa.	1. O ja! Müllers Hannchen, Schmidts Rieckchen und Beiers Kordchen waren da; sie sangen.
2. Hos schu gahärt. 's sei rachte Kröten! - Jzza ho ich a an Achherrl, dos iss a schi Dink; ass hängt annän	2. Hab's schon gehört, es sind rechte Kreten!** – Jetzt habe ich auch ein Eichhörnchen, das ist ein schönes Ding; es hängt an

Köthel.

1.

Ei Sackerwunna, das muß ich asah! Nochmittig kumm ich a wink hutzen zuder.

2.

Nu 'siss racht, da kimmst a gar nett in Zod. Hosta däh za thu?

1.

Dos sei Sachen! Ich muß Bornkinnelsachen schnitzen, do stih ich nett vun men Soser auf, bis Ohmst, nocher natz ich a wink un fahr ab.

2.

Off da Woch iss Garmerig; ich ho oder ka Gald, sist hätt ich mer ann Zscharper gakaft.

1.

I der alte iss ah gut. Ich mussa ham, mer wolln assen, Ardöppel mit Göllerla un a Battelmadelsupp.

2.

Ich wahr mer en Harig fer en Sechser huhlen lossen. Galück auf, Kahr!

1.

Galück auf, Hänner!

einem Kettchen.

1.

Ei der Tausend, das muß ich ansehen! Nachmittag komme ich ein wenig zu dir.

2.

Nun, das ist recht, du läßt dich auch gar nicht sehen. Hast du denn zu tun?

1.

O ja! Ich muß heilge Christsachen schnitzen, da stehe ich nicht von meinem Sitze auf bis abends, nachher schlafe ich ein wenig und fahre dann an.

2.

Die nächste Woche ist Jahrmarkt; ich habe aber kein Geld, sonst hätte ich mir einen Zscherper*** gekauft.

1.

Je, der alte ist auch gut. Ich muß nach Hause, wir wollen essen, Erdäpfel mit Schalen und eine Brotkümmelsuppe.

2.

Ich werde mir einen Hering für einen Sechser holen lassen. Glück auf, Karl!

1.

Glück auf, Heinrich!

---

* Wulenden soviel als: an welchem Ende, wo, wohin, woher.

** Dies läßt sich schwer übersetzen; vermutlich ist es das verstümmelte Katharina, Kretchen. Es bedeutet lustige, schelmische Person.

*** Zscherper heißt ein kurzes starkes Messer mit einem beinernen Hefte, welches der Bergmann beim Anfahren anstecken hat. Er ißt und schnitzt damit.

VII. An das Erzgebirge

Laß im Geist mich deine Berge grüßen,
Laß im Geist mich deine Täler seh'n,
In der Wälder grünen Finsternissen,
Auf bemooster Felsen Spitzen stehn!
Daß ich wieder deiner Silberquellen,
Deiner Bäche sanftes Murmeln hör':
Wiederseh' des Waldstroms dunkle Wellen,
Und den wilden Schaum am Klippenwehr!

Sei gegrüßt im Tal du kleine Hütte,
Wo Zufriedenheit und Armut wohnt!
Nehmt mich auf in eure frohe Mitte,
Gute Menschen, die der Fleiß belohnt!
In der Erde Tiefen will ich steigen,
Klüft und Gänge zwinge meine Hand;
Schätze will ich meinem König reichen,
Dein sei alles, teures Vaterland! –

Aber mich laß dort im Tale wohnen,
Reiche mir des Lebens Unterhalt!
Wie ein Fürst will ich beglückt dann thronen,
Mein ist alles, Quellen, Fels und Wald!
Meinen Kittel ändert keine Mode,
Meine Kost weicht keiner Leckerei;
Mein Beruf führt täglich mich zum Tode,
Doch ich trau' auf Gottes Vatertreu!

Drückt mich etwa eine bange Sorge,
Die dies arme Erdenleben schuf; –
Dann ersteig' ich einen Berg und horche
Neu gestärkt der Gottheit heilgem Ruf';
Er giebt jenen Sonnen Licht und Strahlen,
Er erweckt aus Nacht die tote Welt,
Und enthüllt die Frucht aus festen Schalen,
Schmilzt den hohen Schnee vom Saatenfeld.

O! wohl möchte ich auf deinen Bergen
Meiner Tage letzten einmal sehn!
Möchte dort, beim Lied der ersten Lerchen,
Einst hinab zu meinen Vätern gehn;
In der Heimat Grabe schlaf ich süßer,
Da noch weint man eine Träne mit! –
Doch der schwache Mensch weiß nichts gewisser
Leider, als: daß er nichts wisse hier! –

Anmerkungen des Herausgebers

15 *Wassergöpel*: Gemeint ist der 1797/98 errichtete *Pferde*göpel von „Neu Leipziger Glück", der 1947/48 abgebrochen wurde. Näheres dazu siehe Frank Teller: Pferdegöpel Johanngeorgenstadt, Johanngeorgenstadt (1994).

28 *Mühle:* Gemeint ist die – noch heute existierende – Haberlandmühle.

29 *Teumerhaus:* Der alte Gasthof „Teumerhaus" befand sich in Georgenthal und brannte im März 1905 ab. An seiner Stelle wurde ein Wohnhaus errichtet. Schankkonzession und Namen der Gastwirtschaft gingen auf das im Oktober 1905 erbaute Hotel „Täumerhaus" in Erlabrunn über.

31 *Teufelsstein:* Auch „Teufelssteine" genannt. Warum diese Felsgruppe so heißt, erzählen zwei ganz verschiedene Sagen. Siehe dazu Hermann Hallbauer und Horst Henschel: Der Sagenschatz des Erzgebirges, 1. Teil: Der Sagenschatz des Schwarzwassergebietes, Schwarzenberg 1934, S. 19 und S. 52 f.

35 *Auersberg:* Tatsächlich ist der Auersberg (auf dessen Gipfel seit 1869 ein steinener Aussichtsturm und seit 1907 ein Gasthaus steht) nicht – wie bis heute weithin irrtümlich angenommen – die zweithöchste Erhebung des sächsischen Erzgebirges, sondern nur die fünfthöchste (1. Fichtelberg: 1214 m, 2. Gifthüttenberg: 1047 m, 3. Hirschpfalz: 1042 m, 4. Eisenberg: 1028 m, 5. Auersberg: 1019 m).

53 *Albernhau:* Offizielle moderne Schreibweise ist „Albernau" (mundartlch: Olbernau).

70 *Eisenburg:* Heute unter dem Namen „Isenburg" bekannt. Wir wissen kaum etwas über die Geschichte dieser Wehranlage. Siehe dazu: (Leo) Bönhoff: Die Burgen des sächsischen Erzgebirges: 12. Isenburg, in: Glückauf!, Nr. 9/1908; Siegfried Sieber: Die Freilegung der Isenburgruine, in: Glück auf!, Nr. 3/1935.

Willbach: Das heutige Wildbach.

71 *Hartensteiner Schloß:* Wurde am 20. April 1945 infolge eines amerikaniscchen Bombenangriffs weitestgehend zerstört.

85 *Fortsetzung der Wanderungen:* Eine solche ist leider nicht erschienen.

93 *Vogelstellen:* Dieses von den Forstverwaltungen vergeblich untersagte „vorzügliche Vergnügen", dem Scharen von Singvögeln zum Opfer fielen, wurde im Erzgebirge noch Anfang unseres Jahrhunderts ausgeübt. Stephan Dietrich (Saafnlob) wurde als Kind noch dessen Zeuge in der Umgebung von Eibenstock. In seiner autobiographischen Schrift „Die Melodie der Heimat" (Leipzig/Hartenstein 1944, neu aufgelegt Altis-Verlag, Berlin 1995) schreibt er: „Eine Untugend der Erzgebirger, die stark verbreitet war, ward mir schon als Kind zuwider. Ich meine das Vogelstellen. Oft habe ich voller Ingrimm zugesehen, wenn der alte Seidelwack seinen Vogelleim kochte, daß er recht dickflüssig würde. Seine Frau schnitt inzwischen die Ruten, die dann mit dem Leim überstrichen werden sollten." Er schildert weiter, wie er heimlich die bereits gefangengen Vögel aus dem Netz befreite.

Karl Stülpner, ein merkwürdiger Wildschütz

Der Mann, dessen nähere Geschichte, soweit sie hat können gesammelt werden, hier folgen soll, ist das Opfer einer Leidenschaft, deren wachsende Heftigkeit und endliche Riesengröße nur zu sehr bekannt ist, nämlich der Jagdleidenschaft. Wäre er ein gewöhnlicher boshafter Verbrecher, der, allen bürgerlichen Gesetzen Hohn sprechend, die Sicherheit und das Wohl des Staates gefährdet hätte, so würde es widersprechend sein, sein Leben und seine Taten unter die Merkwürdigkeiten des Vaterlandes zu zählen. Allein da man selbst höhern Orts sich für ihn interessiert und in Rücksicht auf seinen originellen und übrigens braven und edlen Charakter ihm wiederholt verziehen, er auch überhaupt sich allgemeine Bewunderung und Achtung erworben hat, so wird seine Geschichte hier nicht am unrechten Orte stehen.

Karl Stülpner, der Sohn eines armen Häuslers in Scharfenstein, einem Dorfe unweit Zschopau im sächsischen Erzgebirge, erhielt von seinen sonst rechtschaffenen Eltern eine Erziehung, wie sie gewöhnlich Leute dieser Art ihren Kindern geben: er wurde nämlich für die kleinsten Fehler streng gezüchtigt, erhielt übrigens die nötige Nahrung und Kleidung und lernte etwa ein paar Gebete nachbeten. Nach den Grundsätzen der niedern Volksklasse müssen Kinder, sobald sie nur einigermaßen ihre Kräfte anwenden können, vor allen andern Dingen zuerst ihr Brot, wie es heißt, verdienen. Nach ebendieser Maxime brachten Stülpners Eltern ihren Sohn im mittleren Knabenalter bei einigen begüterten Dorfbewohnern als Hirten unter, wodurch sie doch wenigstens die Kost ersparten. Dieses Amt hätte zwar ebenso, wie eine Ahnentafel, der Weg zu einem höhern Erdenglücke oder wohl gar zur dreifachen Krone werden können, wenn ihn ein mitleidiger Mönch gefunden und unterstützt hätte, wie die Geschichte Beispiele zählt. Aber so führte ihn das Schicksal einen Weg, auf dem er sich ebenfalls über die alltägliche Menschenwelt erhob.

Stark, kräftig und schlank, aber auch roh und sich selbst überlassen, wuchs Karl empor, und durch das Hirtenleben wurde in ihm der Grund zu dem großen Hange nach Freiheit und freiem Leben im Schoße der Natur gelegt, der sich in der Folge so deutlich in seinen Unternehmungen aussprach. Genährt und verstärkt aber ward dieser Trieb nach Ungebundenheit und Freiheit noch mehr, als ihn bei reiferem Knabenalter und vermehrter Jugendkraft sein Vater zu den steten Tagarbeiten mit in die unfernen Waldungen nahm. In diesen grünen Tempelgewölben ward er gewissermaßen eingeweiht für sein künftiges Leben, da er hier nach und nach das so anziehende Geschäft der Waidmänner kennenlernte.

Von nun an fühlte er sich so unwiderstehlich von der Begierde nach gleicher Beschäftigung ergriffen, daß Jägerei sein Lieblingsgedanke blieb und der Anblick eines Jägers auf der Revier sein Blut in freudig-sehnsüchtige Wallung brachte. Wäre er einem menschenfreundlichen Forstmanne in die Hände gekommen, welch ein brauchbarer Mann würde er in dem gewünschten Stande geworden sein! – Der Wunsch nach Gewehr und Übung im Schießen mußte ganz natürlich in ihm aufsteigen; und gelang ihm die Befriedigung desselben auch nicht sogleich, so geschah es doch nach und nach, und Karl wurde als ein vorzüglicher Schütz in der umliegenden Gegend bekannt. Man nahm ihn häufig mit auf Jagden und hatte Ursache, mit seiner Geschicklichkeit zufrieden zu sein; denn was Stülpner aufs Korn nahm, das stürzte. Aber – eben das war das Öl, das man in die Flamme seiner Leidenschaft goß! Das waren die Waffen, die man gegen sich selbst ihm in die Hände gab! –

Unterdessen war er zum achtzehnjährigen Jünglinge herangewachsen, lang, stark und schön gebaut. Allein nun begann ein neuer wichtiger Abschnitt seines Lebens, in welchem er gerade für seine künftigen Unternehmungen zubereitet und gebildet wurde. Sein vorteilhaftes körperliches Ansehen hatte die Späherblicke lauernder Werbkorporale auf sich gezogen, in deren Gewalt er sich einstmals plötzlich befand.

Stülpner, der nur die glänzende Schale kannte und dabei Befriedigung seiner Leidenschaft hoffte, ließ sich mit Vergnügen in das bunte Kleid des neuen Standes einkleiden. Die Geschmeidigkeit, Gewandtheit und Stärke seines wohlgebauten Körpers ließen in seinem Rekrutenstande ihn all die Hindernisse sehr bald überwinden, die andern ungelenken Kameraden das sogenannte Exercieren erschwerten, und er war in kurzer Zeit ein ganzer Soldat. Außer seinen erwähnten körperlichen Vorzügen zeichnete er sich auch vorzüglich durch hohes Ehrgefühl, tadellose Rechtschaffenheit und Ordnungsliebe aus, wodurch er sich nicht nur die Liebe und das Zutrauen seiner Waffenbrüder, sondern auch den Beifall und das Lob seiner Obern erwarb. Diese letztern würdigten ihn auch stets ihres besondern Wohlwollens und gaben ihm auch in seiner spätern bedenklichen Lage manche Beweise davon.

Mehrere Monate hatte er sich bereits in seinem neuen Stande befunden, als ihn unerwartet die erhaltene Nachricht von dem erfolgten Ableben seines Vaters nötigte, Urlaub zu nehmen und nach Hause zu reisen, um seine häuslichen Angelegenheiten in Ordnung zu bringen. Er liebte seine Mutter sehr und ließ es sich deshalb angelegen sein, auf alle Weise für sie zu sorgen. Um einen gewissen Unterhalt nach seiner Lieblingsneigung zu verdienen, ließ er sich zu allerlei Arbeiten in den nahen Waldungen anstellen, wobei er zugleich auch Gelegenheit suchte und bald fand, seine Jagdleidenschaft zu befriedigen. Fast keine Jagd verging, zu welcher er, als ein so guter Schütz bekannt, von den Jägern dortiger Gegend nicht wäre zugelassen worden, und ob sie gleich mit ihm stets zufrieden sein konnten, so verstärkten sie doch dadurch seine Leidenschaft immer mehr und endlich so sehr, daß sie anfing, die Stimme der Pflicht in ihm zu ersticken. – Unbekanntschaft mit den Gesetzen des Landesherrn, unbestimmte Begriffe von Recht und Pflicht, rohe Beurteilung der Dinge nach der ersten zufälligen Ansicht und dazu noch jener Dünkel als Militär, – alles dies zusammengenommen verleitete ihn nach und nach, Schritte zu tun, die nach den Gesetzen wohl strafbar, aber nach seinen Grundsätzen es ganz und gar nicht waren, ja diesen zufolge alle Verzeihung und Nachsicht verdienten, wenn man sie etwa für pflichtwidrig halten sollte. Seine Meinung war ungefähr folgende: „Das Wild kann unmöglich doch einem einzigen allein zugehören, da es sich ohne Zucht fortpflanzt, selbst ernährt und bald in diesem, bald in jenem Lande sich aufhält, so wie Vögel, Insekten und dergleichen Tiere mehr; es verwüstet die Fluren und tut dadurch dem armen Landmanne, dem die Erschwingung der Abgaben ohnehin so schwer wird, großen Schaden. Daher muß man es vermindern, und das kann ja wohl ein jeder, der Lust und Geschicklichkeit dazu hat; auch hat ja Gott dem Menschen die Herrschaft über die Tiere des Feldes zum Nutzen und Vergnügen erteilt. Aber die Hohen und Vornehmen maßen sich auch dieser Herrschaft allein an und wollen dem Armen nicht einmal das beschwerliche Vergnügen der Jagd gönnen. Ich bin Soldat, muß Gesundheit, Leben und Freiheit dem Willen des Landesherren opfern: ich will doch sehen, ob mir nicht einmal das Jagen vergönnet sein soll!" –

Nun wurde Stülpner wirklich ein Wildschütz, durchstrich königliche und herrschaftliche Wälder und Revieren und schoß, mit Rücksicht auf die Zeit, alles Wild, was ihm vorkam. Wohl fand er Abnehmer seiner Beute, und hatte ihn erst Leidenschaft allein auf verbotene Wege geführt, so reizte ihn nun das gelösete Geld zu immer eifrigerer Fortsetzung seines Gewerbes. So bildet das Schicksal stufenweise den Verbrecher. – Von diesem Gewerbe Stülpners schien man in dortiger Gegend lange Zeit nichts zu ahnen; entweder ging er sehr heimlich und versteckt damit um, oder seine Nachbarn und Bekannten wollten nichts davon wissen, da ihre Fluren von dem häufigen Wilde nicht mehr verwüstet oder ihnen sonst allerlei Vorteile dabei durch Stülpnern zuteil wurden und sie vielleicht manche Haut und manchen Balg wohlfeil kaufen konnten. Niemand erwähnte daher etwas davon, niemand verriet. Die Forstbedienten selbst achteten lange Zeit nicht weiter darauf, und bei den Behörden geschah keine Anzeige.

Als aber Stülpners Dreistigkeit und Kühnheit bei gar keiner Aufmerksamkeit und keinem Widerstande immer größer wurde, als sich nun allerlei Beschwerden laut gegen ihn erhoben, da sah man freilich ein, welch Versehen man begangen hatte; da fing man an, zu freundschaftlichen, wohlgemeinten Warnungen und Vorstellungen seine Zuflucht zu nehmen; da suchte man mit Güte zu unterdrücken, was man mit Gewalt zu strafen fürchtete. – Doch Stülpner lachte aller der Warnungen keck und mochte vielleicht gar glauben, man fürchte ihn. Er richtete sich nicht nur nicht danach, sondern trieb sein Wesen immer freier und ärger, so daß er endlich von mehrern Seiten bei seinem Regimente verklagt wurde. In seinem Innern stieg auch nicht die leiseste Ahnung von dem Ungewitter auf, das sich unterdessen still und schwer über sein Haupt zusammenzog, auch war es ihm gar nicht unerwartet und befremdend, als er eines Tages Befehl erhielt, unverzüglich in seinem Standquartiere einzutreffen; denn die sächsische Armee wurde damals eben zu einem Exercierlager zusammengezogen. Voll von mancherlei Erwartungen über diesen ihm neuen Gegenstand, wanderte er wohlgemut hin nach seinem Standquartiere.

Wie groß jedoch war sein Erstaunen und sein Schreck, als er bei seiner Ankunft sogleich arretiert, er am folgenden Tage verhört und, da er sein Vergehen eingestehen mußte, mit Fesseln belastet, in den dunklen Kerker geworfen ward. – Er schrak tief in seinem Herzen zusammen, nicht über sich, denn seine Grundsätze sprachen ihn frei, sondern über die Menschen, die eine so schreiende Ungerechtigkeit begehen könnten. Daß er weiter nichts begangen, als bloß Wild geschossen hätte, das doch allen Menschen eigentlich angehöre, deswegen werde er wie ein Räuber und Mörder behandelt! Sein ganzes Gefühl war empört, und er antwortete am Ende gar nicht mehr auf die an ihn gerichteten Fragen. Ruhig und finster hörte er die ihm drohende Strafe voraussagen und schien endlich mit Resignation, aber doch mit tiefer Bitterkeit der Vollziehung entgegenzusehen. Aber gräßlich und voll Wut rasselte er mit seinen Ketten, als man ihm ansehnliche Milderung der Strafe bei einer freiwilligen Anzeige seiner Abnehmer versprach. Kurz, jedoch mit bitterem Ernste, beteuerte er, er werde nie nur einen seiner Wohlthäter undankbar verraten. –

Von nun an beobachtete er ein hartnäckiges Schweigen. Aber heiß tobte es in seinem Busen, und bei der Größe seines Ehrgefühls schauderte er wild zusammen, wenn der Gedanke an die bevorstehende Strafe vor seine Seele trat. Er, der nach seiner Meinung Unschuldige, der keinem Menschen je nur eine Stecknadel entwendet, er sollte gleiche Strafe mit Räubern und Mördern leiden! Das konnte seine stolze, feurige Seele nicht ertragen, und er dachte an tausend Mittel, sich seiner Ketten zu entledigen und die teure, ersehnte Freiheit selber sich wiederzuverschaffen. Allein das schien so lange unmöglich, aller Aussichten dazu wurden immer so weniger, daß ihm schon der Mut entsinken wollte: – als sich endlich, wie durch den Riß eines schwarzen Nachtgewölkes, ein Stern, die Hoffnung möglicher eigener Befreiung von neuem zeigte. Sein Regiment nämlich brach zum Lager auf, und er wurde, scharf bewacht durch die Arrieregarde, nachgebracht. – Sowohl die freie heitere Luft als auch das Bewußtsein seiner vermeinten Unschuld wirkten so wohltätig auf sein Gemüt, daß er heiter und froh mit seinen Gefährten dahinzog und ruhig, unerschrocken jedermann ins Auge sah. Hauptsächlich aber mochte die größere Wahrscheinlichkeit einer baldigen Selbstbefreiung seinem Geiste diese Heiterkeit und Ruhe wiedergegeben haben, durch die er auch allein imstande war, seinen Plan so glücklich auszuführen.

Indessen hatte das Lager schon lange gedauert, die Armee war bereits durch die täglichen Strapazen in der heißen Jahreszeit ermattet, ein Tag um den andern verging, – und Stülpner sah sich immer noch in Ketten, streng bewacht und ohne einen Weg zur Flucht. Seine letzte Hoffnung bauete er jedoch noch auf den herannahenden Tag eines großen Manövers der gesamten Truppen, und endlich brach dieser heiß ersehnte Tag an. Ermattende Schwüle und erstickende Glut lag schwer auf dem Gefilde, spät am Nachmittag rückte die Armee erst wieder ins Lager, und ganz abgemattet, bestaubt und von Schweiß triefend, kam jetzt die ablösende Stockwache bei Stülpners Zelt an. Bei diesem Zustand derselben strahlte seine Hoffnung heller empor.

So geräuschvoll und lebendig die Abende sonst im Lager waren, so still und ruhig blieb jedoch dieser Abend. Hoch und niedrig überließ sich nach den überstandenen Strapazen dem erquickenden Schlafe, und dieser überwältigte endlich auch Stülpners wachhabende Kameraden. Gern und mit verhaltener Freude überließ ihnen dieser sein Ruhelager im Hintergrund des Zeltes, weil der vordere Raum desselben zum Lager für alle eigentlich zu klein war. – Äußerlich gleichgültig, aber im Innnern höchst unruhig, setzte sich jetzt Stülpner am Eingang des leinenen Ker kers nieder und betrachtete aufmerksam die Schlafenden. Er rasselte mit seinen Ketten, sich von der sichernden Wirklichkeit ihres Schlafes zu überzeugen ... Niemand regte sich, und freudig klopfte sein Herz. Nun richtete er seine besorglichen Blicke auf den vor dem Zelte auf- und abmarschierenden wachhabenden Kameraden, der sich munterer stellte, als er wirklich war; denn nach einer peinvollen halben Stunde hörte Stülpner nicht mehr dessen Paradeschritte, sondern sah ihn, auf das Gewehr gestützt, in sanftem Schlummer stehen.

Da zuckte es wie ein leuchtender Blitz durch seine Seele, – jetzt oder nie! – Er zog die klirrende Kette scharf an und schlich, von keinem Auge bemerkt, aus dem Zelte, – ging unter dem Schein eines natürlichen Bedürfnisses ohne verdächtige Hast bei der hinteren Chainenpost gegen das Kloak, und sowie die Post nur einmal den Rücken kehrte, zog er die Kette noch schärfer an und gelangte bald an ein nahes Gebüsch, verborgen von diesem in den hinter der Front gelegenen Wald, schlug dort mit einem Stein seine Fesseln schnell entzwei und floh nun wie ein gejagter Hirsch dahin. Spät abends einst saß die betrübte Mutter des verblendeten Jünglings daheim im kleinen Stübchen und spann bei flackerndem Schleißenlicht und kärglichem Unterhalt an der Spindel. Über ihre abgehärmte Wange träufelten Tränen, und unter lauten Seufzern klagte sie um ihren geliebten Sohn, die einzige Stütze ihres steigenden Alters; sie rief oft nach ihrem Karl und betete im Herzen für ihn zu Gott ... da hörte sie plötzlich ein leises Klopfen am lockern Fensterladen, und im wohlbekannten Tone rief's vertraulich: Mutter! – Erschrocken sank diese auf ihrem Sitze zurück, und ihrer bebenden Hand entfiel die Spindel. Da rief's noch einmal: Mutter! Mutter, mach auf! – Diese Worte gaben ihr wieder neue Kräfte, sie erhob sich, öffnete die Tür und – fuhr beim Anblick des Hereintretenden schaudernd zurück. Mit wild um den unbedeckten Kopf flatterndem Haar, halb bekleidet, verwundet und blutig an Gesicht und Gliedern, so trat jetzt ihr heiß beweinter Karl herein. In einem gemischten Gefühle von Freude und Schmerz starrte die Mutter den Sohn an, unfähig eines Wortes. Er bedeutete sie, ja still zu sein und jede Äußerung der Freude zu unterdrücken, indem er sie jetzt sähe, um sich sogleich wieder von ihr zu trennen. Vor allen Dingen verlangte er einen Bissen Brot und einen Labetrunk, da er vier Tage und Nächte durch die dicksten Wälder auf den wildesten Pfaden hierhergeschlichen wäre, und nur einige rohe Feldfrüchte genossen hätte. – Ermüdet warf er sich nun auf die Ofenbank, und die überraschte Mutter holte herbei, was in ihrer ärmlichen Wirtschaft von Essen und Trinken vorrätig war. Sie äußerte dabei ihr Erstaunen über seinen schrecklichen Aufzug und fragte ängstlich, ob er vielleicht etwas Böses verübt hätte. – Aber ernst erhob sich jetzt Stülpner und versicherte bei dem Allwissenden, daß er weder Mörder noch Bösewicht sei. Das Blut an seinen Kleidern wäre sein eigenes, das er auf seiner Flucht zwischen Hecken und Klippen vergossen hätte. Nun erzählte er ihr, daß man ihn seines Wildschießens wegen in Kerker und Banden geworfen und ihm die schlimmste Verbrecherstrafe zuerkannt hätte. Er hätte sich sollen unschuldig als ein Mörder und Straßenräuber brandmarken lassen? – Nimmermehr! Listig und mit Lebensgefahr wäre er der Tyrannei seiner Richter entflohen. Doch werde und könne er nun hier auch nicht bleiben. Hierauf machte er ihr bekannt, daß er von nun an in den wildesten Forsten sich aufhalten und Wild schießen würde; nie sollte aber ein Menschenmord auf seiner Seele lasten. Zwängen ihn jedoch seine Verfolger zur Selbstverteidigung, dann wüßte er freilich nicht, ob es für sie gut ablaufen würde. Er hätte seine Wohltäter, die Abnehmer seiner Beute, nicht verraten, daher hoffte er, daß sie ihn auch nicht verlassen würden. Wegen seines künftigen Aufenthalts müßte sie in Unwissenheit bleiben; er würde sie aber in dunklen Nächten besuchen und ihr Unterstützung bringen. – Nun sagte er ihr einen fürchterlichen Eid des tiefsten Stillschweigens über seine jetzige Gegenwart vor, welchen die arme Mutter schluchzend und bebend leistete. Doch er suchte sie darauf auf allerlei Weise zu beruhigen und labte sich nun durch Speise, Trank und Ruhe. –

Als dies geschehen war, verbarg er die Monturstücke, die er auf dem Leibe hatte, aufs sorgfältigste, kleidete sich in seinen grünen Jagdhabit mit Tasche und Hirschfänger, visitierte seine Büchse, lud sie, versah sich mit hinlänglicher Munition, und vor dem ersten Grauen des merkwürdigsten der Morgen, die er wohl je erlebt hatte, – lauerte er schon in dem unzugänglichsten Dickicht des benachbarten Forstes. Von nun an wurde er der eigentliche Wildschütz, der, durch Verfolgung von Heimat und bürgerlicher Gesellschaft verbannt, alles sich selbst war und bei der Mitwelt sich so merkwürdig machte.

Vertraut mit den geheimsten Schlupfwinkeln und einsamsten Gegenden der erzgebirgischen Forste, erfahren im Auffindung der liebsten Aufenthaltsplätze und gewöhnlichen Wechsel des Wildes, konnte es gar nicht fehlen, daß er sowohl den Blicken der aufmerksamsten Forstbedienten verborgen und unentdeckt blieb als auch auf seiner Jagd stets glücklich war. Manchen Hirsch, manches Reh stürzte Stülpners Schuß zu Boden. In den Schauerstunden der schwarzen Mitternacht weckte er dann daheim seine verlassene, hilflose Mutter auf und versorgte sie mit reichlicher Kasse. –

Einige Zeit hatte er so heimlich und verborgen sein Wesen getrieben; aber er mochte sich dabei zu beschränkt oder nach seinen Begriffen von Recht und Unschuld zu dieser Verheimlichung gar nicht verbindlich gefühlt haben und wurde dadurch veranlaßt, das Geheimnis seines Daseins und seiner Taten selbst zu offenbaren. Es währte daher nicht lange, so sprach man in der ganzen Gegend von ihm und seinem Wandel. Zuerst hatten ihn Waldarbeiter in den Forsten, dann Landleute auf den Fluren gesehen, ja endlich war es gar nichts Seltenes mehr, ihm am hellen Tage auf der offenen Landstraße zu begegnen oder an einem öffentlichen Orte zu treffen. Er trank im Wirtshause seinen Krug Bier ohne alle Unruhe, aber nie kam die geladene Büchse von seiner Seite so wie der Hirschfänger. Je weniger er sich nachgestellt sah, desto sicherer wurde er in seinen Unternehmungen. Auch übte er jetzt mitunter Handlungen aus, die Zeugen seiner Kühnheit, Geistesgegenwart, Festigkeit und eines originellen Charakters waren.

Die Bewohner jener Gegenden, ob sie gleich wußten, daß Stülpner wider die fürstlichen Gesetze handle, fühlten doch weder Lust noch Beruf, ihm nachzustellen. Vorzüglich dankten ihm die Landleute, daß er teils ihre Fluren vor den Verheerungen des Wildes sicherte, teils ihre Gehölze und Feldfrüchte wider Beraubungen schützte. Denn es war bekannt, daß Stülpner da, wo er hauste, kein Diebesgesindel aufkommen ließ. Ein Beispiel davon weiter unten. – So war er umher beliebt und sicher, und aus Dankbarkeit schien man gar keine Notiz von ihm zu nehmen.

Aber diese Stimmung herrschte am wenigsten unter den Forstbedienten gegen ihn, denen dieser Überall und Nirgends auf ihren Revieren gar nicht willkommen und angenehm war, zumal da es bekannt ist, daß ein großer Teil der Forstbedienten, so schätzenswert sie in Hinsicht der Forstkultur und ihrer Beiträge zur Tier- und Pflanzenkunde sind, sich nicht von dem Vorurteil ihrer erlernten Jägerei losreißen kann und jeden anderen Liebhaber der Jagd als Profanen oft mit Spott, ja zuweilen mit Haß verfolgt. Um so weniger auch daher diesen, abgesehen von ihrer Pflicht, Wildschützen zu verfolgen, Stülpners Tätigkeit gefiel, und so sehr sie anfingen, ihm nachzustellen, so war dieser doch entweder zu schlau, oder ihre Verfolgungen waren nicht zweckmäßig und ernstlich, daß sie nie ihre Absicht erreichten. Vielleicht war es auch das letztere, da der wilde Jäger noch keine Exzesse auf den Revieren begangen hatte. Aber dieser wurde dadurch immer kühner und erlegte täglich mehr Wild, ja er nahm jetzt eine Superiorität in den Forsten an, durch welche er nicht nur Dieben und Vagabunden gefährlich, sondern auch ein Schutz der Bedrückten wurde, wofür er manche hielt, und hartherzige Forstbediente bisweilen so strafte, daß man nun allgemein aufmerksamer auf ihn und in ernstlichen Nachstellungen tätiger ward.

So traf einst ein Förster im Walde ein armes Weib an, das sich, wie es zum Teil erlaubt war, einen Korb dürres Leseholz gesammelt hatte, fuhr es grimmig an und forderte, unter Androhung schwerer Strafe, unterdessen ein Pfand. Das erschrockene Weib klagte ihm seine Armut, stellte ihm vor, daß es kein Pfand hätte, und bat um Nachsicht und Schonung, da es doch nur ein wenig dürres Leseholz wäre. Aber der hartnäckige Förster riß ihr zornig den Korb vom Rücken und trat ihn fluchend und drohend in Stücken. – Auf einmal stand Stülpner, wie aus der Erde emporgestiegen, mit gespannter Büchse vor dem Wüterich. Er war nämlich im nahen Gebüsche von Anfang Zeuge dieses Vorfalls gewesen, sein weiches Herz sprach für das arme Weib, und sein Zorn über des Försters Tat war plötzlich aufgelodert. – „Wer, Herr Förster“, donnerte er diesen an, „wer gibt Ihnen ein Recht, dies arme wehrlose Weib so zu mißhandeln?“

Förster *(schnaubend)*: Und wer hat das Recht, mich über die Ausübung meiner Pflicht zur Rede zu stellen?

Stülpner: Das sollen Sie schon nachher erfahren. Jetzt bezahlen Sie dem Weibe hier sogleich den unrechtmäßig zertrümmerten Korb und versprechen mir, dergleichen Gewalttätigkeiten zu unterlassen!

Förster: Was? Ihn ungerufenen Beistand will ich mir gleich vom Halse schaffen. Wer ist Er?

Stülpner *(mit furchtbarer Stimme)*: Herr! das Vom-Halse-Schaffen soll sich gleich geben! *(Die Büchse ansetzend.)* Ich habe keine Zeit zu verlieren; *(mit erhöhter Stimme)* Sie zahlen den Augenblick dem Weibe acht Groschen, sonst – zahle ich!

Förster *(indem er betroffen den Beutel zieht und, immer nach der Mündung des Gewehres schielend, dem Weibe das Geld zahlt)*: Da! – Himmelelement, das ist zu toll!

Stülpner *(den Hahn in die Ruh' lassend)*: Nun ist's gut! Merken Sie das für die Zukunft, Herr Förster; denn Bedrückung und Unrecht läßt Stülpner nicht zu.

Bei diesen Worten war er schnell im Dickicht verschwunden. Fluchend eilte der Förster, dankend das überraschte Weib nach Hause. –

Auf seinen Streifzügen mochte Stülpner in den unfernen Grenzwaldungen mehrere Genossen haben kennenlernen und mit diesen gemeinschaftlich auf Beute ausgegangen sein, so daß er aber immer eine gewisse Superiorität über dieselben ausübte. Sein Name, in der ganzen Gegend mit Bewunderung und Furcht genannt, sowie seine Person selbst und sein Ruhm als Schütz hatten ihn leicht Kameraden finden und Autorität über sie erlangen lassen. Mit diesen wagte er sich oft an bewohnte Orte oder doch wenigstens an solche Plätze heran, wo er leicht entdeckt werden mußte.

Eines Morgens befand er sich auf einer steilen Höhe jenseits eines Flusses nahe bei einem Dorfe mit zwei seiner Kameraden, und alle drei hatten sich daselbst gelagert. Eine Gerichtsperson des Orts, von der sie gewahr worden waren, zeigte sogleich an, daß sich verdächtige Männer auf dem Berge drüben sehen ließen. Sämtliche Gerichtspersonen nebst einer Menge anderer Dorfeinwohner zogen darauf aus, diese Verdächtigen aufzuheben. – Stülpner sah den Haufen Menschen den steilen Fußsteig heranklimmen, schlug ganz ruhig erst Schwammfeuer an und brachte seine Pfeife in Brand; darauf erhub er sich, als die Anrückenden ungefähr noch hundert Schritte entfernt waren, mit seinen Gefährten und nahm die Büchse vor ... Kleiner und zögernder wurden jetzt die Schritte der friedliebenden Landleute, und ihre Gesichter kamen ganz aus der Amtsmiene. Plötzlich standen die drei Kameraden, wie kommandiert, nebeneinander, spannten die Hähne und schlugen an. – – Ohne den geringsten Laut und erschrocken kehrte sogleich die ganze Gemeinde um und wandte sich zur Flucht; da purzelte alles über- und untereinander ohne Ansehen der Person die steile Höhe hinab, und das schallende Gelächter der Wildschützen begleitete diesen Kontretanz. Sie warfen hierauf ihre Gewehre über die Schulter und schritten, ohne die Fliehenden nur noch eines Blickes zu würdigen, langsam nach dem nahen Forste. –

Reisende hatten oft Gelegenheit, Stülpnern zu begegnen, der nicht die geringste Scheu äußerte, freundlich und höflich grüßte und mit manchen sogar ein unbefangenes Gespräch anknüpfte. So traf er einst einen Rechtsgelehrten im Winter unterwegs mit Pferd und Schlitten. Er ersuchte diesen, eine Strecke weit hinten auftreten zu lassen, weil er so schneller zu einer gewissen Stelle kommen könnte, zu welcher dieser Weg auch führte. Er trat auf, und da der Rechtsgelehrte ihn für einen Jäger hielt und unter andern auch von Stülpner zu reden anfing, so unterhielt ihn dieser selbst, drollig genug, von sich selbst. Mitten in einem Forste empfahl er sich auf einmal, dankte und rief: „Sie haben jetzt selber mit Stülpner gesprochen. Leben Sie wohl!" – darauf verschwand er im Gebüsch.

Ebenso begegnete er einmal seinem Gerichtsherrn auf einem einsamen Spaziergange und unterhielt sich mit demselben eine lange Zeit. Er brachte die gewöhnliche Entschuldigung und Verteidigung seiner Lebensart in sehr bescheidenen Ausdrücken vor und versicherte feierlich, daß jede Bemühung, jede List, ihn zu verhaften, vergeblich bleiben werde. Es war nicht etwa ein scheuer, verwirrter Verbrecher, mit dem man sprach, sondern frei, offen und mit feurigem Auge unterhielt er sich mit jedem, aber doch stets die gespannte Büchse zum Anschlag bereit. –

Ein heiterer schöner Oktobertag war's, an welchem ein gewisser Oberförster sein sehr ansehnliches Revier durchstrich, um auf einen Hirsch zu kommen, als er in einer gewissen Entfernung einen Schuß fallen hörte. Ahnungsvoll und eilends (denn es war in seinen Forsten) begab er sich nach der Gegend hin, wo der Schuß gefallen war. Nach einigem Hin- und Herirren trat er endlich aus dem Dickicht auf einen freien Platz, und – auf einem abgehauenen Stamme saß Stülpner, seitwärts lehnte seine Büchse an einem Baume, und vor ihm lag der eben geschossene Hirsch. – Der Oberförster stutzte nicht wenig, ging aber mutig auf den Schütz zu und bot ihm einen „Guten Tag!", worauf dieser recht höflich dankte, dann aber versicherte, daß es ihm sehr leid täte, ihm einen vergeblichen Weg gemacht zu haben, da der Hirsch, nach welchem er vermutlich ausgegangen wäre, schon hier läge. Der Oberförster äußerte hierauf sein Staunen über diese Dreistigkeit und fing an, unwillig zu werden. Stülpner bat ihn, sich zu beruhigen, indem er ihm doch nichts schaden könnte; um jedoch nicht umsonst gegangen zu sein, sollte er sich nur unten bei einer Ecke anstellen, wo er gewiß zum Schuß kommen würde. – „Ich danke", sagte der Oberförster empfindlich, „aber wie wär's denn" – indem er nach Stülpners Büchse langte – „wenn ich mir diese Büchse ausbäte?" – „Sie steht zu Dienste", antwortete Stülpner ruhig, „denn sehen Sie, Herr Oberförster, *dort* habe ich noch einige!" – Der Oberförster sah nach der Gegend, auf welche der Wildschütz zeigte, und siehe!, hinter einigen jungen Fichten ragten zwei Köpfe und zwei auf ihn gerichtete Gewehre hervor. Verblüfft und langsam lehnte der gute Oberförster die Büchse wieder an den Baum, ermahnte Stülpnern, nur nicht zu fleißig zu sein, und entfernte sich mit einem „Gute Nacht!", welches dieser höflich erwiderte. –

Ebenso war eines Tages der Bursche eines andern Försters auf den Anstand gegangen; und da es noch sehr zeitig war, hatte er sich unterdessen unter eine junge Tanne gesetzt und war eingeschlummert. Einige

Zeit darauf fühlte er sich sanft gerüttelt und wachte auf. Da stand Stülpner mit gespannter Büchse vor ihm. „Guten Morgen, Kamerad!“ grüßte er ihn lächelnd. „Du hast einen guten Anstand gewählt, hättest aber bald die Zeit verschlafen. Hier wechselt ein Spießer, und ich muß einen liefern; du wirst also so gut sein, mit mir zu tauschen. Stelle dich bei der dürren Fichte unten am Bache an, da wirst du genug zu sehen kriegen. Ich habe deswegen heute meine Kameraden dort nicht aufgestellt, weil ich dich gern schadlos halten möchte. Wenn du einmal Lieferung hast, steh' ich dir wieder zu Diensten.“ – Was wollte der Bursche machen? Er stellte sich also an den bezeichneten Fleck und tat einen glücklichen Schuß. Daß der Stülpner seinen Spießer nicht verfehlt habe, versteht sich. –

Durch diese und andere dergleichen Vorfälle machte sich Stülpner in der Gegend berühmt und war fast der allgemeine Gegenstand der Unterhaltung. Dabei fielen nicht etwa die Urteile der großen Menge ungünstig für ihn aus; im Gegenteil tat man sich etwas darauf zugute, ihn gesehen oder gesprochen zu haben; man verheimlichte es gar nicht mehr, noch weniger erschrak man bei einer unvermuteten Zusammenkunft mit ihm. Er ging immer nett und jägermäßig angezogen und benahm sich mit einem freien Anstande; doch kam die Büchse nicht von seiner Seite.

Aber er ward nun immer mehr ein Gegenstand obrigkeitlicher Aufmerksamkeit; die vielarmigte Polizei richtete ihre durchdringenden Blicke auf ihn, da die Anzeigen der aufgebrachten Forstbedienten von seinen Wilddiebereien sich täglich mehrten. Man traf alle Anstalten zu einer ernstlichen Verfolgung Stülpners, von denen dieser aber wohlunterrichtet war. Denn unter dem gemeinen Manne ging die Sage, daß Stülpner alles wisse, was irgend jemand in der Gegend von ihm spreche oder gegen ihn unternehme. Das war aber aus Ursachen recht leicht möglich, die aber gar nicht angeführt zu werden brauchen. – Auch ward er etwas vorsichtiger, blieb aber dennoch bei seiner Lebensweise und äußerte nachher sogar größere Kühnheit. Man versicherte mit Gewißheit, daß er ganze Nächte in dem mütterlichen Hause zubringe, ja er ging sogar am lichten Tage sicher und ruhig durch Scharfenstein. Er besuchte Schenken und Wirtshäuser, und was dergleichen Beweise seiner Dreistigkeit und Kühnheit mehr waren. –

Waren alle Nachstellungen bisher entweder nicht zweckmäßig genug oder ernstlich gewesen, hatte Stülpner allen diesen Anstalten durch seine fortdauernde Kühnheit gewissermaßen Hohn gesprochen, so nahte sich nun in Befehlen, Rescripten und Verordnungen ein fürchterliches

Ungewitter seinem Haupte, dem er sich wirklich zu entziehen schien, indem man geraume Zeit nichts mehr von ihm hörte und schon glaubte, er treibe nun jenseits der scheidenden Grenze sein Wesen.

Allein man hatte sich ein wenig zu früh getäuscht. Eines Tages erhielt der Pachter von Scharfenstein durch unbekannte Hand ein Briefchen, worin er zu einer bestimmten Stunde an eine genau bezeichnete Stelle im Walde zu kommen ersucht wurde, weil ein alter Bekannter etwas Notwendiges mit ihm zu besprechen hätte. – Sosehr jeder andere es für gefährlich würde gehalten haben, einer solchen Einladung zu folgen, so entschloß sich doch der Pachter bei dem Bewußtsein seiner Rechtschaffenheit und Unschuld, bei einem seltenen Zutrauen zu den Menschen und der furchtlosesten Entschlossenheit, zu diesem ganz sonderbaren Rendezvouz. Voll Verwunderung und Neugierde verfügte er sich zur bestimmten Stunde an den bezeichneten Platz, und kaum hatte er diesen erreicht, als Stülpner mit gespannter Büchse aus den Bäumen hervortrat, umherblickte und, als er den Eingeladenen allein sah, den Hahn wieder in die Ruh' ließ und mit einem höflichen Gruße auf den Pachter zuging.

Dieser äußerte hierauf mit Befremdung, wie er am allerwenigsten mit ihm hier zusammenzukommen geglaubt hätte und daß es eine große Dreistigkeit von Stülpnern wäre, sich bei den seinetwegen ergangenen Befehlen ihm hier noch zu zeigen.

„Verzeihen Sie", rief dieser, „ebendiese Befehle veranlaßten mich, Sie hierher einzuladen. In meiner Lage ist es leider! fast unmöglich, auf einem geraden Wege mit einem rechtschaffenen Manne ein Wort zu sprechen, und so sah ich mich gezwungen, diesen zu wählen und Sie um einige Ratschläge wegen meiner Zukunft zu bitten."

Hierauf gestand ihm der Pachter die Verlegenheit, in die er ihn gebracht habe, da es ihm sehr nachteilig werden könnte, wenn ein Dritter sie beisammen sähe, indem jeder die Obliegenheit seiner Verhaftung hätte.

„Das kann einem so rechtschaffenen Manne, wie Sie es sind", sprach Stülpner, „keinen Nachteil bringen. Wie wollen Sie mich auch allein verhaften?" – (Lächelnd die Büchse ergreifend.) „Außerdem *zwinge* ich Sie ja auch zu dieser Unterhaltung. Doch, um Sie nicht lange aufzuhalten, zur Sache! – Welche Strafe würde mich wohl treffen, gesetzt, man bekäme mich mit List oder mit Gewalt?" –

„Als Deserteur wird Er seine Strafe kennen; als Wildschütz droht ihm Festungsbau."

Stülpner bebte bei diesem letzten Wort zurück. „Festungsbau?" rief er erschüttert. „Also doch diese entsetzliche Strafe für etwas, was ich schlechterdings nicht als Verbrechen anerkennen kann!"

Da ihm der Pachter darauf entgegnete, daß diese seine Begriffe nicht die richtigen wären und daß bei einer solch allgemeinen Willkür in der Jagd das Wild in kurzer Zeit ausgerottet sein würde, gab Stülpner ihm recht und wollte auch nicht etwa hartnäckig seine Grundsätze entschuldigen, nur in seiner dermaligen Lage könnte er nicht ganz davon abgehen. Er erkundigte sich sodann, ob er wohl eine Milderung seiner Strafe zu erwarten hätte, wenn er sich freiwillig unterwürfe. – Da dies der Pachter der bekannten Gnade des Landesherrn anheimstellte, rief Stülpner schmerzlich: „Centnerschwer liegt auf mir die Last der Desertion, meinen geleisteten Schwur gebrochen zu haben, und gern will ich mich der militärischen Strafe unterwerfen, wenn ich nur nicht als Wild*dieb* behandelt würde!"

Den vom Pachter vorgeschlagenen Versuch wollte er doch nicht wagen. „Ich sehe schon", sagte er, „daß ich mich ferner unstet und flüchtig umhertreiben muß. Doch es sei! – Nur *eine* Bitte habe ich noch wegen meiner Mutter an Sie zu tun, da ich ihr gutes Herz kenne. Wenden Sie, wo möglich, ab, daß sie nicht in mein trauriges Schicksal verwickelt werde; denn bei Gott!, sie hat keine Schuld an meinen Unternehmungen und nicht die geringste Kenntnis von meinem Aufenthalte. Habe ich noch keine bösen Taten begangen, so könnte ich dazu fürchterlich gereizt werden, wenn es meiner Mutter übel erginge!"

Auf die Ermahnung des Pachters, sich ihrer Ruhe aufzuopfern, verlangte er nur ein schickliches Mittel, sich von der schimpflichsten Strafe zu befreien. Hierauf empfahl er sich und gab dem Pachter die heilige Versicherung, daß man ihn ohne Entlassung jener Strafe nie lebendig in die Hände bekommen und daß Gewalt ihm dann den ersten Mord auf seine Seele laden würde; – versprach den wärmsten, aufrichtigsten Dank für das geringste Unternehmen zur Verbesserung seines künftigen Schicksals und schied mit der Bitte um Verzeihung wegen dieser so veranstalteten Zusammenkunft. –

Unterdessen betrieb man in den höhern Polizeibehörden die Aufgreifung dieses kühnen Wildschützen immer lebhafter, und ehe noch Stülpner etwas Ersprießliches zu seinem künftigen Besten unternehmen konnte, ergingen von der Regierung an alle Obrigkeiten des Erzgebirges die geschärftesten Befehle zu seiner Verhaftung. Alle Forstbedienten wurden dazu aufgefordert und dafür verantwortlich gemacht, ja selbst das Militär sollte nötigenfalls dazu requiriert werden.

Aber es hatte lange Zeit das Ansehen, als ob man diese Befehle nicht mit der gehörigen Gewissenhaftigkeit vollzöge. Als jedoch eine strenge Erneuerung dieser Befehle erfolgte, machte man auch mit einem Male sehr ernstliche Anstalten dazu.

„Nicht graute dem Schützen auf schwindligtem Steg“, obgleich sich ein schreckliches, sichern Untergang drohendes Wetter ringsherum in grausender Stille auftürmte. –

Ein finsterer, stürmischer Regentag, wo Stülpner gewöhnlich die ganze Nacht im mütterlichen Hause zubrachte, war gewählt worden, sich seiner mit glücklichem Erfolge zu bemächtigen. Alle vorhergegangenen Zubereitungen waren wider Gewohnheit sehr geheim gehalten worden, und nach der Verabredung hatten sich alle Forstbedienten der Gegend nach eingebrochener Nacht, nebst einem beträchtlichen Commando Soldaten, unweit Scharfenstein versammelt. Wer in die gemachten Zurüstungen eingeweiht war, hielt Stülpnern für verloren und war voraus schon über den Ruhm eines so wichtigen Fanges erfreut. – Es war eine schreckliche Nacht; tiefes Dunkel der Gräber lag auf den Gefilden, brausender Regen strömte herab, und wilder Sturm heulte durch Forste und Klüfte; die freie Natur, des Schützen schirmende Göttin, schien in eine schauervolle Nänie über seinen Untergang ausgebrochen zu sein. –

Elf Uhr rief der heisere Nachtwächter durch die heulenden Lüfte. Alles war in Bereitschaft, und nur noch die Art des Überfalls unbestimmt, als endlich noch gar die gewisse Nachricht eintraf, Stülpner befinde sich ganz ruhig und sorglos in seiner Mutter Hause. – „Nun, so läuft er uns ja gerade in die Hände!“ riefen alle freudig, und mit größter Schnelligkeit schritt man zum Werke. –

So vorsichtig und so still, daß der wachsamste Kettenhund nicht einmal anschlug, nahte man dem Hause, und mit ebendieser Stille war es plötzlich so dicht umringt, daß kaum eine Maus hätte unbemerkt entwischen können. Hierauf eilten der Gerichtsdirektor, einige Jäger, zwei Unteroffiziere mit mehreren Soldaten und die Gerichtspersonen, alle wohl bewaffnet, zur nähern Untersuchung. Die Haustür war nicht verschlossen; im Hause selbst herrschte eine Totenstille, und nur durch einen Ritz im Fensterladen schimmerte ein mattes Licht. Leise und vorsichtig betrat man das Haus; die Inquisitoren mit den versteckt gehaltenen Laternen besetzten sogleich alle Winkel und Ausgänge desselben, und nun traten plötzlich sechs Personen in die rasch geöffnete Stube hinein....

Da saß bei einem noch schwach brennenden Lämpchen Stülpners Mutter eingeschlafen am Rocken, und mit einem Schrei des Entsetzens fuhr sie bei dem ungewöhnlichen Geräusch empor. Auf dem Tische lag eine Tabakspfeife und ein scharfgeschliffener blanker Hirschfänger; an der Wand hing eine Jagdtasche, und auf der Ofenbank sah man auf einem Strohsack das Lager eines eben erst aufgestandenen Menschen.

Der Schreck der Verwirrung und Angst der Mutter waren so groß, daß sie lange erst nicht vermögend war, die mit gerichtlicher Strenge an sie gerichteten Fragen zu beantworten. Endlich, als sie mehrere Bekannte unter den Anwesenden erblickte, kam sie zu einiger Besinnung. Als man sie nach ihrem Sohne fragte, brach sie in einen Strom von Tränen aus und beteuerte aufs heiligste, seit einem Jahre nicht die geringste Nachricht von ihm, noch weniger ihn bei sich gesehen zu haben; auch wäre er damals nur auf einige Minuten des Mitternachts bei ihr eingekehrt, ohne ihr zu sagen, wo er herkomme und wohin er gehe. – Auf die Fragen nach den vorgefundenen Effekten des Inkulpaten antwortete sie: Ihr Sohn habe diese zurückgelassen, als er zum Regimente gegangen sei; sie sehne sich oft nach ihrem Sohne und habe es dann im Gebrauch, diese Dinge herbeizuholen, um sich lebhafter an den Entfernten zu erinnern. „Heute aber", rief sie mit hervorstürzenden Tränen, „heute habe ich sie einer anderen Ursache wegen vom Boden geholt: ich wollte sie nämlich morgen verkaufen, weil ich diesen Morgen schon meinen letzten Bissen Brot gegessen habe. Ach! wenn mein Karl das wüßte, er würde mich nicht so leiden lassen!" – Als man sie wegen des Lagers auf der Ofenbank befragte, beteuerte sie, selbst darauf gelegen zu haben. Sie beantwortete alle Fragen ohne Besinnen, und alle ihre Antworten waren gleichstimmige Versicherungen, daß ihr von dem Schicksale und Aufenthalte ihres Sohnes nichts bekannt sei. – Man ängstigte sie mit den schrecklichsten Drohungen, sie ward sogar von einem barbarischen Gerichtsfron vielfach gemißhandelt, alles stürmte auf sie ein; aber sie hatte nur Tränen und Klagen, und vergebens erwartete man eine befriedigende Antwort und Auskunft von ihr.

Nun fing man an, das ganze Haus zu durchsuchen; alles ward umgestürzt und aufgebrochen, selbst die Diele aufgerissen und in die Feueresse geschossen, – alles umsonst, kein Stülpner war da, und der gehoffte Ruhm wie die voreilige Freude, sie waren nichts, und Mißmut und Unwillen äußerte sich.

Jetzt hielt man einen Rat, wie man mit der Mutter verfahren sollte. Einige Stimmen entschieden, sie in Gewahrsam zu nehmen; andere, und dies waren die meisten, schlugen vor, sie auf freiem Fuß zu lassen, um durch Verstellung und List von ihr ein andermal das zu erfahren, was man eben vergeblich heischte. – Freundlicher sprach man darauf mit der Alten, schien ihren Worten völlig Glauben beizumessen, äußerte endlich gar die Gewißheit einer gelinden Strafe, die ihr Sohn bekommen könnte, wenn man ihn bald auffände, und beklagte lebhaft, ihr diese heutige Unruhe gemacht zu haben, indem man bloß nach dem allgemeinen Gerüchte von seinem Hiersein auf höheren Befehl habe so verfahren müssen, ob man gleich überzeugt wäre, daß Stülpner nicht so unklug handeln würde, sich hier aufzuhalten. –

Unterdessen brach nun der Tag an, und die Untersuchungen waren beendigt. Der kommandierte Officier, der Gerichtsdirektor und einige Förster begaben sich auf das Schloß, um sich etwas zu erholen; die Soldaten aber wurden zu Ruhe und Verpflegung in das Wirtshaus gelegt und waren beordert, sich um 7 Uhr zum Rückmarsch in die unferne Garnison am Fuße des Schloßberges zu versammeln. Aber welch eine Überraschung stand allen bevor! –

Schon war es Viertel vor 8 Uhr, und unwillig stießen die wartenden Soldaten mit den Flintenkolben den Boden, als die im Schlosse logierten Herren sich endlich auf die Rosse schwangen, um den Rückzug anzutreten. Eben ritten der kommandierte Offizier und der eben schon erwähnte Oberförster nebeneinander zum Tore hinaus, als sie plötzlich aus dem nahen Holze auf der rechten Seite des Schloßberges ein „Halt!" andonnerte, und krach! – zwei Kugeln dem Braunen des Oberförsters in dem Hinterteil saßen. Man denke sich nun den Zustand des Reiters! – –

Jetzt schrie und stürmte alles heran; mehrere Soldaten hatten den Rauch des gefallenen Schusses am Rande des Waldes aufsteigen sehen, und mit der größten Schnelligkeit ging es nun in den Forst, so gut als möglich verteilt, auch wurden alle Einwohner Scharfensteins dazu aufgeboten. – Nachmittags kehrten die ersten, spät abends die letzten aller dieser Nachsetzenden und Verfolger zurück, aber alle, wie sie ausgegangen waren, alle ohne nur eine einzige Spur entdeckt zu haben. Wie sah man sich an, wie schüttelte man verwundert den Kopf und konnte diese Frechheit und Schlauheit nicht begreifen. –

Großes und allgemeines Aufsehen machte natürlich dies mißlungene Unternehmen und Stülpners ungewöhnliche Kühnheit und List, und der ganze Vorfall verbreitete sich wie ein Lauffeuer in der ganzen Gegend umher. Größeres Aufsehen und Erstaunen aber erregten mehrere hierauf folgende an Tollkühnheit grenzende Handlungen. – Man hatte bei der Untersuchung ohne Zweifel wohl einige Fehler begangen, durch die man teils Stülpners Entkommen beförderte, teils seinen Unwillen und seine Rache reizte. –

Die Gerichten von Scharfenstein waren im Begriff, die in der Wohnung seiner Mutter vorgefundenen, ihm wahrscheinlich zugehörigen Effekten in das nahe gelegene Amt abzuliefern, und gingen eben, vier an der Zahl, den Schloßberg damit herunter, als Stülpner wie ein Pfeil an der links liegenden steilen Anhöhe herabflog und mit gespannter, angelegter Büchse die Erschrockenen andonnerte: „Ihr legt den Augenblick diese Sachen hier nieder, oder ihr seid des Todes!" – Sogleich entsank alles den zitternden Händen der Gerichtspersonen; verblaßt eilten sie davon, und Stülpner ging mit seinem wiedererlangten Eigentum den Berg wieder langsam hinan und verschwand.

Kurze Zeit nach dem gegen ihn unternommenen, mißlungenen Streifzuge und seinem Schusse nach des Oberförsters Pferd, traf er auf der Revier desselben einen Holzhacker. „Ist Er aus G., mein Freund?" fragte er diesen. – „Ja." – „Geh er doch, wenn er nach Hause kommt, einmal zu seinem Oberförster, und sage Er ihm, daß er ja nicht etwa glauben sollte, jener Schuß vom Schloßberg hätte seiner Person gegolten und die Kugeln hätten durch einen Fehlschuß sein Pferd in die Hinterbacken getroffen; vielmehr hätte ihm Stülpner zeigen wollen, daß er nahe wäre und wie er geladen gehabt hätte. Wenn sich künftig der Herr Oberförster noch mehr um ihn bekümmern würde, dann gäb' es auch noch Kugeln für ihn selber, und Stülpner hätte noch keinen Fehlschuß getan!"

Beim Empfang dieser Nachricht mußte der Oberförster wohl schließen, daß er nicht so sicher fortan seine Forste begehen könnte. Es ist dann für den Forstbedienten eine üble Wahl, der Ausübung seiner Pflicht sich entweder zu entziehen oder aus jedem Gebüsch einer rächenden Kugel gewärtig sein zu müssen. –

Arg genug traf Stülpners Rache den Gerichtsdiener des Städtchens Thum. Dieser hatte erstlich oft geäußert, wenn ihm nur einmal Stülpner zu Gesicht käme, er wollte schon mit ihm fertig werden. Wie schon erwähnt, wußte der Wildschütz immer, wer und was man von ihm redete, und wußte also auch dieses. Ferner hatte er auch bei jener Hausvisitation Stülpners Mutter aufs Roheste tätlich mißhandelt. – Nach geschehener Verrichtung einiger Geschäfte in Scharfenstein war derselbe auf dem Rückwege nach Thum, als ihm am Ende des Dorfes eine starke Stimme nachrief: „He! bist du der Büttel aus Thum?" – In der Überraschung antwortete dieser schnell: „Ja!" – und plötzlich sprang Stülpner hinter einer Mauer hervor, entwand mit nerviger Faust dem Gerichtsdiener das spanische Rohr und zählte ihm eine Anzahl sehr fühlbarer Streiche auf, zerbrach es dann in mehrere Stücke und warf sie ihm mit den Worten ins Gesicht: „Da, Kerl, hast du den Dank für die an jenem Abend an meiner Mutter ausgeübten Mißhandlungen! Du hast mich wollen gern einmal zu Gesicht kriegen, merke dir das ja als eine Warnung für die Zukunft!" Der zu sehr überraschte Helfershelfer der Themis wollte sich nach dem Dorfe wenden und um Hilfe rufen; aber mit gespannter Büchse vertrat ihm Stülpner den Weg und rief furchtbar: „Du gehst *dorthin* ohne den geringsten Laut, oder es ist dein letzter Gang!"

Willig und schweigend ging jetzt der Gerichtsdiener den Weg nach seiner Heimat fort, Stülpner aber war bald verschwunden.

Eines Tages ferner brachte zu dem ebenfalls in Thum wohnenden Gerichtsdirektor von Scharfenstein ein Bauernknabe folgendes Billet, das ihm ein fremder Mann im Walde beim Hüten der Kühe zur Bestellung gegeben hatte:

> p[ost]. m[oriam].
> Der Herr Gerichtsdiener werden sich erinnern, daß an jenem Abend, als man mich im Hause meiner Mutter aufsuchte, mehrere Meubeln, Fenster, Dielen und dgl. ruiniert wurden. Der dadurch verursachte Schaden beläuft sich nach der billigsten Berechnung auf 6 Thlr. Der Herr Gerichtsdirektor werden die Güte haben, die Summe durch den Überbringer dieses unverzüglich meiner Mutter einhändigen zu lassen; auf den Weigerungsfall möchten dieselben nicht sicher wieder nach Scharfenstein reiten können.
> Dero ergebenster
> Stülpner

Obgleich der Gerichtsdirektor nicht eben ein furchbarer[furchtsamer], leicht zu erschreckender Mann war, so blieb ihm doch unter diesen Umständen weiter nichts übrig, als die liquidierten 6 Thlr. Stülpners Mutter zu überschicken.

Mehrere Streifzüge wurden in verschiedenen Perioden gegen den kühnen Wildschütz unternommen, aber alle ohne den geringsten Erfolg, und man verzweifelte fast an jedem noch zu machenden Versuch, ihn zu bekommen. Aber freilich war es auch nichts Geringes, sich eines Mannes zu bemächtigen, wie Stülpner war, der mit Unerschrockenheit und Kühnheit auch eine Schlauheit verband, durch die er seinen Verfolgern überlegen war. Auch hatte sein Ruf auf viele einen solchen furchterregenden

Eindruck gemacht, daß sie sich nur zu sehr scheuten, einen ernsten Angriff auf ihn zu wagen.

So waren einst die Freischützen eines kleinen Städtchens auch gegen ihn ausgerückt und hatten sich zufälllig wirklich in die Gegend gezogen, wo sich Stülpner damals aufhielt, nämlich in dem Forste unweit eines Flusses, der damals angelaufen war. Der Korporal dieses Schützenkommmandos war ein kleiner Schneider, der sich aber durch einen mutigen Mund ausszeichnete. Als das Häuflein eben im Forste daherzog, schwatzend und gemütlich, trat plötzlich Stülpner mit gespannter Büchse hervor und rief mit donnernder Stimme: „Wollt ihr euch packen, oder ich geb' Feuer!" – Er schlug an; aber so wie der Wind das welke Laub vor sich hinjagt, so stoben die Schützen fort und flohen durch den Fluß zähneklappernd davon. Nur der arme Schneider getraute sich nicht durch den Fluß, der ihm ein Oronocco war, und trippelte trostlos am Ufer hin und her. Da warf Stülpner seine Büchse über die Schulter, rief dem Korporälchen zu und trug es mit starkem Arme an das jenseitige Ufer. –

Die Ambition der Forstbedienten ließ kein Mittel unversucht, sich seiner zu bemächtigen, man unternahm immer neue Züge gegen diesen allen Nachstellungen Trotz bietenden Wildschütz – doch umsonst. Höhere Befehle, einer schärfer als der andere, erschienen, ja endlich fand man sogar für gut, einen ansehnlichen Preis auf seinen Kopf zu setzen.

Von nun an ließ sich Stülpner selten und fast gar nicht mehr in dieser Gegend umher blicken, fing schon an, weniger genannt zu werden, und man glaubte endlich mit ziemlicher Gewißheit, daß er nicht mehr auf vaterländischem Boden, sondern jenseits der Grenze sich umherhertreibe. Aber plötzlich erscholl sein Name wieder und ward mit Bewunderung im Publikum genannt. –

Schon eine geraume Zeit war durch östereichische Deserteurs und allerlei dergleichen liederliches Gesindel das Obergebirge, vorzüglich an der Grenze, sehr beunruhigt worden; unsicher waren Straßen und Wälder, hie und da wurden Reisende gemißhandelt und geplündert, ja sogar Landleute überfallen und beraubt. Man legte Stülpnern, von dem man sich so viel und mancherlei erzählte, die meisten dieser Räubereien bei, bis dieser durch folgende Taten einen so unwahren, ihn kränkenden Verdacht nicht nur ganz aufhob, sondern sich, ungeachtet seiner gesetzlich strafbaren Lebensweise, allgemeine Achtung erwarb.

Durch ein einsames Tal der Grenzwaldung wanderte eben die Frau eines armen Handwerkers von einem im benachbarten Ort gewesenen

Jahrmarkt wieder ihrer Heimat zu, vergnügt über den völligen und sehr guten Verkauf ihrer Ware, als auf einmal zwei Kerle von einem Seitenwege daherkamen, sich zu ihr gesellten und eine Unterhaltung anfingen. Im Taumel der Freude erzählte das Weib treuherzig und ganz offen, welches Glück sie auf dem heutigen Markte gehabt und daß sie eine ziemliche Summe Geldes eingenommen hätte. Bald kam man an einen Scheideweg, und schon wollte die Vergnügte den nach ihrem unfernen Wohnort führenden Weg betreten, – als plötzlich die fremden Begleiter Halt geboten und mit fürchterlichen Gebärden und Tönen das Geld verlangten, das sie bei sich hätte. – In der entsetzlichsten Überraschung und im ersten Schreck stieß das arme Weib ein lautes Geschrei aus. Sogleich aber schwangen die Räuber ihre Knüttel, hießen ihr schweigen und droheten bei der geringsten Weigerung auf das schrecklichste mit Mißhandlung und Tod. Unter einem Strome von Tränen flehte jetzt das bebende Weib um Mitleid und Erbarmen und rief den Himmel zum Zeugen an, daß sie und ihre Familie ohne dieses Geld Hunger, Mangel und Elend bloßgegeben und daß es sauer verdienter Lohn sei. Aber sie sprach tauben Ohren; denn Mitgfühl war diesen Tigerseelen fremd.

In der höchsten Angst und Verzweiflung endlich setzte sich das Weib gegen die Straßenräuber zur Wehr, ward aber zu Boden geworfen, festgehalten, und einer der Schändlichen entriß eben der schon Bewußtlosen ihr Eigentum, – – krach! da sauste ein Schuß zwischen ihren Köpfen durch, daß sie auseinandertaumelten, und Stülpner stand vor ihnen und begrüßte sie furchtbar mit: „Schurken!" – Im Schreck hatten die Elenden den schon ergriffenen Raub wieder fallen lassen; da sie aber jetzt nur einen vor sich sahen, wollten sie diesen mit ihren Knütteln anfallen. Schnell warf der Schütz seine Büchse über die Schulter, hielt ihnen in jeder Hand ein gespanntes Pistol entgegen und rief: „Wer einen Schritt vorwärts tut, kommt nicht lebendig von der Stelle! – Ihr also seid die Schandbuben, die auf meinen Namen Straßenraub verüben? Wartet, ich will euch Mores lehren! – Jetzt legt ihr augenblicklich euer Geld hier vor mir nieder, geht auf diesem Wege da, ohne euch umzusehen, über die Grenze, und wenn ich einen von euch je wieder auf sächsischem Grund und Boden treffe, so fliegt ihm eine Kugel durch den Kopf!" –

Ganz außer sich wollten die Räuber mit Stülpnern sich in eine Kapitulation einlassen. Als aber dieser mit den furchtbar bestimmten Worten „Nun, so ist's auch jetzt Zeit!" die Pistolen auf sie richtete, warf ein jeder schnell einiges Geld auf den Boden, und beide eilten unter Fluchen und Schelten auf dem vorgeschriebenen Wege fort.

Durch den Schuß war die Frau wieder zu sich gekommen und hatte vorzüglich bei Stülpners nachdrücklicher Rede ihr volles Bewußtsein wiedererlangt. Jetzt dankte sie ihrem großmütigen Retter auf den Knieen; doch dieser hob sie auf und erkundigte sich voll Teilnahme, ob sie irgend einen Schaden oder eine Verletzung an ihrem Körper erlitten habe, welches jedoch nicht der Fall war. Dann überlieferte er ihr ihren Geldbeutel, hob die von den Räubern requirierte Münze vom Boden auf und händigte sie ihr mit den Worten ein: „Da, nimm dieses Lumpengeld zur Stärkung nach dem überstandenen Schreck, und sei künftiger vorsichtiger mit deinem bißchen Armut, denn ich bin dir nicht immer nahe, – und nun komm!"

Hierauf begleitete er sie so weit, bis sie ihren Wohnort erblicken konnte, verbat sich überhaupt ihren Dank und rief im Abgehen ihr zu: „Sage deinen Nachbarn und Bekannten, Stülpner sei kein schlechter Mensch; vor ihm könne ein jeder seine Straße sicher wandern; denn wo er sich aufhalte, da dürfe kein Straßenräuber sein Wesen treiben!" –

Bei dieser Tat bewies der leidenschaftliche Wildschütz ganz offen ein männliches, redliches Gemüt, hohe Geistesgegenwart und Kühnheit sowie einen nicht gemeinen Scharfsinn. Sie ward aber auch weit und breit ruchbar, diese Tat, man interessierte sich allgemein mit vieler Wärme für ihn, und ebenso auffallend, als die Menge seiner Bewunderer und Freunde wuchs, minderte sich das Häuflein seiner Verfolger. Denn er verscheuchte nicht nur dieses einzige Mal dergleichen räuberisches Gesindel aus der Gegend, sondern säuberte auch wirklich die Forste, in denen er hausete, ringsumher von Landstreichern und verdächtigen Negocianten. Man wünschte von Herzen, daß sein Schicksal eine günstige Wendung nehmen möchte. Folgender Zug erweckte ebenfalls eine sehr vorteilhafte Meinung von ihm.

Er kam einst gegen Abend zu zwei Reisenden in einem großen Forste, der im Ruf der Unsicherheit stand; und da sie ihn für einen Forstbedienten hielten, so gestanden sie ihm, daß sie in Angst wegen Stülpnern wären, da sie viel Geld bei sich hätten. Er sagte ihnen hierauf, daß er sie, wenn sie sich ihm anvertrauen wollten, an einen sichern Ort bringen wolle, wo sie die Nacht ruhig schlafen könnten; des andern Morgens würde er sie dann aus dem Forste geleiten. Nach einigem Besinnen nahmen sie seinen Vorschlag an. Hierauf ließ er sie nachfolgen, führte sie nun seitwärts durch den Wald durch Gebüsch und Felsen in abwechselnder Richtung fort bis an eine hügelförmige Stelle. Diese öffnete er plötzlich durch eine verdeckte Türe und hieß die staunenden Wanderer in die vor ihnen offene Höhle treten, indem er sie versicherte, daß sie nicht das Mindeste hier zu fürchten hätten, weil dies sein Absteigequartier im Forste sei. Obgleich ein Argwohn im Innern der Fremden sich regte, so sahen sie sich doch nun genötigt, das Abenteuer vollends zu bestehen. – Sie traten hinein und fanden diesen Souterrain geräumig und mit mehrern Bequemlichkeiten versehen. Ihr Wirt schloß jetzt die Türe, zündete ein Licht an, setzte ihnen Brot und Schnaps vor und nötigte sie zuzulangen. Sie taten es, und darauf machte er ihnen ein Lager bereit, auf dem sie die Nacht zubrachten, indes er selbst in einer Ecke sich niederlegte. Zwar wollte bei ihnen sich anfänglich kein Schlaf einstellen; doch siegte zuletzt die Natur über ihre Unruhe. – Ihr Wirt weckte sie beim ersten Grauen des Morgens, setzte ihnen wieder ein Frühstück vor und begleitete sie dann durch den Forst und sagte ihnen, als sie beim Scheiden ihm vergnügt dankten, daß sie Stülpnern für keinen schlechten Kerl halten sollten, indem sie diese Nacht selbst von ihm beherbergt worden wären. Stumm vor Erstaunen standen die Wanderer, indem Stülpner im Gebüsch verschwand.

Wahre Rührung aber ergriff aller Herzen bei folgender Handlung, die freilich in seiner Lage, da er eigentlich doch für vogelfrei erklärt war, mit einer Kühnheit von ihm unternommen wurde, die das höchste Erstaunen erwecken mußte.

Eines Morgens nämlich trat nach vorhergegangenem Klopfen, mit Büchse und Hirschfänger bewaffnet, ein nettgekleideter Jäger zu dem würdigen Pastor Sch*** in Th*** zur Studierstube herein, wo derselbe sich befand, und entschuldigte sich nach wechselseitiger Begrüßung, daß er ihn so früh belästige. Auf die freundliche Frage des Pastors, wer er sei und was ihm zu Diensten stehe, antwortete der Fremde, daß er das erstere nur auf ausdrückliches Verlangen erfahren könne. Allein er hätte ihm eine Bitte vorzutragen, die darin bestehe, ihn diesen Augenblick Beichte zu hören und zu absolvieren. Der Pastor erwiderte ihm erstaunt, daß dies ohne vorhergehende Mitteilung seines Namens, Standes oder Gewerbes und Glaubensbekenntnisses nicht geschehen könne. Hierauf nannte sich Stülpner. Überrascht trat der Pastor einen Schritt zurück und äußerte sein Erstaunen über eine solche Kühnheit, da es seine Schuldigkeit sei, sein Dasein sogleich der Obrigkeit zu melden. „Das werden und können Sie nicht tun, Herr Pastor!“ rief Stülpner. „Denn wenn ich mich auch nicht an Ihnen vergreifen werde, so würde es doch keinem gut bekommen, der sich gegen mich rühren wollte. – Ich bin kein böser Mensch, Herr Pastor; traurige Umstände haben mich in diese Lage gebracht. Ich habe keine Blutschuld auf meinem Gewissen; aber ich stehe, wie jeder andere Mensch, in Gottes Hand, und in meiner jetzigen Lage sehne ich mich nach Beruhigung meiner Seele, die ich bei Ihnen zu finden hoffte." – Der würdige Pastor bedauerte, seinen Wunsch nicht befriedigen zu könnnen, und erklärte ihm die Ursache davon; ermahnte ihn, sich der Gnade des Landesherrn zu unterwerfen, und dgl. mehr. Stülpner gestand nochmals, wie aufrichtig und herzlich dieser sein Wunsch gewesen sei, bat nochmals um Verzeihung und war bald verschwunden. Zwar zeigte der Pastor den Vorfall sogleich an; man spürte Stülpnern einen ganzen Tag lang nach, allein wiederum vergebens. –

Stülpner zeigte sich in der Folge öfters an verschiedenen Orten und Gegenden, zwar mit derselben Kühnheit, aber doch auch zugleich mit einer planmäßigen Vorsicht. Er hatte in der Tat durch diese ganze merkwürdige Periode seines Lebens eine Art Bildung, eine höhere Bildung, eine höhere Selbständigkeit erhalten, die ihn vorteilhaft charakterisierte.

Durch alle seine bisher erzählten Handlungen überzeugte man sich endlich höchsten Ortes, daß Stülpner durch Mangel an Erziehung, durch Unwissenheit und allerlei Umstände zu seiner dermaligen Lebensweise verleitet, selbst aber kein *böser* Mensch sei. Zwar wurden die Nachstellungen fortgesetzt; aber entweder waren sie nicht ernstlich oder nicht zweckmäßig genug, kurz, sie blieben stets ohne Erfolg. Endlich, ungefähr zwei Jahre nach dem letzten Vorfalle, fand man aus Gründen für gut, Stülpner die Versicherung mitteilen zu lassen: „daß er bei einer freiwilligen Rückkehr zu seinem Regimente als Wilddieb *nicht* bestraft werden sollte."

Welche Freude für den Geächteten, als er sich von der Wahrheit dieser Versicherung überzeugt hat! Ihm ist, als fallen langgetragene Sklavenketten von seinen Gliedern, und er kehrte befreit zurück zu Vaterland und Freuden. Ohne Säumen macht er sich daher auf und wandert freudig und getrost ins Stabsquartier, wo er sich als freiwillig Zurückgekehrter meldet. Vier Wochen sitzt er als Arrestant auf der Hauptwache, seine ganze Strafe, und nach Verlauf dieser Zeit ist Stülpner wieder als Soldat im Dienst. –

Ihm ward als Soldat das Lob und Wohlwollen seiner Vorgesetzten sowie die Liebe und Achtung seiner Kameraden zuteil. Ordnungsliebe und Ernst zeichneten ihn, wie in allen Stücken, so auch im Dienst aus.

Zurückhaltend, aber auch einsilbig war er im gesellschaftlichen Umgange; denn er bemerkte nur zu oft, daß er ein Gegenstand der Neugierde sei, und schlich sich öfters aus Gesellschaften fort, die um seinetwillen sich versammelt hatten. Er selbst schwieg stets von seinen Taten, ob sie doch gleich so viel Aufsehen erregt hatten, und nur aufgefordert von seinen Obern, brachte er es über sich selbst, davon zu erzählen. Weder prahlend noch furchtsam sprach er aber dann, offen und wahr, und gab über manche vorher unbegreifliche Dinge den nötigen Aufschluß. Sein Zartgefühl und seine Verschwiegenheit waren jedoch ebenso groß als seine Aufrichtigkeit; denn sowie man im Gespräch ihn unvermerkt dahin zu bringen suchte, die Abnehmer seiner Beute zu verraten, verstummte er plötzlich und brach mit den Worten ab: „Ich habe sie nicht gekannt“; oder: „Ich will und werde sie nie nennen!“ – Wenn man das Zutrauen eines solchen Mannes gewinnen wollte, hätte man freilich nicht suchen sollen, ihn auf diese Art auszuholen; denn man machte ihm dadurch stillschweigend doch den Vorwurf eines Raubes und brachte sein Gemüt in einen aufrührerischen Zustand, wodurch er zu keiner Anhänglichkeit an das bürgerliche Leben geweckt wurde. –

Bald wurde jener unvergeßliche Feldzug im Jahr 1806 eröffnet, bei welchem sich Stülpner als Scharfschütz sehr auszeichnete, und wenn nur der dritte Teil der gesamten Armee aus Männern wie er bestanden hätte, in denen mit wahrem Mute auch so viel Geistesgegenwart und Gewandtheit vereint gewesen wären, so möchte das Resultat dieses wahrhaft unglücklichen Krieges wohl nicht so ausgefallen sein, als es der Fall nachher war. – Da es bekannt ist, welchen Mangel an den nötigsten Lebensmitteln die sächsische Armee damals leiden mußte, wie dies und der Dünkel ihrer Freunde jeden Soldaten unwillig machte, so empfahl sich Stülpner durch sein Benehmen um so mehr. Denn auf allen Märschen und Posten war er immer voll Mut und Entschlossenheit und heiterte sogar seine mürrischen Kameraden durch sein munteres Wesen auf. Unter den Freiwilligen bei gefahrvollen Unternehmungen war er stets der erste und leistete vorzüglich durch seine Fertigkeit im Schießen ansehnliche Dienste; denn verloren war jeder Feind, den er aufs Korn faßte.

Nach Beendigung des Feldzuges rückte Stülpner wieder in seine Garnison ein, aber finsterer und verdrießlicher, als er vorher war. Er kannte das Leben, das er nun führen sollte, – jene Ruhe der Garnison, die einem Mittagsschlafe im Sommer gleicht, wo man zwar ruht, aber immer von Fliegen incommodiert wird, – jenen Zustand des Soldaten, wo er nur zu stetem Knopf-, Schnallen- und Gewehrputzen, überhaupt zum geschäftigen Müßiggange bestimmt zu sein scheint. Dies Leben fürchtete Stülpner, der vorher in steter Bewegung und Abwechslung sich befunden hatte, dessen Element die freie Luft war, in der er sich allein wohlbefand und heiter war. –

Bereits vor dem Kriege hatte man ihm, wiewohl nicht der Klugheit gemäß, einige entfernte Hoffnung auf die Erlangung einer Försterstelle in den weitläufigen Waldungen seines Gerichtsherrn und ihm dadurch eine große, wiewohl nachher vergebliche Freude gemacht. Diese Hoffnung hatte ihn während aller Mühseligkeiten des Feldzugs belebt und aufrechterhalten, und mit ihr war er zurückgekehrt. Sosehr man überzeugt war, daß Stülpner einen solchen Posten am besten und treuesten verwalten werde und ganz dafür geeignet sei, sosehr man es hoffen konnte, was auch Stülpners ernstlicher Wille war, seine erstbegangenen Fehler durch treue und geschickte Verwaltung einer solchen Stelle in etwas wiedergutzumachen, so wurde dieser sein sehnlichster Wunsch nicht erfüllt. Wenn auch nicht das noch nicht ganz hie und da erloschene Mißtrauen ihm die größten Hindernisse dabei in den Weg legte, so waren es doch Forstbediente und Jäger, die ihn, aus leicht zu erratenden Gründen, nicht in ihre Zunft aufnehmen wollten. Doch mag es vielleicht noch mehr am ernstlichen Willen gelegen haben. – Nachdem er noch lange Zeit mit leeren Hoffnungen war hingehalten worden, gab man ihm endlich die traurige Gewißheit, daß er nie diesen Wunsch werde erfüllt sehen. –

Tief und unvertilgbar war der Eindruck, den diese getäuschte Hoffnung auf ihn machte, und bewog ihn vermutlich zu dem bald ausgeführten Entschlusse. Ohne irgendeine Nachlässigkeit in seinem Dienste sich zu Schulden kommen zu lassen, ging er jedoch düster und in sich gekehrt umher, floh den Umgang der Menschen sowie jede Ergötzung und Zerstreuung seiner Kameraden; und fragte man ihn über diese auffallende Veränderung, so antwortete er nur durch ein pantomimisches Schweigen, das den meisten gleichgültig wurde. Was ihm noch Vergnügen gewährte und seinem Blicke neues Leben gab, war die Jagd, an welcher man ihn hie und da teilnehmen ließ, was ihm aber auch nachher allemal die trübsten, unglücklichsten Stunden in seiner Einsamkeit verursachte. Doppelt unglücklich fühlte er sich dann daheim, daß er seinem sehnlichsten Wunsch nicht zwanglos, seine heftige Leidenschaft nicht frei befriedigen konnte, – daß er, so nahe dem erträumten Ziele, auf einmal kalt zurückgeworfen, es nie erlangen sollte! –

An sein stilles, verschlossenes Wesen hatte man sich nach und nach gewöhnt und achtete am Ende gar nicht weiter auf ihn; denn die Welt, nur nach dem Neuen stets strebend, vergißt Großtaten und Verbrechen.

Auf einmal erbittet sich Stülpner Urlaub auf einige Tage, häusliche Angelegenheiten vorgeblich in Ordnung zu bringen. – Einen Tag hat man bereits über die bestimmte Zeit gewartet, dann schickt man nach ihm – doch kein Stülpner hatte sich in Scharfenstein sehen lassen, keine Spur von ihm war in der ganzen Gegend zu entdecken. An der äußersten Grenze wollte man ihn bemerkt haben, doch blieb dies ungewiß, und man konnte bloß Vermutungen äußern, unter denen die allgemeinere war, daß er sein früheres Gewerbe jenseits der Grenze aus Leidenschaft wieder fortgesetzt habe. So erfuhr man lange Zeit nichts von ihm.

Gegenwärtig lebt er in einem böhmischen Grenzdorfe bei M. und hält sich öfters im Sächsischen auf, indem ein angesehener Mann ihm versprochen hat, sich höchsten Orts für ihn zu verwenden, da Stülpner nun selbst des unsteten und unsichern Lebens überdrüssig ist und gern ein gewisses und bürgerliches Auskommen finden möchte.

Stülpner mißt ungefähr 78 Zoll, ist stark und wohlgewachsen und trägt sich immer nett und anständig; sein braunes männliches Angesicht ist ganz Ehrlichkeit, Biederkeit und Unerschrockenheit, und seine Sprache der höhere erzgebirgische Provinzialdialekt.

Zur Heimatkunde des Erzgebirges und Vogtlandes

Daß die Kunst, trotz aller Anstrengungen, doch stets hinter der Natur zurückbleibe, ist eine anerkannt Wahrheit, ob es gleich viele gibt, die alles nach der Kunst, wie sie es nennen, richten, ja selbst die Natur recensieren. Die Malerkunst hat sich in der neuern Zeit wieder bedeutend erhoben, obgleich keine Originalgenies wie in der – an Mitteln ärmern – Vorwelt aufleuchten, sondern meist alles Nachbildung nach Schulen ist. Jedoch zeichnet sich die Erfindung der panoramatischen Gemälde in unsern Zeiten vorzüglich aus, und die Urteile kunstverständiger Richter haben den allgemeinen Beifall gerechtfertigt, den diese Darstellungen gefunden haben und noch finden.

Allein wer sollte nicht das Panorama einer lebenden Gegend von einem hohen Berge dem toten Farbenaufstrich vorziehen? – Freilich zeigen uns jene Gemälde Städte und Gegenden, die wir vielleicht wirklich zu sehen nie Gelegenheit haben werden, und das danken wir ihnen, doch finden wir auch im Vaterlande der Natur-Panoramate so viel, die gewiß interessant und merkwürdig sind und nicht gleichgültig vernachlässigt werden sollten. Unter diesen nun zeichnet sich das Panorama des sächsischen Obergebirges aus, wozu man den schönsten Standpunkt auf der Südseite des *Pöhlberges* bei Annaberg findet. Dieser Berg erhebt sich südöstlich auf dem Scheitel eines von Mittag gegen Nordost fortlaufenden Gebirges in der imposanten Gestalt eines Grabhügels, drei Viertelstunden von der Stadt, und besteht aus grauen, übereinandergetürmten Basalttrümmern von mannigfaltiger Größe und Gestalt, worunter man aber auf der Nordseite des Berges auch säulenförmige Gruppen findet, in deren Nachbarschaft es viel ansehnliche Klüfte gibt. Bekanntlich hat der Berg seinen Namen von dem Flüßchen *Pöhla*, das an seinem östlichen Fuße fließt. Um ihn her weiden im Frühling, Sommer und Herbst einzelne Herden Kühe und Schafe, welche letztere auch gute Futterkräuter, freilich nicht im Überfluß, auf seiner Höhe finden. Auch dient er Füchsen und Hasen zum Aufenthalt. Vor ungefähr fünfzig Jahren war er noch mit Wald bewachsen; doch jetzt ist auch nicht *ein* Bäumchen oder Gesträuch darauf anzutreffen, sondern der Berg ist ganz kahl. Auf der östlichen Seite fällt er steiler und tiefer als auf der westlichen, bis an das am Fuße des erwähnten Gebirges liegende Tal ab. Auf dieser Seite sind auch die Basaltblöcke durchgängig weit größer und gerundeter als auf der entgegengesetzten, und daher scheint es mir wenigstens weit wahrscheinlicher, daß bei einer Revolution unsers Erdteils dieser Berg durch eine

Überschwemmung, deren Flut von Südost nach Nordwest gerichtet war, angetürmt worden sei, indem die schwereren Massen zuletzt angeschwemmt wurden und dadurch zugleich die Dauer der Entstehung dieses steinigten Hügels begründeten, während die beiden schmalen Enden dieses ungestalteten Oblongs durch den Flutendrang abgerundet wurden. Dafür scheint auch der Sand zu sprechen, den man am westlichen Fuße des Berges findet, so wie tiefer unten der Lehm, aus welchem Ziegel gebrannt werden, indem die leichtern Massen immer vor den schwerern vorausliegen. Endlich bestätigt auch dieselbe Lage und Gestalt der benachbarten Berge bei *Bärenstein* und *Scheibenberg* die angeführte Meinung. – Die breite Oberfläche des Pöhlberges ist mit größern und kleinern Basalttrümmern übersäet; über dieselbe geht es sich daher ziemlich beschwerlich, und vorzüglich wegen mehrerer Pfützen des in den Ritzen und Klüften angehäuften Regenwassers, wodurch hie und da auch einige kleine Sümpfe sich gebildet haben, aus deren Boden, wenn man mit dem Stocke hineinsticht, unzählige Luftblasen mit leisem Murmeln emporfahren. Als merkwürdig fiel mir ein eisernes Drahtgitter auf, das sich über einer 8 Zoll ins Gevierte breiten und ungefähr anderthalb Fuß tiefen Öffnung befand, in welcher ich nur Sand und Steine erblickte. Von der Entstehung und Bestimmung dieser Öffnung habe ich jedoch bis jetzt keine genauern Nachrichten erhalten können. Sollte sie vielleicht ein Überbleibsel des alten Bergbaues in irgendeiner besondern Hinsicht sein? – Denn an dem Fuße des Berges gibt es mehrere Stollen und Schachte. –

Auf der südlichen Spitze dieses Berges nun ist der Standpunkt, von welchem aus man das ganze sächsische Obergebirge, das heißt alle die vorzüglichen Berge und Gebirge im Ober-Erzgebirge auf einmal, in einer Entfernung von vier bis acht Stunden, übersehen kann, und zwar in einem Bogen von Südost nach Süd und von da nach Südwest. Ich wage daher die nähere Beschreibung dieses Panoramas.

Auf die entferntesten Gegenstände richtet sich bei Aussichten von hohen Bergen unwillkürlich gewöhnlich der Blick, indem er gierig Grenzen und Entfernungen zu entdecken oder undeutliche Darstellungen in denselben oft mit bewaffnetem Auge deutlicher zu erkennen sucht. So ergeht sich auch hier zuerst der Blick mit freudigem Staunen auf die letzte Grenze des mit seinen Wäldern, Fluren, Städten, Dörfern und einzelnen Häusern vorliegenden Gebirgslandes, und diese Grenze ist eine waldige, grünblaue Gebirgskette, die sich am äußersten Horizonte des südwestlichen, südlichen und südöstlichen Himmels in einem weiten

Bogen ausdehnt und auf welcher mehrere Berge von verschiedener Gestalt und Höhe sich erheben. Mit einem Worte, man sieht hier auf einmal die höchsten und merkwürdigsten Berge Sachsens und die Masse des ganzen Ober-Erzgebirgs vor sich, wozu auch noch einige böhmische Berge kommen, die sich auffallend darstellen. Richtet man sich nämlich südöstlich, so sieht man hinter der vorliegenden waldigen Gebirgskette erstlich einen Berg, der sich frei und hoch in der Gestalt einer abgestumpften Pyramide erhebt und der *Fingerhut* genannt wird. Dieser Berg liegt in der Gegend der böhmischen Stadt *Caden*, acht Stunden von Annaberg, und scheint mir weit höher als der Pöhlberg zu sein. Nach einiger Gebirgsabwechslung ragt mehr südlich und näher schon ein anderer waldiger Berg* in der Gestalt eines stumpfen Kegels auf, von dem das spähende Auge gegen Süd bald auf einen andern**, aber entferntern stößt, der mit dem Pöhlberge und den andern vorliegenden Basaltbergen gleiche Gestalt hat und wahrscheinlich höher ist. Auch diese beiden Berge liegen in Böhmen. Nun aber von Süd abwärts auf dem bläulichen Saume des Waldgebirgs fort nahen sich die staunenden Blicke dem Könige der vaterländischen Berge, dem – neben seinem böhmischen, kleiner scheinenden Nachbarn, dem *Keilberge* – majestätisch aufragenden *Fichtelberge*, an dessen Fuß *Wiesenthal* liegt. Es ist ein eigenes Gefühl, diesen höchsten Punkt der vaterländischen Erde vor sich zu sehen, der gewissermaßen als Wächter an der äußersten Grenze dasteht und herein auf das Land der Sachsen schaut, dessen nördliche Grenzen nun durch die Stürme der Zeit ihm näher gerückt sind. Dem Himmel näher, dessen müde Wolken oft auf seinem Scheitel ausruhn, zieht er des Erdenpilgers forschenden Blick aufwärts, auf zu der unsichtbaren Güte und Allmacht, die über alle diese Täler der Sterblichen waltet. O! ich erkläre es mir durch mein eigenes Gefühl, warum der göttliche Stifter des Christentums so gern auf hohen Bergen weilte und betete! Hier war er näher seinem himmlischen Vater, näher dem Hohen und Heiligen und Wahren, – hier war überirdische Verklärung, hier Einweihung für ein Himmelsbürgerreich. Und wer nicht auf hohen Bergen, auf diesen Hochaltären im großen Tempel der Schöpfung, sein ganzes Herz dem allliebenden Weltengeist zum Opfer darbringen kann, – der ist tot, ist längst gestorben für eine heilige, selige Zukunft, ist ein wandelndes Grab. –

Der Fichtelberg ist nicht durchgängig mit Holz bewachsen; dies sieht man auch von dieser Seite an ihm, wo sich bis über seine Mitte hinauf

* Der Spitzberg

** Der Hasberg

freie Strecken ausbreiten. Diese vorstehenden und sich verlierenden Waldspitzen erhöhen die perspektive Ansicht, die er hier gewährt. Denn durch die nördlich herablaufenden vorliegenden Gebirgsketten, zwischen welchen sich wieder kleinere Berge erheben, entsteht ein im Vordergrund enges, dann gegen den Berg zu, unter mancherlei Abwechslungen, sich immer mehr erweiterndes, großes Tal, das sich gegen den Fichtelberg hin verliert und diesen dadurch hervorhebt. Auf dem daneben, aber mehr in Böhmen liegenden Keilberg, der höher sein soll als der Fichtelberg, bemerkt man im Sommer einen weißgelben, fast glänzenden Streif, der sich von dem Gipfel schräg herabzieht und wahrscheinlich aus dürren Moosarten besteht. Übrigens findet man im heißesten Sommer auf dem Fichtelberge an manchen Stellen Schnee und Eis. Dieser Schnee jedoch dürfte ja nicht als Bild gebraucht werden, um etwas Weißes damit zu vergleichen, da er meist nur mehr als zu isabellenfarbig aussieht und wieder frisch geschneit werden müßte, um eigentlich Schnee genannt zu werden.

Welch eine Aussicht man auf diesem Berge haben müsse, läßt sich mit Recht schließen; daher er auch jährlich von Freunden der Natur besucht wird. Allein bei den Beschreibungen dieser Aussicht wird oft auch viel übertrieben; denn wer kann mit Gewißheit bestimmen, daß diese oder jene Ferne die Gegend irgendeiner merkwürdigen Stadt sei? Kann sich nicht das Auge täuschen und nähere Gegenden für fernere halten? – So muß man gewiß lächeln, wenn manche fabeln, daß man mit einem Fernrohre bis auf die Dresdner Elbbrücke sehen könne, da Dresden in einem Kessel von Bergen liegt, hinter welchen das Gebirge nach Süd und West immer höher ansteigt. Es müßten dann, nach Lichtenberg, Fernröhre sein, mit welchen man um die Ecken oder, wie hier, über Berge hinweg in die Täler sehen könnte.

Im Frühjahre gewährt der Fichtelberg den Anblick einer Alp, indem der Schnee später auf ihm zerschmilzt, während die umliegende Gegend in junges Grün sich wieder kleidet. Sein Ansehen imponiert dann sehr, und vorzüglich im Glanze der Mittagssonne, wenn er silberblinkend im blauen Äther aufragt. Ebendieses ist auch der Fall im Spätherbste, wo der früher nahende Winter ihn zuerst mit seinen Flocken bestreut, während die übrigen Gefilde noch seiner Ankunft entgegenharren. – Übrigens habe ich an ihm auch manche meteorologische Beobachtungen gemacht. Bisweilen nämlich bemerkte ich bei dem heitersten Himmel früh ein kleines weißes Wölkchen auf der Spitze des Berges, das sich mit dem höhern Stande der Sonne immer mehr vergrößerte und gegen Mittag eine große Wolke gebildet hatte, die sich nun erhub und in Begleitung mehrerer ihr schnell nachgefolgter Gewölke den Himmel umhüllte. Im Sommer selbst hüllte bisweilen am Morgen ein grauer Dunst den größern Teil des Berges, und dann kam gewiß um Nachmittag oder gegen Abend Gewitter. Auch die böhmischen Nebel, die im Frühjahre und Herbst bei heiterem Himmel wie ein dicker Molken über die vorliegende Gebirgskette sich langsam einherwälzen und Veränderung des Wetters anzeigen, verhüllen oft tagelang den Berg. Zuweilen starren einzelne schwere Wolkengruppen halbe Tage lang auf seinem Rücken empor, bis sie etwa ein mächtiger Wind emporhebt. Gewitter sah ich nie direkt über ihm stehen.

Vom Fichtelberge zieht sich nun das äußerste Gebirg gegen Westen beinahe in einer geraden Linie am Horizont hinab, und zwar eine bedeutende Strecke, während welcher der *Pfahlberg*, die *Goldene Höhe*, die *Kaffberge*, die *Rabenberge* als die ansehnlichern Gebirge zu bemerken sind. Westwärts endlich, in nebelblauer Ferne, erhebt sich sehr auffallend der *Auersberg*, nach dem Fichtelberge der höchste unter den Bergen Sachsens. Hier beugt sich nun das Gebirge ganz nach West hinab und verliert sich, über *Grünhain* nach *Schneeberg* zu, terrassenförmig in das niedere Gebirge.

Der *Auersberg* liegt zwischen *Eibenstock* und *Johanngeorgenstadt*, von jeder der beiden Städte eine Meile entfernt. In Hinsicht seiner Gestalt kommt er dem Fichtelberge ziemlich gleich; nur daß sein oberer Teil mehr einen Absatz bildet, welcher der Turm heißt, indem ein Kurfürst als Absteigequartier auf der Jagd einst einen hölzernen Turm darauf hatte erbauen lassen, von dem aber keine Spur mehr zu sehen ist. In dem Jahre 1813 hatten die alliierten Truppen als Signal einen Haufen dürres Reisholz aufgerichtet, mit Teer und Pech übersetzt. Nach der Schlacht bei Leipzig wurde Teer und Pech (es hatte vorher immer Wache dabei gestanden) wieder hinweggenommen, der Holzhaufen jedoch von unbekannten Händen in der Folge in Brand gesteckt. Bei dieser Gelegenheit muß auch erinnert werden, daß im obern Gebirge beim Einmarsch der alliierten Truppen, der bekanntlich von Böhmen aus unvermutet auf verschiednen Wegen geschah, auch kein einzelnes Wald- und Zechenhaus vor dem Besuche der Kosaken verschont geblieben ist. – In der Nachbarschaft des Auersberges erhebt sich der *Riesenberg*, an welchem sich sodann der *Ochsenkopf*, ein über *Bockau* sich ergehendes Gebirge, reiht und sich gegen Norden hinabzieht, wo daher andere Gebirgsteile noch dazustoßen, bis sich dann, was man auf dem Pöhlberge recht deutlich bemerken kann, das Ganze stufenweise an das tiefere Gebirg verliert. Bei diesem westlichen Gebirgsteile sieht man zwar dazwischen, nicht davor, einzelne Berge von verschiedener Höhe aufragen, deren Namen aber nicht gewiß angegeben werden können, da ihre Entfernung gar weit beträchtlicher als die der im Süden vor uns liegenden Berge ist.

In diesem Bogen des beschriebenen Hochgebirges, nämlich von dem oben erwähnten südöstlichen bis zu dem südwestlichen Punkte, liegt nun größtenteils derjenige Teil des sächsischen Erzgebirges, den man gewöhnlich das Obergebirge nennt, und dieses hat man nun bei dieser Ansicht vor sich. Ohne die große Menge Dörfer, Flecken, Hammerwerke, Mühlen und einzelnen Häuser zu rechnen, liegen in diesem Bogen, dessen Chorde ich neun Stunden annehme, vierzehn Städte, nämlich: Jöhstadt, Ober- und Unterwiesenthal, Annaberg, Buchholz, Schlettau, Scheibenberg, Schwarzenberg, Johanngeorgenstadt, Eibenstock, Neustädtel, Schneeberg, Aue, Grünhain und Elterlein. – Eine Beschreibung dieser ganzen Aussicht jedoch, obgleich von dieser Seite des Berges nur, wage ich nicht; denn welche Ordnung, welche Grenzen sollte ich befolgen, daß mir der Leser im Geist folgen könnte? – Ich wenigstens fühle die Unmöglichkeit dazu. Doch einiger einzelner Gegenstände muß ich noch erwähnen, die sich bei dieser Aussicht besonders auszeichnen, und dies sind die Basaltberge bei *Bärenstein* und *Scheibenberg*.

Den *Bärenstein* hält man wohl nicht mit Unrecht höher als den Pöhlberg, dem er in der Entfernung von zwei Stunden südlich gegenüberliegt. Daß er aus Basalt besteht, ist erwähnt; auch hat er die Gestalt eines Grabhügels, aber mit diesem darum um so mehr Ähnlichkeit, weil er meistens, vorzüglich auf der östlichen Seite, mit Grün überzogen ist. Man trifft übrigens Gesträuche und Büsche an ihm und auf der nördlichen Seite säulenförmige Basaltlager. Die Aussicht auf ihm ist ungemein schön, ja in mancher Hinsicht der des Pöhlbergs vorzuziehen. An seinem Fuße liegt das Dorf *Bärenstein*, das man mit dem hart angrenzenden böhmischen Flecken *Weinberg* auf dem ersten Anblick für eins hält, bis man über dem Grenzbach durch Schlagbaum, Maut [Zollgebühr], Tracht, Sprache und Religion den plötzlichen Abstand findet.

Der Basaltberg bei *Scheibenberg*, gewöhnlich der Scheibenberger Hügel genannt, der ebenfalls einem Grabhügel gleicht, zeichnet sich durch mehr Säulengruppen vor den vorherbeschriebenen beiden Nachbarn aus und fällt westwärts ziemlich steil ab. Ob er gleich ganz kahl aussieht, so trifft man doch einiges Holz um ihn her, und seine Höhe kann vielleicht die des Pöhlbergs übertreffen. In einer von Gesträuch versteckten Höhle am Fuß des Berges soll sich ein breiter und tiefer Brunnen befinden; wenn man nun mit einer Stange an die gegenüberstehende Wand stoße, so klinge es, als stoße man an eine eiserne Tür. Im Fall die Sache gegründet ist, so läßt sie sich auch recht gut erklären, indem die Basaltwand vermutlich hohl ist und diese vulkanische Steinart die Eigenschaft des Tönens hat.

Befindet man sich auf dem Pöhlberge, so bilden die beiden eben beschriebenen mit demselben ein ziemlich regelmäßiges Dreieck, das einen angenehmen Anblick gewährt, und man wird an die Zeiten der Riesen erinnert, deren Gebeine unter diesen Gräbern ruhen. – Der Talmud fabelt doch bekanntlich von der Eva, daß sie so groß gewesen wäre, daß sie auf drei Bergen gewöhnlich gebetet habe, indem sie auf zweien mit den Knieen und auf dem dritten mit dem Angesicht gelegen habe. Diese drei beschriebenen Basaltberge hätten ihr gewiß ein sehr bequemes Betbänkchen abgeben können, indem sie mit dem linken Knie auf dem Scheibenberger Hügel, mit dem rechten auf dem Bärenstein und mit dem Angesichte gegen Morgen auf dem Pöhlberge hätte ruhen können. –

Das Geyersdorfer Licht

Die Naturerscheinung, die ich hier beschreibe, würde vielleicht weniger merkwürdig sein, wenn sie den gewöhnlichen Erscheinungen dieser Art, z. B. Irrlichtern, Feuerkugeln, gleich wäre; allein da sie sich, wie man erkennen wird, von diesen noch durch gewisse Eigentümlichkeiten unterscheidet, so verdient sie wohl einer besondern Erwähnung.

Am Fuße des schon beschriebenen Pöhlberges bei Annaberg liegt gegen Nordost ein Dorf, *Geyersdorf* genannt, welches größtenteils von Bergleuten bewohnt wird. In der Nähe dieses Dorfes nun zeigt sich, vorzüglich in den Frühlingsmonaten, eine feurige Lufterscheinung, die in dortiger Gegend das Geyesdorfer Licht genannt wird und dem Aberglauben zu mancher Deutung Anlaß gegeben hat. In den Abendstunden nämlich, ungefähr zwischen sieben und neun Uhr, sieht man öfters vom obern Fuße des Pöhlberges ein feuriges Licht, das einer brennenden Laterne sehr gleicht, langsam gegen Geyersdorf, bisweilen auch gegen die *Riesenburg** herabwandeln und dann plötzlich verschwinden. Auch wandelt es zuweilen am Fuße des Pöhlberges umher, auch sogar auf dem

* So heißt ein bei Geyersdorf liegendes Gut, das dem bekannten Rechnungslehrer *Adam Ries* gehört hat, der am 30. März 1559 starb.

von Geyersdorf nach Annaberg führenden Wege. Man hat es oft für einen nach seiner Zeche wandernden, mit einer Laterne versehenen Bergmann gehalten und halten wollen, weil um diese Zeit die Schichten gewöhnlich wechseln; allein die Richtung, die das Licht auf einmal nahm, das Verschwinden desselben und genauere Beobachtungen haben dies widerlegt.

Dieses Licht unterscheidet sich durch seinen Schein, durch seine Bewegung und seinen Aufenthalt sehr von den Irrlichtern und Feuerkugeln. Erstlich ist sein Schein nicht wie bei diesen flammig, sondern ganz gleichmäßig, und wie schon erinnert, einer angezündeten Laterne sehr ähnlich. Ferner ist seine Bewegung nicht hüpfend oder schnell dahineilend, sondern ruhig und abgemessen, als sähe man einen Menschen in der Ferne mit einer Leuchte gehen. Endlich ist es auch merkwürdig, daß sich das Licht oben am Berge erzeugt, und allemal in dieser Gegend, und stets herab, nie hinan wandelt. Da, wo der Pöhlberg auf der Gebirgshöhe sich eigentlich erhebt, gibt es zwar viele Quellen, durch die auch die Stadt ihr Wasser erhält; aber der brennbare Dunst müßte sich doch eigentlich mehr in der Tiefe an solchen Örtern erzeugen, wo Moor und Sumpf angetroffen wird. So scheint es aber, als komme das Licht aus den gegen Nordost befindlichen großen Klüften des Berges und werde von der Luft gegen die Tiefe zu gedrückt, daher auch seine auffallende Bewegung. Und so wird es sich wohl auch verhalten. An jenen Klüften sammeln sich allerlei Feuchtigkeiten, aus denen sich brennbare Dünste entwickeln und entzünden, und durch den Luftzug eine Strecke weit hinabgetrieben werden. Daß es häufiger im Frühjahre geschieht, dies bewirkt wohl das in den Klüften angesammelte Schneewasser; daß aber nicht mehrere dergleichen Lichter auf einmal erscheinen, läßt sich schwerer erklären: vielleicht sind es beim ersten Entstehen mehrere, die sich aber dann sogleich durch den Druck der Luft vereinigen. Die beinahe bestimmte Zeit und Stunde dieser Erscheinung darf eigentlich auch nicht befremden. Nach dem Untergange der Sonne, halte ich dafür, ist die Luft noch von den elektrischen Feuerteilchen der Sonne angefüllt, durch deren Erwärmung sich jene Dünste entwickeln, in der noch warmen Luft sich ausdehnen und vereinigen, durch Reibung an den elektrischen Teilchen sich entzünden und als Flammen sichtbar werden, ebenso wie bei einem elektrischen Feuerzeuge der Fall es ist. Für eine damit verwandte Erscheinung halte ich auch das Wetterleuchten, oder wie es manche nennen, Wetterabkühlen bei heiterem wolkenleerem Himmel.

Es begegnete einst jemand, der von Geyersdorf nach Annaberg abends ritt, daß das Licht eine Strecke vor ihm auf der Straße vorausschwebte. Unbekannt mit der Erscheinung und in der Meinung, einen Menschen mit einer Laterne zu treffen, eilte er, dem Lichte nahe zu kommen. Allein je schärfer er trabte, desto schneller floh die vermeinte Laterne vor ihm, bis sie endlich vom Wege ab und seitwärts so schnell über das Feld dahin fuhr und dann verschwand, daß er seinen Irrtum jetzt erkannte und einsah, was ihn getäuscht hatte.

Die Wolfshöhle bei Annaberg

Nordwestlich der Stadt Annaberg gegenüber liegt der *Schreckenberg*, ein sehr ansehnlicher Berg, der durch ein tiefes Tal von dem Annenberge, worauf die Stadt sich erhebt, getrennt ist und von welchem bekanntlich die Schreckenberger (eine Art Groschen) ihren Namen haben. Dieser Berg ist rings umher mit Fluren, Bäumen, Gebüschen, einzelnen Häusern und Zechen, Felsen und Wegen in der angenehmsten Mischung decoriert. In dem Tale, das sich längs seinem Fuße in bedeutenden Krümmungen dahinzieht, fließt ein starker Bach, die *Sehma*, hinab, der weiter oben, ehe die Bergwerkwasser sich mit ihm vermischen, viel Forellen enthält. Neben diesem Bache nun schlängelt sich auch der Weg hinab, der zur *Wolfshöhle* führt.

Bei der sogenannten Herrnmühle nämlich teilt sich der Weg in diesem Tale; indem der eine links am Schreckenberge aufsteigt, der andere aber zur Seite der Sehma im Tale fortläuft. Auf dem zur Linken ansteigenden gelangt man, neben hohen Felsen bei einigen einzelnen Häusern vorbei, zu einer ansehnlichen Höhe, von der man mit einiger Beklommenheit von dem jähen Abhange hinab in die Tiefe schaut. Und von da hinab sind beladene Wagen und Schlitten mit Pferden und Menschen gestürzt, und dadurch Unglück und Schaden, wie man leicht erachten kann, geschehen. Der Weg hat viel Ähnlichkeit mit dem Luciensteig in der Schweiz. Allein in der neuesten Zeit ist er an der gefährlichsten Stelle so verbessert und verwahrt worden, daß nicht wohl ein Unglück der erwähnten Art sich wieder ereignen kann. – Weiter oben liegt der *Käthelstein* (Katharinenstein), ein felsiger Hügel am Schreckenberg, dessen südliche Seite mit Laubholz, die nördliche aber mit Nadelholz bewachsen ist und auf dessen Höhe ein Fels sich erhebt, auf dem man eine angenehme Aussicht genießt. Im Jahr 1815 sind von einigen Naturfreunden recht hübsche Anlagen daselbst gemacht, auch einige Inschriften angebracht worden, was zur Verschönerung der Umgebungen Annabergs ein dankens- und nachahmungswürdiger Beitrag ist. Möchte nur nicht roher Vandalismus seine zerstörenden Krallen daran üben! – Seitwärts davon, etwas tiefer, liegt die alte und berühmte Silber- und Koboldzeche *Markus Röhling,* von einem Bergmeister benannt, der in der Mitte des sechzehnten Jahrhunderts lebte. In dem dahinterstehenden Pulverturm brach unter mühevoller Anstrengung eine Schar Kosaken 1813 ein, fanden aber nur einige Pfund grobes Pulver, welches sie wegwarfen; sie gruben den Boden auf, doch ebenfalls umsonst. Einige derselben wurden darauf von dem wackern Schichtmeister der Zeche und etlichen Bergleuten gefangengenommen und transportiert. – Übrigens geht hier der Weg nach Geyer.

Um indes zur Wolfshöhle zu kommen, wandert man auf dem Wege im Tale zur linken Seite der Sehma fort, wobei man auf die angenehmsten Abwechslungen der Gegend stößt. Bei dem weiter unten vorliegenden Gute geht man nun über die Brücke und kommt bei einigen Bergwerksgebäuden vorbei auf das rechte Ufer des Baches. Man tritt gewissermaßen in ein neues Tal, das eine futterreiche Wiese bildet, durchschlängelt vom rauschenden Bache, während zu beiden Seiten kleine Gehölze abwechseln. Ganz unten im Hintergrunde sieht man um einen ansehnlichen Fels das Tal quer durchschneiden, hinter welchem sich ein hohes, zum Teil waldiges Gebirg erhebt, auf dem der Göpel des erwähnten Markus Röhling hervorspringt. Bei diesem Felsen bricht sich plötzlich das Tal in einem beinahe rechten Winkel nördlich hinab, und bei Annäherung an diese graurötliche Felsenmauer wird man den torförmigen Eingang der Höhle gewahr, zu dem eine kleine Erhöhung führt. Über demselben liest man in einem weißen viereckigten Felde: FREUDEN DER NATUR. 1795. Außerdem fehlt es nicht an Namen und einzelnen Buchstaben, durch die sich Besuchende verewigen wollten. Von vorn ist der Fels ganz steil und nur da zu ersteigen, wo er mit dem Fuße des Gebirgs sich vereinigt; dagegen aber fällt er auf der hintern Seite ganz flach bis zur Erde ab, und nur die Ecke, um welche sich der Weg herumbeugt, ragt hoch und drohend hervor.

Eigentlich hat die Höhle drei Öffnungen, deren mittelste aber, oder das Tor, allein zum Eingange dient, indem die beiden andern kaum geräumig sind, um hineinzukriechen. Das Eingangstor hingegen ist vier Ellen hoch und drei Ellen breit und führt zuerst in eine Vorhalle. Der Boden derselben ist Fels und ziemlich eben, die Decke gewölbt, und an den Seiten bemerkt man pfeilerartige Hervorragungen. Sie ist mannshoch, und der Umfang ihrer Grundfläche mag sich vielleicht auf sechzig

Fuß belaufen. Auf der Nordseite dieser Halle, die sehr hell ist, befindet sich eine schräg unterwärts laufende Höhle, die mit Steinen und Schutt angefüllt ist und in deren einer Ecke man in älterer Zeit einen kleinen Schacht *abgesunken hat*, um bergmännisch zu reden, dessen Öffnung düster hervorgähnt. Auf diese Höhle fällt durch die schräge, unregelmäßige Öffnung der äußern Vorwand das Tageslicht herein, jedoch nur auf den vordern Teil derselben. Neben ihr, höher und mit dem Boden der vorerwähnten Halle gleich, sieht man die zweite Höhle, welche gegen Nordwest wie ein Stolln sich zieht, dritthalb Elle ungefähr hoch, anderthalb breit und zwölf Ellen lang ist. Die rechte Seite derselben ist senkrecht, die linke aber schließt sich bogenförmig an jene, daß es ungefähr die Gestalt einer Toröffnung hat, deren rechter halber Flügel zugemacht ist. Hinten läuft die Höhle spitzig zu, indem die Bodenfläche sich aufwärtszieht und mehr aus Schutt besteht; daher ich vermute, daß man bei Absenkung jenes Schachtes einen Teil *der Berge* (des Schuttes) in diese Höhle geschüttet und ihre Länge dadurch verkürzt habe. Denn das Gestein der Höhle besteht aus Granit, Feldspat und Glimmer; jener Schutt aber ist lockere, mit kleinen Steinen vermischte Erde. – Wasser tropft nur sparsam herab, und die ganze Höhle ist übrigens rein und trocken.

Den Namen *Wolfshöhle* soll sie deswegen erhalten haben, weil sie in der Vorzeit den Wölfen zum Aufenthalte gedient habe; und daß es in diesen Gegenden viel Wölfe gegeben, ist aus mehrern ältern Nachrichten bestätigt. So liest man in M. Arnolds Chronik von Annaberg p. 184 Folgendes: „1550 im Januar will ein Bergkmann bey groser Kälte früe Morgens anfahren, und alß er in der Dörffler Holtz kommen, sind ihme neun Wölffe begegnet, vermeinend, es würde ihm nun sein Leben kosten, lehnet sich an einem Baum, hielte sein Latern mit dem Lichte, mit Zittern und Schrecknüß in der Hand: Weil aber die Wölfe ihn anbruntzeten und vorübergingen, hat er über verhoffen sein Leben erhalten." Übrigens aber hat man von der Wolfshöhle und ihrer Entstehung gar keine Nachrichten. Daß sie von der Natur nicht so gebildet ist, wie man sie gegenwärtig findet, ist sichtbar, und man bemerkt recht gut, daß sie zwar von Natur entstanden, aber von Menschenhand nach und nach so erweitert und ausgebildet worden ist. Zu welchem Zwecke jedoch? Darüber lassen sich nur Vermutungen wagen; vielleicht zu einem Schlupfwinkel im Dreißigjährigen Kriege, wo die Soldateska hier so übel hauste. –

Wenn man auf dem Rückwege nach Annaberg weiter oben nicht wieder über die Brücke, sondern geradefort einen schmalen Fußsteig den

Berg hinaufgeht, so hat man auf der Höhe von der Stadt eine imposantere Ansicht als auf andern Standpunkten. Es ist in der neuesten Zeit bei Donati und Fattquetto in Magdeburg ein illuminierter Kupferstich von Annaberg erschienen, wo es aber nichts weniger als treu dargestellt ist. Dagegen hat der Herr Maler *Georgi* in Leipzig die Stadt Annaberg sehr treu und schön in Öl gemalt.

Der Stelzenbaum

Die Geschichte von dem Wiener Bürger, dem in seiner bedrängten Lage durch einen Traum offenbart wurde, er werde sein Glück auf der Prager Brücke finden, und der deshalb nach Prag reiste, auf der Brücke durch das Gespräch zweier Blinden erfuhr, daß im Fasanengarten zu Schönbrunn unter einer genauer bezeichneten Ysopstaude ein Schatz läge, und wirklich auch dort eine große Summe Geldes fand: diese Geschichte, sage ich, hat sehr viel Ähnlichkeit mit derjenigen, durch welche *der Stelzenbaum* im Voigtlande so merkwürdig geworden ist. Doch vor allen Dingen erst von der Gegend, in welcher der Baum steht, und von ihm selbst, ehe die Geschichte seiner merkwürdigern Bekanntwerdung folgt.

Auf der nordwestlichen Grenze des sächsischen Voigtlandes, gegen vier Stunden von Plauen, liegt das Dorf *Stelzen*, dessen eine Hälfte sächsisch, die andere aber reußisch ist. Die neuerbaute schöne Kirche liegt auf reußischer Seite und ist ein Filial von *Reuth*, das eine Stunde davon im sächsischen Voigtlande liegt. Stelzen selbst hat ein recht nettes Ansehen, so wie nicht minder eine angenehme Lage. Der sächsische Anteil liegt am Fuße einer bedeutenden, mit Äckern und Fluren bedeckten Höhe, die zwar nicht eben steil ist, aber doch unter die höhern Punkte im Voigtlande gezählt werden kann. Hier genießt man nun einer herrlichen, vortrefflichen Aussicht, vorzüglich nach Norden zu, wo man die Gegenden von Weida, Gera und Altenburg bemerken kann, so wie man einen ansehnlichen Teil des Voigtlandes vor Augen hat. Nur mit Mühe kann man sich losreißen; denn dem schwelgenden Auge zeigen sich mit jedem neuen Blick tausend neue Gegenstände, die es mit allgewaltigem Zauber fesseln. Auf dieser Höhe nun steht ein ziemlich starker Ahorn, in dessen Rinde Namen, Buchstaben u. dgl. eingeschnitten und eingekratzt sind, und dieser Ahorn heißt der Stelzenbaum. Man kann ihn auf unzähligen Punkten und in allerlei Fernen wahrnehmen, und wenn in seiner Gegend, die auch der Geraische Winkel heißt, nach dem Untergange der Sonne der Horizont rein und unbewölkt ist, so verspricht man sich gutes Wetter für den folgenden Tag. Dieser gegenwärtige Stelzenbaum ist aber nicht mehr derjenige, der in der nachfolgenden Erzählung vorkommt, sondern später an die Stelle des vorigen gepflanzt worden. Übrigens soll es auch hier nicht richtig sein, sondern Geister sollen sich zu gewissen Zeiten sehen lassen! Doch es folge die Erzählung der merkwürdigen Begebenheit, die man vom Stelzenbaum hat.

Einem armen und verschuldeten Bauer in Stelzen (ich erzähle wieder, wie mir es im Voigtland erzählt worden ist), dessen Nachkömmlinge noch in Stelzen und in demselben Bauernhofe wohnen, träumte einst des Nachts, als er voll Sorgen eingeschlafen war, daß ihm jemand anzeige, wie er auf der Elbbrücke zu Dresden, und zwar da, wo das vergoldete Crucifix stehe, sein Glück finden werde. Er denkt den ganzen Tag über diesen Traum nach, ob ihm gleich weder Brücke noch Crucifix bekannt sind, bis er endlich sich zuletzt sagen muß, daß es doch weiter nichts als ein unsicherer Traum bleibe. Allein denselben Traum hat er noch zwei Nächte hintereinander, und nun wird ihm die Vision wichtig und ernsthaft, so daß er sich entschließt, nach Dresden zu reisen und auf der Brükke seinem Glücke nachzusuchen. –

Glücklich kommt er den dritten Tag vormittags in Dresden an, und kaum hat er sich ein wenig erlabt und erholt, so erkundigt er sich nach der Brücke und eilt dahin. Freudig schlägt sein Herz, wie er das vergoldete Cruzifix erblickt, und er bleibt eine geraume Weile bei demselben stehen, um es in seiner Erwartung genauer betrachten zu können. Bald ist er genötigt weiterzugehen, weil ihn der Schildwacht stehende Soldat fortweiset. Doch er kommt in kurzem wieder zurück und hält sich immer in der Nähe des Crucifixes auf. Die Schildwacht wird abgelöst, und eine andere kommt an. Der Bauer geht oft vor dem Crucifix vorbei und bleibt in der Nähe desselben; allein es zeigt sich keine Spur irgendeines Glückes; einige Stunden lang hat er bereits unter sich den Elbstrom dahinfluten sowie neben sich den Menschenstrom hinüber- und herübereilen sehen, da sinkt sein Mut, da beklagt er im Herzen die unternommene Reise und deren Kosten und blickt bekümmert auf zum Crucifix. Der wachtstehende Soldat, welcher ihn immer beobachtet hat, ruft ihn endlich zu sich und fragt nach der Ursache seines Hierseins. Niedergeschlagen erzählt er ihm seinen Traum. „Da ist er wohl zu bedauern, mein Freund“, erwidert der Soldat. „Denn was er hier auf dieser Brücke für ein Glück finden will, das sehe ich nicht ein. Wenn ich aber wüßte, wo der Stelzenbaum stünde, dann wäre mir und Ihm geholfen; denn unter diesem Baume soll ein großer Schatz liegen. Hier ist nichts für Ihn, geh' er wieder nach Hause, mein lieber Mann!" –

Wohl ging der Bauer fort und reiste voll neuer Hoffnung wieder in seine Heimat. Dieser Stelzenbaum stand ja in der Nähe seines Dorfes; und wie wunderbar, um ein Glück zu finden, das ihm so nahe lag, mußte er erst so weit reisen, mußte einen andern treffen, der dies Glück kannte, aber nicht zu finden wußte. Welch ein Bild des ganzen Menschenlebens! – Nach seiner Zurückkunft ging er einst des Nachts mit Grabwerkzeugen und einer Laterne zum großen Ahorn, der auf der Höhe stand, dem sogenannten Stelzenbaume, und grub getrost nach. Bald stößt er auf einen platten Stein, und als dieser hinweggeräumt ist, o! welches Staunen, welche Freude, – findet er einen ansehnlichen kupfernen Kessel voll Geld. Mann wird sich leicht in die Lage des Überraschten setzen können. –

Er fing an, seine Schulden zu bezahlen, kaufte sich in der Folge ein größeres Gut, war arbeitsam und tätig und hinterließ seinen Kindern ein hübsches Vermögen und den Kessel, der auch noch zu sehen sein soll. Seit dieser Begebenheit wurde der Stelzenbaum erst gewissermaßen berühmt, und noch heutiges Tages wird er häufig besucht, nur schade, daß nur *ein* Geldkessel unter ihm vergraben lag!

Der Burgstein im Voigtlande

Welcher gefühlvolle Mensch verweilt nicht gern bei den Trümmern der Vorwelt! Diese Grabmäler eines vergangenen Lebens erfüllen uns mit ernsten Betrachtungen alles Irdischen und auch unsers Seins; um sie her wandelt noch der Geist, der sie einst für Ewigkeiten schuf und nach Jahrhunderten zerstörte; sie erinnern uns an den Ruhm und an die Schande längst verweseter Generationen, und Bewunderung und Erfurcht oder Schauder und Entsetzen weckt in uns ihr Anblick. Die Geschichte der Menschheit ist mit tiefen Zügen auf diese Trümmer ihrer Stärke und Weisheit gegraben, und zu ihnen führe der Meister den Jünger, um Weisheit zu lehren. Wer die Zeit mit ihren Jahrhunderten, Jahren und Tagen mit einem Blicke messen will, der betrachte Ruinen. Es ist, als ob zwischen den Trümmern und Gemäuern Jahrhunderte zusammengedrängt oder verbannt wie Geister seufzen und ihre Last mit jeder Minute wächst. Gestrüpp, Moos und Gebüsch verhüllen nach und nach diese Schatten der Vergangenheit; und die Erde, die sie einst voll Leben und Kraft gebar, zieht sie endlich leise wieder in ihren Schoß und birgt sie mit der grünen Decke der Hoffnung und des Lebens einer neuen Zukunft. –

Der *Burgstein* ist eine ansehnliche, merkwürdige Ruine im Voigtlande und liegt westlich von *Geilsdorf* und südlich von *Schwand* auf einem felsigen Hügel hinter *Ruderitz.* Man findet hier die Trümmer von zwei hohen viereckigen Gebäuden, deren äußere Wände noch ziemlich erhalten sind. Die beste Ansicht von ihnen hat man auf der Südseite des Hügels, indem ein Birken- und Buchenwäldchen östlich den Hügel bis hart an die tiefere Ruine bedeckt, nördlich aber daran eine Pachterwohnung mit Garten und Obstbäumen stößt, und westlich zwar eine imposante, aber weniger vollständige Ansicht zuteil wird.

Auf der südlichen Hälfte des Hügels, der um die Ruine umher mit mannigfaltigen Felsblöcken, einzelnen Gebüschen und Fichten, tiefer aber mit Feldern umgeben ist, erblickt man auf einem ansehnlichen zackigen Felsen die hohen Mauern eines länglich-viereckigen Gebäudes, ohne Dach, das ganz das Ansehen einer Kirche hat. Über einem vorragenden Felsenabsatz, den Trümmer und Schutt zum Teil bedecken und in welchem zum Hinaufklettern einige Stufen gehauen sind, befindet sich eine torförmige Öffnung, die einst wahrscheinlich auch der Eingang gewesen und zu welcher eine Treppe über den Fels geführt haben muß, weil sonst kein Eingang zu bemerken ist. Längs dem obern, verfallenen Rande dieser vorliegenden Mauer nimmt man einige unvollkommene viereckige Fensteröffnungen wahr, zwischen welchen, so wie auf der Mauer oben, Gestrüpp und kleine Büsche aufragen. Weiter unten bemerkt man hohe bogige Fensteröffnungen, wie gewöhnlich an Kirchen sind, mit Überresten steinerner Rahmen. An der Morgen- und Mitternachtsseite befinden sich dergleichen hohe Fensteröffnungen auch, und hier umgibt den Fuß des Felsens ein kleiner Kirschengarten.

Steigt man den Fels hinan und gelangt durch das Tor ins Innere der Ruine, so findet man den Boden mit Schuttbergen und Trümmern bedeckt, die Wände ganz kahl und hie und da noch mit getünchtem Kalk bekleidet, demzufolge diese Wände ehedem blaugraulich angestrichen gewesen sein müssen. Namensverewigungen findet man auch hier viele. Beinahe in der Mitte ist das Hinterteil dieses viereckigen Gebäudes durch einen altgotischen Bogen von dem Vordergrunde gleichsam abgeteilt, indem sehr wahrscheinlich dort der Hochaltar gestanden hat, wie man dergleichen Bauart noch in vielen alten Kirchen antrifft. Nur habe ich mir den Umstand nicht gut erklären können, daß der Teil hinter dem Bogen weit tiefer liegt als der vordere, der nicht etwa nur durch Schutt so erhöht ist, sondern auch der wirkliche Felsboden ist dort niedriger, und man steigt nicht ohne einige Beschwerlichkeit hinab. Man findet an den Wänden dieses und des zweiten Trümmergemäuers Jahreszahlen aus dem sechzehnten und siebzehnten Jahrhundert, wodurch das Alter dieser Ruinen sich ergibt; denn damals schon sind sie besucht worden.

Von der Pachterwohnung gelangt man auf einem Steige, neben welchem sich große Felsenblöcke, von Fichten, Buchen und Birken umschattet, erheben, sogleich in das unterhalb des vorerwähnten Gemäuers gegen Morgen liegende andere Tempelgemäuer. Dasselbe ist ebenfalls ohne Dach, länglich-viereckig und hat mehr hohe Kirchenfensteröffnungen als das obere, von denen einige steinerne Gesimse vor etlichen Jahren noch ziemlich gut sich erhalten hatten.

Die innern Wände sind ganz kahl; Namen und Zahlen findet man nur an denselben, und der ein wenig ebenere Boden ist mit hohen Bäumen, meist Obstbäumen, besetzt, die zum Teil über das Gemäuer hinausragen, auf dem man allerlei Bäumchen und Gestrüpp erblickt. – Ich suchte nach, um etwa Spuren eines Begräbnisplatzes entdecken zu können; allein vergebens.

Das Ganze selbst ist äußerst romantisch und wird vorzüglich durch die am Felsen der Ruine stehende, von Gebüsch und Bäumen versteckte Pachterwohnung sehr interessant, wie nicht weniger durch die umliegende Gegend. An diesen Trümmern sieht man nun eine Vergangenheit von mehreren Jahrhunderten, während welcher der zerstörende Zahn der Zeit noch gierig daran nagt. So verschlang Saturn seine eigenen Kinder wieder. –

Die Nachrichten über Burgstein sind übrigens sehr mangelhaft und ungewiß.* Nach einigen soll Burgstein ein Kloster gewesen sein, zu dem Geilsdorf gehört habe; nach andern ein Schloß mit einer Kirche, in welche Geilsdorf eingepfarrt gewesen wäre. Die Zerstörung desselben soll im Hussitenkriege, nach andern noch früher geschehen sein. Indes sollen zu den Zeiten der Reformation noch Messen daselbst vom Kaplan zu Geilsdorf gelesen worden sein. Der Altar in der Geilsdorfer Kirche ist schon im sechzehnten Jahrhundert von Burgstein dahin geschafft worden, so wie überhaupt Holzwerk und Steine nach und nach daraus verschwanden. Über Burgstein übt übrigens der jedesmalige Pfarrer zu Geilsdorf die Gerichtsbarkeit aus; wenigstens ist so viel gewiß, daß von demselben ein besonderes Siegel, in welchem sich Burgstein und eine darauf beziehende Umschrift befindet, geführt wird.

* So viel ist indes gewiß, daß in dem höher liegenden Tempelgebäuden in der Vorzeit ein wundertätiges Marienbild gestanden hat, zu welchem häufige Wallfahrten angestellt wurden.

Daß es endlich auch nicht an Geistererzählungen und Schatzgräbereien dabei fehlen werde, kann man sich leicht vorstellen.

Merkwürdigkeiten in Annaberg

Unter den Merkwürdigkeiten dieser Stadt sind zwar einige dem Publikum bekannt, z. B. die Linde auf dem Gottesacker, der schöne Marmoraltar in der Hauptkirche, der daselbst befindliche Engel, der Kegel schiebt. Allein da deren noch mehrere und zum Teil interessantere sich in Annaberg befinden, so werden sie hier einen schicklichen Platz für öffentliche Mitteilung finden.

Unter den Gemälden in der St. Annenkirche zeichnet sich erstlich ein Lukas Cranach aus. Es ist dies ein Nachtstück auf Holz, die Geburt Jesu im Stalle zu Bethlehem vorstellend. Die Zeichnung und Anlage sind meisterhaft, das Kolorit rein und zart, und vorzüglich die überirdische Beleuchtung und das kontrastierende Nachtdunkel ganz einzig. Bei aufmerksamerem Betrachten sieht man nach und nach aus dem Halbdunkel eine Menge Engelsköpfe hervorschimmern, die man auf den ersten Anblick nicht gewahrt. Übrigens ist das Stück gut erhalten.

Neben der sogenannten alten Sakristei befindet sich ferner ein anderes Gemälde auf Holz vom Jahre 1537, welches sich sowohl durch die Schönheit und Reinheit der Zeichnung als noch mehr durch die Lebhaftigkeit der Farben nach einer Zeit von 278 Jahren auszeichnet und deshalb auch für einen Cranach gehalten wird, obgleich das gewöhnliche Zeichen der Schlange nicht bemerkt wird. Es ist eine Kreuzigung: Jesus zwischen den Missetätern, unten vier schöne Frauen, von denen eine in Ohnmacht sinkt, aber von einem dabeistehenden jungen Manne (Johannes) gehalten wird, nämlich Maria, die Mutter Jesu; die andern hält man für Maria Magdalena, Maria, des Cleophas Weib, und darunter soll eine das Portrait der Gattin des Malers sein, indem die Kleidung der einen auch abweichend von den andern ist.

Ein drittes Gemälde bei den Knappschaftsstühlen zeichnet sich nicht sowohl durch Kunst als vielmehr durch drollige Darstellung aus. In einem alten, felsigen, sonderbar vorgestellten Berggebäude sieht man drei Bergleute, wovon zwei tiefer hinten kauern, der eine und vordere aber kosakische Pas zu machen scheint und seine Hände gleichsam um Hilfe gegen eine höher liegende Terrasse aufstreckt, wo ein Mann, der Heiland wahrscheinlich, hinter welchem noch einige seiner Jünger sich befinden, steht und ihm heraufzukommen winkt. Darunter liest man folgende Schrift: „Herr Theodorus Hausmann, Königl. Pohln. und Churfürstl. Sächsischer in die 14 Jahre gewesener Bergmeister auf St. Annaberg und Geyer, ward anno 1642 in St. Annaberg gebohren; durch unvermutheten Schachtfall ao. 1672 auf seinem Klingelschlägel, 12 Lachter tief, verschüttet, jedoch gerettet, und anno 1674 gerieth er, sampt 2 Arbeitern, welche der böse Schwaden tödtete, wieder in große Lebensgefahr, daraus ihn aber auch GOtt geholfen, starb fröhlich in Annaberg d. 9. October 1704, erwartet daselbst in der Hauptkirche bei den Knappschaftstühlen der fröhlichen Ausfahrt zum ewigen Leben. Solch Denkmal hat ihm zu Ehren anno 1706 aufrichten lassen dessen hinterlassene Frau Wittwe, die Wohlgebohrne Frau *Ursula Agnesa von Güntherrothee.*"

Ferner verdient eine Vorstellung des menschlichen Alters nach den zehn Abstufungen desselben vermerkt zu werden. Sie befindet sich in zehn Feldern, und zwar vom männlichen Geschlechte über der neuen, vom weiblichen über der alten Sakristei. Das erstere führt vierfüßige Tiere, das letztere Vögel als Symbole. –

In dem ersten Felde von Stein gehauen ein 10jähriger Knabe, in der Hand eine Puppe, auf dem Schilde ein Kalb. – Gegenüber ein Mädchen von 10 Jahren, eine Puppe in der Hand, auf dem Schilde eine Wachtel.

Im zweiten Felde ein Jüngling von 20 Jahren, in der Hand einen Vogel, auf dem Schilde einen Bock. – Gegenüber eine zwanzigjährige Jungfrau, mit einem Kranze in der Hand, im Schilde eine Turteltaube.

Im dritten Felde ein Mann von 30 Jahren, in der Hand ein Bildnis, im Schilde einen Stier. – Gegenüber eine dreißigjährige Frau mit einem Spiegel in der Hand, im Schilde eine – Elster.

Im vierten Felde ein Mann von 40 Jahren, in der Hand eine Hellebarde, einen Löwen im Schilde. – Gegenüber eine Frau von gleichem Alter, in der Hand einen Schlüsselbund, auf dem Schilde einen Pfau.

Im fünften Felde ein Mann von 50 Jahren, in dessen Hand ein aufgehobener Stab, im Schilde ein Fuchs. – Gegenüber eine fünfzigjährige Frau, mit einem Paternoster in der Hand, eine Henne im Schilde.

Im sechsten Felde ein Mann von 60 Jahren, in der Hand einen Geldbeutel, im Schilde einen Wolf. – Die Frau gegenüber, von demselben Alter, hält eine Schüssel und Kanne in der Hand, im Schilde eine Gans.

Im siebenten Felde ein siebzigjähriger Greis, in der Hand ein Paternoster, einen Hund im Schilde. – Gegenüber eine Matrone von 70 Jahren , einen Spinnrocken in der Hand, einen Geier im Schilde.

Im achten ein Greis von 80 Jahren, am Stabe, im Schilde eine Katze. – Die Matrone gleichen Alters gegenüber auch am Stabe, in ihrem Schilde eine Nachteule.

Im neunten Felde ein neunzigjähriger Greis, ein Ruhebette in der Hand, einen Esel im Schilde. – Gegenüber eine Matrone von 90 Jahren, ebenfalle ein Ruhebette in der Hand, eine Fledermaus im Schilde.

Im zehnten endlich ein ganz abgelebter Greis von 100 Jahren, mit einer Totenbahre, im Schilde den Tod. – Die hundertjährige Matrone gegenüber auch mit der Bahre und dem Tode.

Die tierischen Symbole lassen sich freilich verschieden deuten.

In der alten Sakristei befindet sich übrigens auch noch der Kasten, den Tezel bei seinem Ablaßkrame von 1508 bis 1510 hier gebraucht und sodann zurückgelassen hat. Er ist von starken Pfosten und mit Eisen beschlagen. Joh. Tezel kam im Jahr 1508 mittwochs nach Invocavit nach Annaberg mit seinem Ablaßhandel und blieb drei Jahre da. Er wurde sehr gut aufgenommen im Anfange, aber er machte sich durch sein schwelgerisches und ausschweifendes Leben in der Folge nur zu verdächtig, so daß ihm auch einst ein Bürger mit dem Tode gedroht, und als er demselben auf der Gasse begegnete, schnell in eines Schwertfegers Laden trat und einen Degen in die Hand nahm, als wollte er ihn kaufen, um den Bürger dadurch von sich abzuhalten. Sein Helfershelfer war, außer den Franciskanern und andern Mönchen, auch Dr. Baumhauer. Anstatt der heiligen Anna Bildnis ließ Tezel ein hölzernes Crucifix aufrichten. Als am Sonntage Lätare 1517 zum ersten Male Jahrmarkt in Annaberg gehalten wurde, kam Tezel in Hoffnung, dabei gute Geschäfte zu machen, auch mit seinem Ablaßkrame an und fand sich in seiner Hoffnung nicht getäuscht. Seine Einladung (oder der Zettel) lautete also:

„Auff schier kommenden Donnerstag vor Mitfasten, wird der römisch Ablaß und vollständigste Vergebung der Sünden durch päbstliche Heyligkeit St. Annenkirchen uff St. Annenbergk, mildiglich verliehen, daselbst auffgericht, sieben ganzer Tage wehren, wer nun solcher päbstl. Gnaden Ablaß, Freyheit und Gewalten nothdürfftig, oder aus Andacht begehret, mag sich auf bestimbte Zeit uff St. Annenberg begeben. Diejenigen aber, so durch Krankheit, Alter und sonsten beständige Vhrsachen dahin in eigner Person zu kommen, verhindert, mögen solchen römischen Ablaß und Vergebung aller Sünden, wo sie sich ihrer Sünden in angezeigten sieben Tagen einen Beichtvater, dem sie ihres Gefallens erwehlen, beklagen, und so viel sie auff eine Woche verzehren, in den Kasten darzu verordnet, uff St. Annenberg einzulegen schicken: Inhalts päbstl. Bullen verdienen und erlangen. Welches alles Christgläubigen zu Trost verkündiget wird. Geschehen den 12. Februarii Ao. 1517.“

Übrigens wurden im Jahr 1504 bis zum Jahr 1512 Reliquien von der heiligen Mutter Anna*, der heiligen Euphemia, Barbara, Katharina, dem heiligen Pancratius und dem unschuldigen Kindlein in der Hauptkirche beigesetzt. Bei dieser Gelegenheit kann auch noch bemerkt werden, daß im Jahr 1539 am Sonntage Cantate nachmittags im ehemaligen Franciskanerkloster zu Annaberg Philipp Melanchthon gepredigt haben soll, während viel fürstliche Personen zugegen waren. –

Auf dem Gottesacker steht endlich auch ein Monument, das wohl einzig in seiner Art ist und von dessen Manier wohl keines auf irgendeinem andern Gottesacker angetroffen wird, nämlich ein *Freimaurer-Denkmal.* Auf einem fußhohen Postament steht eine ungefähr zwei Fuß hohe dreieckigte steinerne Säule, auf welcher sich oben ein weißmarmorner Totenkopf befindet. Auf der einen Seite des Dreiecks stehen Buchstaben und Ziffern eingehauen und vergoldet.

Nun noch einige Nachrichten aus der ältern Geschichte Annabergs. Im Jahre 1573 wurde auf einer Hochzeit eine Forelle gespeiset, welche 12, sage *zwölf* Pfund wog.

Im Herbste 1523 blühten die Rosen und Obstbäume aufs Neue wieder.

Der Kurfürst Johann Friedrich besuchte 1531 mit dem Herzog Georg die Annenkirche, in welcher der damalige Pfarrer, Johann Zeidler, gerade predigte, und zwar viel ungeschicktes und ungereimtes Zeug vorbrachte. Herzog Georg fragte den Kurfürsten, wie ihm die Kirche gefiele. – Johann Friedrich antwortete: „Der Bauer ist wohl schön, aber der Vogel singt nichts Gutes.“

Im Jahre 1545 ließ sich zu Annaberg ein Venetianer sehen, welcher auf einem Seile, das vom Kirchturmknopf bis auf den Markt gezogen war, von oben an bis auf den Markt herabspazierte.

Im Herbste 1562 war Obst und Gemüse so gut geraten, daß man sonnabends an den Markttagen den Scheffel der schönsten Borsdorfer Äpfel für 6 Gr. kaufen konnte.

Die berühmte Barbara Uttmann, durch die das Spitzenklöppeln im Obergebirge aufkam, wodurch viele Tausende in der Folge ihren Unterhalt fanden, war eine Tochter Heinrichs von Elterlein und besaß viele

* Herr *Steph. Schütz* in seinem Gedichte: *Annaberg*, macht fälschlich ein Mädchen *Anna* zur Namensverleiherin, da doch der Herzog Georg aus besonderer Verehrung der heiligen Anna die Stadt, die erst Schreckenberg hieß, Annaberg nannte.

Zechen, wodurch sie sehr reich wurde. Ihr Handel mit Spitzen war ausgebreitet und glücklich; dabei tat sie den Armen viel Gutes. Sie starb den 15. Januar 1575 und hinterließ 64 Kinder und Kindeskinder nebst großem Reichtum.

1598 galt in Annaberg das böhmische Rindfleisch 9 Pf., Kuhfleisch 7 Pf., Kalbfleisch 6 Pf., das beste Schöpsenfleisch von Weihnachten bis Pfingsten 1 Gr., Schweinefleisch mit Speck 14 Pf., das geringere 10 Pf.

Zu den Pfingstfeiertagen 1625 kam Kurfürst Johann Georg mit seiner Gemahlin und vier Prinzen sowie dem ganzen Hoflager im Kloster an und hörte verschiedene Predigten. Den dritten Pfingstfeiertag schoß der Kurfürst mit den Bürgern der Stadt nach dem Vogel und wurde auch König. Mit dergleichen Vogelschießen belustigten sich auch die Prinzen und zwei Fräulein. Überhaupt hielt der Kurfürst mehrere dergleichen Vogelschießen hintereinander und blieb gegen vier Monate im Gebirge. Drei Jahre darauf im Julius kam er wieder mit seinen Prinzen und dem Hoflager nach Annaberg, und zwar um zu jagen. Daher wurden die Reviere bei Stein und Grumbach umstellt und bei dieser Jagd allein gegen 600 Hirsche erlegt.

Wanderung an der Weißen Elster, von Oelsnitz bis Plauen

Das Voigtland überhaupt ist ein merkwürdiges Ländchen; es würde aber dem Zwecke dieses Aufsatzes entgegen sein, sich über das ganze Voigtland zu verbreiten. Daher beschränke ich mich bloß auf denjenigen Teil desselben, der zu dem Königreiche Sachsen gehört. Und wieviel Merkwürdiges enthält nicht dieser allein! –

Im Voigtlande gibt es erstlich die zahlreichsten und größten Baumwollspinnereien, durch die eine ansehnliche Menge Menschen beschäftigt werden. Es zeichnet sich ferner durch seine bedeutende Musselinfabrikation aus, über welche selbst zu *Plauen* ein geschwornes Schau- und Stempelgericht besteht, sowie durch die genähte Ware. Beträchtlich ist die Fertigung aller Arten musikalischer Instrumente und Saiten. In ganz Sachsen liefert allein die Weiße Elster Perlen, die oft den orientalischen gleichkommen; im Voigtland ist das einzige Messinghammerwerk sowie jetzt das einzige Alaunwerk im Lande; auch macht es der Topasfels merkwürdig. Seine Rindviehzucht und sein Ackerbau sind bekannt. Und war es nicht ein voigtländischer Landmann, der nach Sachsen zuerst die so schätzbaren Erdäpfel brachte und anbaute, trotz Hohnes und Spottes –?

Nicht weniger zeichnet sich das Voigtland auch durch seine Altertümer sowie durch romantische Gegenden aus. Von den erstern werden in der Folge einige beschrieben werden; unter den letzteren ist die Gegend an der Elster oder überhaupt das ganze Elstertal merkwürdig. Es muß hierbei noch bemerkt werden, daß das Voigtlande zwar auch gebirgig, aber in dieser Hinsicht sehr von dem Erzgebirge verschieden ist, ausgenommen die obere Gegend nach der böhmischen Grenze hin; zum Beispiel von *Schnarrtanne* über *Schöneck* nach *Adorf, Landwüst, Brambach* usw. In dem übrigen Voigtlande aber sind die Berge weit niedriger und flacher und haben fruchtbares Land; die milden Täler bilden futterreiche Auen und Wiesen. Große Waldungen gibt es gar nicht, man wollte denn etwa den Forst bei *Schneckengrün* dazu rechnen; dagegen findet man unendlich mehr Laubholz, vorzüglich Eichen und Erlen, als im Obergebirge. Überhaupt hat hier alles einen mildern und gefälligern Anstrich als in jenem hohen ernsten Waldgebirge.

Eine der angenehmsten und schönsten Gegenden im Voigtlande ist unstreitig das Elstertal, und zwar von *Oelsnitz* an der Weißen Elster fort bis *Plauen*, welches man binnen ungefähr vier Stunden durchwandern kann. Ich bitte daher den Leser, auf dieser Wanderung mich zu begleiten, um die Schönheiten und Merkwürdigkeiten dieser Gegend kennenzulernen. –

Die mit Ringmauer, Toren und Vorstadt versehene Stadt *Oelsnitz* liegt auf einem hügelförmigen Abfall eines von Südost streichenden Gebirgsteils, in Nord, Ost und Süd von einer abwechselnden Bergkette umgeben, und fällt, von der südlichen Seite betrachtet, angenehm ins Auge. Das gegen Mittag höher aufsteigende Gebirg ist meist waldig, und nur die näher vorspringenden Berge sind mit Äckern und Feldern bedeckt, welches auch der Fall mit den auf der nördlichen Seite der Stadt fortlaufenden Bergen ist. In dem ziemlich breiten Tale schlängelt sich zwischen Erlen und Gebüschen die Elster durch üppige Wiesen hinab und nähert sich dem an Oelsnitz angrenzenden Dorfe *Raschau.* Von hier aus nun stromabwärts werden die Perlenmuscheln angetroffen und von dazu vereideten Perlensuchern, die in Oelsnitz wohnen, zu gewissen Zeiten aufgesucht. Die blaugrünlichen, sechs bis sieben Zoll langen Muscheln werden mit einem dazu eingerichteten Eisen ein wenig geöffnet, untersucht; und enthalten sie Perlen von erforderlicher Größe, so werden dieselben abgelöst. Diejenigen Muscheln, in denen die Perle noch nicht gehörig ausgebildet ist, werden wieder in den sandigen Schlamm gesteckt und sodann in einem bestimmten Zeitraume wieder untersucht. –

Ehe wir weitergehen, müssen wir erst noch einen Blick auf das Schloß *Voigtsberg* richten. Diese alte graue Burg erhebt sich östlich von Oelsnitz auf hohen Felsen, die in einem Winkel des abfallenden Gebirgs aufragen und sehr steil sind. Der Anblick dieses uralten Bergschlosses, das übrigens der Sitz eines Justizamtes ist, ist interessant und macht die Gegend sehr romantisch. Da es auch zur Verwahrung eingezogener Verbrecher gebraucht wird, so haben manche derselben, trotz hohen Mauern und Felsen, doch das gefährliche Wagstück ihrer Befreiung versucht. Einer fragmentarischen Inschrift in einem der alten Säle zufolge sollen in diesem Teile Variscіens [Faltengebirge der Carbonzeit] einst auch Römer gehaust haben. Auf dem Galgenberge bei Oelsnitz hat man eine der besten Ansichten von Voigtsberg, indem die im Vordergrunde liegende Stadt das Lebendige und den Kontrast erhöht.

Das freundliche Tal, das wir betreten haben, zieht sich unterwärts Raschau jetzt immer mehr und mehr zusammen, der Fuß des ziemlich hohen Geiersberges tritt auf dem rechten Ufer der Elster immer weiter vor, bis endlich das Tal so enge wird, daß der Weg sich hart auf dem linken Ufer des Flusses eine Strecke weit parallel mit demselben fortzieht, bis sogleich hinter dem – jetzt durch die hohen Erlen verschimmernden – *Hammerhause* das Tal sich auf einmal wieder erweitert. Das in diesem Engpaß zur Linken jäh ansteigende, dann aber flacher sich brechende Gebirge ist an seinem Fuße mit allerlei Gebüsch und Felsriffen dekoriert, indem das rechte Ufer an dem ebenfalls dort erst jäh ansteigenden und dann flach sich brechenden Gebirge hart anschließt. Die Elster ist übrigens hier zu beiden Seiten von Erlen und Gebüschen umschattet, zwischen welchen sich auch einzelne Fichten erheben. Sehr überraschend ist es für jeden, der hier zum erstenmal durch das schattige Dunkel neben dem Geräusche der Fluten wandert und nun plötzlich vor einem kleinen Landgute steht, hinter welchem das Tal sich wieder erweitert.

Der erwähnte Geiersberg, von Oelsnitz eine halbe Stunde gegen Nordwest sich erhebend, ist mehr der höchste Punkt eines hemisphärischen größern Gebirgsteils als ein eigener und besonderer Berg. Einige kleine Kiefern und Fichtenwäldchen ausgenommen, ist er übrigens mit Äckern und Feldern bedeckt, die ziemlich fruchtbar sind. Auf seiner Höhe hat man eine herrliche Aussicht, bei welcher sich vorzüglich das gegen Mittag über dem Waldgebirg am Horizont liegende Schöneck gut ausnimmt. Auch bei der schönsten, ruhigsten Witterung herrscht ein empfindlicher Luftzug auf der Höhe des Geiersberges, was vielleicht nicht sowohl von seiner Höhe als von seiner Lage herrühren mag. Im Dreißigjährigen Kriege, wo das Voigtland bekanntlich so arg verheert wurde, sollen auf dem Rücken des Geiersberges verschiedene kleine Treffen vorgefallen sein. Übrigens geht unter dem gemeinen Mann die Sage, daß es auf dem Berge nicht geheuer sein und die Wanderer irreführen soll, welches letztere vorzüglich im Winter und des Nachts leicht geschehen kann. So verloren vor einigen Jahren ein Schneidermeister und sein Lehrbursche am Fuße des Berges ihr Leben, nicht weit von Raschau, indem sie abends bei stürmischem Wetter glücklich mit Pferd und Schlitten über den Berg herabgekommen waren, aber nun bei weiterem Nachsuchen des Weges, zumal bei ihrer kleinen Statur, nicht weit von ihrem Fuhrwerk im Schnee erfroren und erst am andern Morgen gefunden wurden. –

Das vor uns stehende gelbe und mit Schiefer gedeckte *Hammerhaus* ist ein kleines Gut, das im Sommer den Oelsnitzern und andern aus der umliegenden Gegend zum Vergnügungsorte dient. Von hier aus nun erweitert sich wieder das Tal aufs angenehmste. Eine grüne, von kleinen Wässerungsgraben durchschnittene Wiese breitet sich aus, während am linken Gebirgsfuße kleine Gehölze, Felder und Gebüsche abwechseln; auch stößt man auf dieser Seite auf eine Berghalde. Zur Rechten, am Fuße der mit einzelnen Eichen dekorierten fortlaufenden Gebirgswand, schlängelt sich die Elster hinab, umschattet von Büschen und Erlen. Weiter unten gewahrt man oben auf dieser Gebirgswand, die übrigens gar nicht hoch ist, einige Eichen, und diese Stelle heißt der *Kaffeeplatz*. Der Prinz Heinrich hat nämlich einst hier, angezogen von der schönen Aussicht auf die vorliegende Talgegend, unter den Bäumen seinen Kaffee getrunken.

Unser Weg geht jetzt eine Strecke weit auf einem Damm fort, der sich aber dann nach dem Gebirge linker Hand beugt und sich mit demselben vereinigt. Das Tal verengt sich hier wieder, die Elster bricht sich nach der linken Seite der Schlucht herüber und rauscht über felsige Trümmer dahin, im Dunkel von Erlen, Fichten und Gebüschen. Wir gehen jetzt auf dem hohen, steilen Ufer am Ende eines Fichtenwaldes, der sich vom Berge herabzieht, eine Strecke fort, bis uns auf einmal eine neue Ansicht überrascht.

Groß und weit hinab eröffnet sich jetzt wieder das Tal unter mannigfaltigen Abwechslungen. Uns zur Linken zieht sich die Waldung am Gebirge nunmehr aufwärts zurück, so wie sich rechts die Elster jäh zurückbeugt, indem ihr rechtes Ufergebirg sich immer niedriger verliert und sie bald ganz frei wieder durch das breite Wiesental in sanften Krümmungen hinabrauscht. Daß auf unserm Standpunkte sich dadurch eine

Perspektive bilde, wird man sich leicht anschaulich machen können. Zur Rechten hinter den hohen Erlen der Elster ragt zunächst das Rittergut *Dobeneck* mit seinem schönen Schlosse malerisch hervor. Dahinter zieht sich eine bergige niedrige Ackerflur gegen das Tal herab und verliert sich in dem bebuschten Ufer des Flusses. In der größern Entfernung nördlich breitet sich ein flaches Gebirg hinab, mit Waldung am Ende dekoriert. Die linke Gebirgsseite des Tals, ungleich höher als die erst bemerkte, ist uns hier nur eine kleine Strecke weit und, sozusagen, im Profil sichtbar. Den Hintergrund des Tales bildet ein hohes, hemisphärisch quer vorstreichendes Gebirge mit kleinen Wäldern und Äckern und Feldern, so daß man glauben könnte, hier das plötzliche Ende unserer Wanderung vor sich zu sehen. Zur Linken fern unten schimmern Gebäude daher, und weiter hervor gegen die Mitte des vor uns offenen Tals ragen auf einem felsigen Vorsprung des Gebirgsfußes hart an der Elster die grauen Trümmer eines alten Schlosses auf und machen in dieser Lage die Ansicht der Gegend sehr interessant. Überflüssig scheint es mir, alle übrigen Gegenstände besonders zu erwähnen, die zur Ausschmückung und Dekoration gehören und hier auch nicht mangeln, z. B. Felsen, Baumgruppen, Gebüsche, Brücken, Bäche, Hügel, Farbenspiel, Herden u. dgl. –

Wir wollen nun weiter an der Elster unsere Wanderung fortsetzen, um manche der fernen Gegenstände in der Nähe betrachten zu können. Übrigens sind wir jetzt von Oelsnitz eine Stunde weit entfernt.

Kaum ein paar hundert Schritte zur Linken des Flusses weitergewandert, befinden wir uns zur Seite des schon erwähnten Rittergutes *Dobeneck*, und das freundliche Schloß, auf einem gegen Norden jähen Felsenhügel hoch aufragend, von mancherlei Bäumen umgeben, zieht unsere überraschten Blicke auf sich. Die am Fuße des Hügels durch die Erlen schimmernde Mühle macht uns durch ihr emsiges Klappern auf sich aufmerksam. Eine Viertelstunde nordöstlich hinter Dobeneck liegt das Pfarrdorf *Taltitz* nebst dem Rittergute, dessen Kirchturm man weiter unten vorragen sieht. Hier lebte früher als Dorfschullehrer der später noch Elsterberg versetzte Cantor *Roth*, der durch seine Zucht und Fortpflanzung des sogenannten Feigapfels, eines Apfels, der keine Kerne enthält und nur durch Ableger fortgepflanzt werden kann, sich in der naturforschenden Welt bekannt gemacht hat.

Je weiter wir unsern Weg durch das schöne Tal fortsetzen, desto mehr neue Gegenstände und Ansichten entwickeln sich vor uns. Bald nähern wir uns der vorher schon erblickten Ruine, die am Ende einer Terrasse des linken Gebirgsfußes auf umbuschten Felsen emporragt und *Stein* heißt. Die Burg ist, nach den Trümmern zu urteilen, nicht groß und bedeutend gewesen, aber wie angenehm muß man hier gewohnt haben! Auf dem rechten Ufer der sich hier nahe vorbeischlängelnden Elster, in welcher man ein Wässerungsrad wahrnimmt, steigt am Saume der üppigen Wiese ein dunkler Wald auf und zieht sich eine ziemliche Strecke hinab.

Jetzt sehen wir schräg hinter Stein auf der Höhe des zur Linken fortlaufenden Gebirges das Pfarrdorf *Planschwitz* mit dem Rittergute und der Kirche vor uns, von Gärten und Bäumen umgeben. Welch eine Aussicht man in Planschwitz über die umliegende Gegend haben müsse, wird man sich leicht vorstellen können. – Im Verfolg unsers Weges nahen wir uns endlich dem Dorfe und Rittergut *Magwitz*, seitwärts unterhalb Planschwitz auf dem hügligen Fuße des Gebirgs liegend, welcher an seinem jähen Abfall mit Gesträuchen und Bäumen besetzt ist, zwischen welchen Felsen hie und da hervorragen. Auf einer hohen Felsenwand am Fuße des Gebirgs steht das herrschaftliche Schloß, neben welchem noch einige Wirtschaftsgebäude auf dieser Seite uns in die Augen fallen. Hohe Erlen und Linden umschatten es und machen das ganze sehr romantisch. In einer von Gehölz umdunkelten Schlucht, die sich hart an der felsigen Höhe des Schlosses aufwärts zieht, liegt eine Mühle, vor welcher der Weg vom Dorfe und Schlosse herab vorbeiführt. Auf diesem Wege fort, über den schmalen Steg des Flusses gelangt, sieht man in einer kesselförmigen Vertiefung des gegenüber fortlaufenden Gebirgsfußes, den einzelne Waldung bedeckt, zwei kleine Häuser. Über denselben bricht das Gebirg flach ab, und man kommt sogleich auf die hohe Straße von Plauen nach Hof, auf welcher Napoleon mit Marie Louise 1812 das erste Mal und im folgenden Jahre das zweite Mal, aber allein, nach Sachsen kam und seinem Schicksale entgegeneilte. – Hier war auch 1812 einige Zeit lang eine Art Lager für einen großen Transport italienischer Ochsen nebst ihren unbarmherzigen Treibern, die für die Armee bestimmt waren, aber von großer Abmattung sich langsam wieder erholen sollten. Manche wurden sogar nachgefahren, manche derselben von den ehrlichen Commissairs auch als untauglich zum fernern Marsche verkauft. – Auf dieser Straße ging ein großer Teil der französischen und Rheinbund-Armee 1812 nach Rußland und kam größtenteils nicht wieder; und die Trümmer, die zurückkamen, welche Jammergestalten! – Die einzelnen Häuser, die hier an der Straße liegen, führen den Namen *Siebenhitz*. Doch wieder zurück an das Ufer der Elster, zur Fortsetzung unserer Wanderung.

Wir verlassen Magwitz und betreten das rechte Elsterufer. Das Tal erweitert sich jetzt zur Linken, und der Fuß des Gebirges bildet weiter vorn einen scharfen Bogen, der mit seinen Felsen, Bäumen und Gebüschen ziemlich steil und hoch herübertritt und das Tal zu schließen scheint, zumal da auch zur Rechten ein ansehnlicher Fels weit herausragt, an dem sich die Elster hart vorbeikrümmt, und hier verbindet ein schmaler Steg beide Ufer. Gegenüber schräg vom Stege erblickt man auf der steil vorspringenden Felsenhöhe, die der Fuß des mit Äckern und Feldern und oben mit Waldung bedeckten Gebirges ist, eine Schäferei nebst einigen Häusern, und das Ganze wird *Thürmel* genannt.

Jetzt klettern wir bei dem Stege um den Fels herum, gehen an der Elster fort und befinden uns in einer Wiese, auf der sich rechts ein ziemlicher Gasthof nebst einem kleinen Hause darstellt, und hier sind wir in *Rosenthal.* Die Brücke, welche eine kleine Strecke seitwärts des Gasthofes über die Elster führt, war sonst überbaut und diente manchen Reisenden, vorzüglich Handwerksburschen, zur Verewigung ihrer werten Namen usw. Als aber Napoleon 1812 diese Straße (es ist nämlich die vorhin erwähnte) passierte, mußte die Bedeckung der Brücke, der hohen Reisewagen wegen, wie es hieß, abgetragen werden, und sie selbst wurde untersucht und befestigt. Von dem Gasthofe an zieht sich die Straße eine Strecke weit bergan, und hier war es, wo ich zum ersten Mal diesen merkwürdigen Mann sah, als er jenen Zug nach Rußland unternahm. Der Wagen fuhr langsam; ungefähr zwanzig Mann von der sächsischen Cürassiergarde, von Kot bespritzt, voraus, ebensoviel von polnischer Ulanengarde hinter dem Wagen. Da saß er und schrieb in einer Schreibtafel. Die österreichische Kaiserstochter hatte sich zurückgelehnt und war weniger sichtbar. Bei *Zöbern,* eine Stunde näher nach Hof zu, welches Dorf 1806 nach dem Treffen bei Saalburg bei dem Plündern der Franzosen größtenteils nebst der Kirche wegbrannte, hatte sich ebenfalls eine Menge Neugieriger versammelt, welche vive l'empereur! riefen. Napoleon hatte darauf das Fenster niedergelassen und mit dem Kopfe zugenickt. Hier in Rosenthal war auch eine starke Gesellschaft, die ihn zu sehen wünschte: aber es herrschte tiefe Stille, als er kam und vorüberfuhr. –

In dem Kriege 1809, wo Hieronymus mit Westfalen und Sachsen gegen Kienmayer und den bei Waterloo gebliebenen Herzog von Braunschweig agierte, war die Rosenthaler Brücke öfters von Piquet's besetzt, und der Gasthof wurde von böhmischer Landwehr geplündert. Gegen den Sommer 1813 lag in Rosenthal ein Commando Cosaken mit einem

Offizier, welche bis nach Hof streiften, Vedetten [Wachposten] wegfingen und sogar in der Vorstadt Scharmützel hatten.

Fast auf allen Karten findet man Rosenthal als Dorf bemerkt, was doch der Fall nicht ist, obgleich noch drei oder vier jenseits des Flusses stehende Häuschen dazu mitgezählt werden. Diese Unrichtigkeit hat in den bisherigen Kriegen zu manchen Mißverständnissen und Unannehmlichkeiten mit fremdem Militär Anlaß gegeben.

Vor dem Gasthofe teilt sich das Gebirg und bildet ein kleines Tal, das sich nach Osten zieht, aber bald aufwärts wieder verliert. Das nun rechts sich nach Nord ergehende Gebirg erreicht hier plötzlich eine ansehnliche Höhe und erstreckt sich, mit Wald bedeckt, eine Stunde lang bis beinahe an *Oberweischlitz*. An dem Fuße dieses Gebirges auf einem wenig begangenen Fußsteige setzen wir nun unsere Wanderung fort und bemerken bald ein großes Tal, welches das Gebirge zur Linken der Elster westwärts durchschneidet und uns eine überraschende Aussicht gewährt. Die Höhen, die dies Tal bilden, sind auf der einen Seite mit Waldung, auf der andern mit Fluren und Äckern bedeckt. Der Vordergrund macht eine große Wiese, mit Bäumen und Gebüschen umzäumt und von einem rauschenden Bache durchschnitten; rechts an derselben sieht man die Straße nach Hof und höher und tiefer stehende Häuser von *Birk*, dessen Rittergut mit dem Schlosse am Ende der Wiese in der Mitte des Tales sich aufs vorteilhafteste darstellt, so daß das Ganze eine sehr schöne Ansicht gewährt.

Das Gebirg unsers Elstertales zur Linken fängt nun ebenfalls mit Waldung an, die bis gegen *Unterweischlitz* beinahe dauert, eine kleine Stunde lang, während die Mitte des Tales ununterbrochen fort einer grasreichen Wiese gleicht, mit Gebüsch und allerlei Laubholz geschmückt, durchschnitten von der Elster in mannigfaltigen Krümmungen. Gleich anfangs erblicken wir auf dem linken Ufer eine ansehnliche Mühle, neben welcher das Gebirg sich wieder in ein kleines Tal spaltet, durch welches ein starker Bach herabrauscht und sich mit dem Mühlgraben in die Elster ergießt. Auch geht durch dieses Tal die Straße nach *Geilsdorf*. Auf unserm rechten Ufer bemerken wir hier, der Mühle gegenüber, in dem zu unserer Rechten sich fortziehenden steilen und waldigen Gebirgsabhange, an dessen Fuß unser Pfad sich krümmt, eine schauerliche Schlucht, durch welche ein Weg im dichten Gründunkel bis zur Höhe des Gebirges führt. Hier kommen wir in einen Eichenhain, auf dessen östlicher Seite um und auf einer Linde ein Sommerhaus mit einer kleinen Anlage sich zeigt. Diese Anhöhe heißt der *Ziegenberg*, und hier hat man eine vortreffliche Aussicht. Man sieht gegen Norden einen großen Teil des Elstertales und viele Schlösser und Dörfer; gegen Morgen am Horizont die höhern Berge des Obergebirges, vorzüglich aber ergötzt die Aussicht nach Süden. Hier zeigt sich im Hintergrunde *Schöneck* auf dem Waldgebirg; in der Mitte tief in grüner Talfläche *Oelsnitz* nebst *Voigtsberg*, und im Vordergrund vor uns *Rosenberg*, ein Vorwerk von *Oberweischlitz*, wozu auch dieser Ziegenberg gehört; zur Seite rechts drüben *Planschwitz* und *Magwitz*. Dazu nun die übrige Decoration einer Landschaft gerechnet, wer wird die herrlichste Aussicht sich nicht vorstellen können?

Unsere Wanderung im Tale setzen wir auf dem schon betretenen Pfade fort, halb zwischen Gebüschen, halb auf schmalem Felsenrande, jetzt näher, jetzt ferner der Elster, hier auf Rasen, dort über Gestein und Baumwurzeln. Hohe Felsen ragen hier und da auf beiden Seiten des Tales vor sowie in der Mitte einzelne Heuschuppen, und Stille und Einsamkeit herrschen, nur vom fernen Rauschen des Wehrs oder der Mühle oder vom Geschrei kecker Spechte, Häher und Krähen unterbrochen. Endlich nahen wir uns dem Ende dieses romantischen Waldtales, dessen Ausgang rechts eine Mühle, links eine tiefe, das Gebirg durchschneidende, felsige Schlucht bilden, durch welche ein kleiner Bach über Gestein herabrauscht und sich in die Elster ergießt. Hoch droben auf der Ecke des Gebirgabschnittes erblicken wir ein Pachthaus, das *Laneckhaus* genannt, von Bäumen umgeben und tiefer von Felsgruppen. Der Weg hinauf ist steil und schlüpfrig und geht über Fels. Auf dieser Höhe trifft man Tannen und Buchen, die im Voigtlande selten sind, sowie manche seltenere Kräuter und Pflanzen an; auch wächst die Belladonna häufig daselbst. Dieses dünne, aber hohe Gehölz, oder vielmehr die ganze Höhe selbst, heißt *der Hain* und gehört ebenfalls zu Oberweischlitz. Man sagt, vor dem Hussitenkriege habe ein kleines Dorf auf dieser Höhe umhergelegen, Hain genannt, das im Kriege zerstört und nicht wieder aufgebaut worden sei; altes Gemäuer, auf das man gestoßen habe, sowie manche hohlklingende Stellen des Bodens werden zur Bestätigung dieser Sage angeführt.

Unser Tal erweitert sich nun von hier beträchtlich und wird auch von der Elster, deren Ufer fortgesetzt mit Gebüschen und Erlen geschmückt sind, über eine halbe Stunde fort beinahe in der Mitte durchschnitten. Die zu beiden Seiten des Tals fortlaufenden Gebirge werden flacher und wechseln bis *Kürbitz*, eine halbe Stunde weit, mit Äckern, Feldfluren, Teichen, kleinen Gehölzen und andern Landschaftsdecorationen auf das angenehmste ab. Wir sind auf dem Wege bei der Mühle über die Elster gegangen und wandeln nun auf dem linken Ufer derselben durch eine grünende Aue gegen *Unterweischlitz* zu, das teils im Tale, teils auf der Höhe von der einen Seite sich uns zeigt.

Das Gebirge zur linken wächst hier sehr hoch, aber nicht steil an, und auf einem der höchsten Punkte desselben, auf dem Wege nach *Schwand*, hat man eine herrliche Aussicht über das ganze vorliegende Elstertal. Von dieser Höhe kommt man rechts etwas tiefer auf eine uralte Schanze – denn dafür muß man das Ganze wenigstens halten, ob sich gleich vieles dagegen einwenden läßt. Auf einem unansehnlichen Hügel nämlich sieht man eine zirkelrunde Erhöhung von lauter Steinen, ungefähr 16 Ellen im Durchschnitt, die in zwei Absätze sich teilt. Der untere bildet einen Umgang um den obern und fällt nach innen zu tiefer ab; der obere ist ebenfalls trichterförmig. Gegen Morgen ist in dem untern Absatze ein viereckigter Brunnen gehauen, dessen Wasser in den heißesten Sommertagen nicht versiegt und immer eiskalt ist. Der Fleiß ist übrigens nicht zu verkennen, womit das Ganze angelegt ist. Ob es aber wirklich eine Schanze mag gewesen sein, das bezweifle ich aus folgenden Gründen: – Erstlich ist die nächste Umgebung weit höher, so daß diese Schanze mit geringer Anstrengung könnte unwirksam gemacht und genommen werden; ferner ist sie selbst ohne allen Schutz für die Verteidiger, die überall bloßgestellt sind, weil von Brustwehr u. dgl. nichts zu entdecken ist; ebenso kann Geschütz gar nicht angefahren werden, weil sie ringum gleich hoch und ohne Anfuhr ist; hätte sie von Fußvolk allein verteidigt werden sollen, so ist sie zu klein dazu; auch ihre Bauart von bloßen mittelmäßigen Steinen, die jetzt meist verwittert sind, spricht nicht dafür; endlich kann man gar nicht einsehen, was hier eine Schanze, und eine so kleine, hätte nützen können. Wenn ich hierüber meine Meinung wagen darf, so halte ich diese runde Steinterrasse, um mich so auszudrücken, für ein Überbleibsel eines altsorbischen Opferplatzes, zumal da eine Quelle dabei ist. Daß in der grauen Vorzeit sorbische Gottheiten im Voigtlande verehrt wurden, ist aus der Geschichte und aus den Namen mancher Orte bekannt, wozu auch das in der Nähe liegende Dorf *Schwand* ein Beleg ist, das seinen Namen von *Swantewit*, dem Gott des Lichts, erhalten hat, welcher hier besonders verehrt wurde. In der Vertiefung des obern Absatzes brannte das Feuer, welches das Opfer verzehrte, und auf dem untern umher standen die Priester und verrichteten religiöse Gebräuche. – Oder wäre es vielleicht überhaupt ein Verbrennungsplatz ihrer Toten gewesen? – Mit Gewißheit läßt sich nichts bestimmen; und andere Nachrichten darüber sind nicht da. In dortiger Gegend sagt man allgemein: *die Schanze.*

Auf der rechten Gebirgsfläche erheben sich einige felsige, mit Gehölz bewachsene Hügel, welche den Namen *Bühle* führen, z. B. der eine, der *Kalkbühl** – ein Name, den ich nie in andern Gegenden des Voigtlandes gehört habe, der bekanntlich aber sorbischen Ursprungs ist. Auf dieser Seite, hart an der Elster, liegt das Rittergut *Oberweischlitz* nebst dem Dorfe gleichen Namens. Unterhalb desselben ist das Gebirg wieder durch ein kleines Tal getrennt, welches ein Bach durchschlängelt, und wo man einen sehr angenehmen Spaziergang genießt. Links am Abhang des Gebirgs, Oberweischlitz gegenüber, liegt das Dorf und Rittergut *Unterweischlitz*, dessen Schloß sich recht freundlich ausnimmt. Hier nun befindet sich eine große Baumwollspinnfabrik, welche dem Freiherrn *von Seckendorf*, königlich-sächsischen Kammerherrn und Floßoberaufseher, gehört und wodurch einige hundert Menschen ihr Brot verdienen. Der größte Teil der Maschinen aber steht in dem großen, unterhalb des Dorfes liegenden massiven Gebäude und wird durch einige Stockwerke hindurch vom Wasser getrieben. In einiger Entfernung von der Fabrik stehen mehrere neuerbaute Häuser, mit Ziegeln bedeckt, was sehr selten im Voigtlande ist, – und durch diese neu angelegte Kolonie ist das herrliche Tal sehr verschönert und belebter worden. Links darüber ragt auf einer grünen, mit kurzen Gebüschen gezierten Gebirgshöhe, *die Haide* genannt, ein beträchtliches Felsenlager auf, wo man eine vortreffliche Aussicht genießt, sowohl vorwärts als auch rückwärts. Auf der östlichen Seite dieser Felsenhöhe findet man eine Höhle, die von der Natur gebildet und nicht geräumig ist, aber sehr erweitert werden könnte, indem man an den Klüften der niederhangenden Scheidewände recht gut wahrnimmt, daß im Innern noch geräumige Behältnisse vorhanden sein müssen. Daneben, auf einem nackten Vorsprunge des Felsens, steht eine Linde, deren starke Wurzeln über das Gestein herab in die Erde sich geschlagen haben, so daß das Fortkommen dieses Baumes, ob er gleich an den Ästen nicht völlig ausgebildet ist, dennoch bewundert werden muß.

Das rechts herab sich ziehende Gebirg ist mit Äckern und Fluren sowie oben mit Waldung bedeckt, und unser Weg führt uns durch eine herrliche Au nach *Kürbitz*, einem Pfarrdorfe mit einem Rittergute, eine starke Viertelstunde von Weischlitz. Noch muß ich einschalten, daß man in dieser Gegend in der Elster Aale, Hechte, Aalruppen, Weißfische, Schleien und dergleichen schmackhafte Fische mehr fängt.

Die Aussicht auf dem Wege nach *Kürbitz* ist vortrefflich, indem man nämlich im Vordergrunde des schönen Tales dieses Dorf mit seiner ho-

* Voigtländisch: Kallichhügel

hen schönen Kirche und dem ansehnlichen Turme am Fuße eines Berges neben der Elster vor sich hat. Eine halbe Stunde weiter unten erhebt sich bei einer Krümmung des Tales, hinter dem waldigen Vorsprunge des rechten Ufergebirgs, die freundliche *Straßberger* Kirche auf einem felsigen Hügel über die Erlen des Tales empor. Auf der dahinter aufsteigenden Gebirgsfläche, fast am Horizonte, blinkt *Neundorf* daher. Der Anblick dieser ganzen Landschaft ist ungemein anziehend und gewährt ein hohes Vergnügen.

Unsere Aufmerksamkeit verdient die Kirche zu Kürbitz, die unter den Dorfkirchen Sachsens wohl die erste genannt werden kann. Sie ist hoch, ganz massiv und mit Schiefer gedeckt, so wie der starke achteckigte Turm, auf dem drei Glocken hängen. Wenn sich auch gegen das Innere dieser Kirche mancher gerechte Tadel noch erheben ließe, so bleibt sie doch ein schönes und merkwürdiges Gebäude, das dem Dorfe und der Gegend zur Zierde gereicht. Ehedem befand sich in derselben ein kunstreiches Schnitzwerk, das aber entwendet worden ist. Außer einigen Familiengemälden, unter welchen sich auch das Bild des Erbauers der Kirche, des Kanzlers *Feilitzsch*, befindet, nebst ein Paar biblischen Scenen, trifft man auch auf ein Gemälde, Adam und Eva im Stande der Unschuld vorstellend.

Von Kürbitz führt uns unser Pfad durch eine reizende Au nach *Straßberg*, einem Pfarrdorfe und Rittergut auf dem linken Elsterufer. Auf dem rechten ist der steile Gebirgsabhang mit Waldung eine Stunde weit bedeckt, dessen Fuße sich die Elster, umschattet von Erlen und Gebüsch, in gefälligen Krümmungen halb nähert, halb entfernt. Westlich vor dem Dorfe, von einer Anhöhe herab, zieht sich die Straße von Schleitz nach Plauen, auf welcher ebenfalls immer Truppen marschieren. Die ganze linke Gebirgsseite ist höher, aber flacher, und wechselt mit kleinen Gehölzen und Fluren ab. – Hier in Straßberg interessiert uns wiederum die Kirche, und zwar wegen ihrer Lage und ihrer innern Beschaffenheit. Sie ragt nämlich auf einem Hügel hoch über das Dorf empor und hat ein mehr freundliches als feierliches Ansehen. Um sie her liegt der Kirchhof, den eine weiße Mauer umgibt, vor deren Tor noch ein Ruheplätzchen auf der Erde der Lebendigen steht, weil der Weg hinan ein wenig steil ist. Vorzüglich schön ist das Innere der Kirche; sie ist hoch und hell und einfach, hat eine hübsche Orgel und einen Altar ohne Lehne, ganz im Sinne seiner frühern Bestimmung. Über demselben ist das Orgelchor und darunter die Kanzel. Man wird von wahrer Andacht ergriffen, wenn man an einem schönen Sommermorgen dem sonntäglichen Gottesdienste beiwohnt, während die Sonne über dem gegenüberliegenden dunkeln Walde steht und den Tempel hehr erleuchtet; oder wenn man im Tale dahinwandert, und von der Höhe herab schweben melodische Orgeltöne und die Gesänge betender Christen, wie aus höhern Regionen.

Wir gehen in Straßberg über den Steg und wenden uns auf das rechte Elsterufer. Hier führt uns ein schmaler Pfad wieder durch eine anmutige Au, die jenseits des Flusses sich noch weiter ergeht, bis tiefer unten der jähe Gebirgsfuß auf einmal hervorspringt und mit seiner felsigen und bebuschten Ecke hart an die Elster streicht, wo das Tal sich dann wieder erweitert. Unser Pfad bringt uns halb an den Fuß des steilen und waldigen Gebirgshanges, wo wir neben der Elster hin bald aufwärts, bald abwärts klimmen, bis wir wieder in die Ebene kommen, wo wir an der Spitze eines kleinen dünnen Gehölzes bemerken, wie das Tal sich jetzt in einem weiten Bogen nach Morgen beugt. Die Elster zieht sich hier hart an dem jähen und felsigen Fuße des gegenüberliegenden Gebirgs fort, bis sie sich dann drüben bei einem neuen Engpaß des Tales, dem letzten auf unserer Wanderung, plötzlich wieder wendet. Hier befinden wir uns nun in einer herrlichen Talgegend, die man am besten bei dem höher, am rechten Gebirgshange liegenden Landgute, *Possig* genannt, übersehen kann. Nordwestlich von da, auf der Höhe des Gebirgs zur Linken, liegt *Neundorf* mit seinem Rittergute; nordöstlich durch den Engpaß, zu dessen Linken eine neuerbaute ansehnliche Mühle steht, sieht man einen Teil von *Plauen*, für dessen Honoratioren den Sommer über *Possig* einen Vergnügungsort abgibt. Die ganze dabeiliegende Au, in einem Bogen von der Elster und dem hart daran aufsteigenden Gebirgshang umgeben, gewährt einen vortrefflichen Anblick. –

Nun wandeln wir die Pappelallee hinab, kommen da, wo sich die Elster plötzlich nach Nordost beugt, durch den erwähnten kurzen Engpaß, und jetzt erweitert sich das Tal und wird kesselförmig. Auf dem linken Elsterufer sehen wir endlich *Plauen*, die Kreis- und Hauptstadt des Voigtlandes, auf dem Abhange und am Fuße des Gebirges vor uns. Die Talwiesen nahe bei der Stadt schimmern weiß entgegen, als bedecke sie zarter Schnee; sie dienen nämlich zu Musselinbleichen und sind dazu besonders eingerichtet. Rechts über Plauen auf der Höhe liegt das Dorf *Reusa* mit dem Rittergute, dessen Schloß so viele Fenster, als Tage im Jahre sind, haben soll, und wo sich eine Baumwollspinnerei befindet. Jetzt nähern wir uns der Stadt immer mehr; zur Rechten zeigt sich uns das große, schöne Schießhaus, zur Linken die große Gösselsche Spinn- und Kattunfabrik, die das Ansehen der Stadt sehr verschönert, – und endlich sind wir am Ziele unserer Wanderung.

Gedichte in erzgebirgischer Mundart

Ä annersch Weihnachtslied

('n Hannerl sei Liedl)

Schwenzelenz! heit bie iech fruh!
's war mr lange Zeit net su!
    Will heit Teewes machn!
Kinner, iech ho' Gald wie Hei,
's känne lächt zwee Tholer sei:
    Ja, drim ka' iech lachn!

Satt dos Heiligohmd-Licht a'!
's sei fei ruthe Bliemle dra'
    Un ä klaans Gesprichl!
Ho' zwee Grosch' drfür bezohlt,
Salwer 's su schie a'gemolt
    Wie ä Taffet-Tichl!

Fix! ne Krunelächter ro',
Dann iech zammgebitzlt ho'
    Un vergoldt su machtig!
Satt die golding Engele!
Zwischn Sträuchle wackln se!
    Ah! dos sieht su prachtig! –

Su! nu is 'r a'gezündt:
Ei wie schie dr Lächter brinnt!
    's kloppt mr'sch Harz vr Fraadn!
Ach, die Schwarzbeer-Sträuchle sei,
A'gesaah' bei Licht, su fei!
    Thunne racht schie klaadn!

Söll de ganze Sach' wos taang,
Müssmr aah ä Pfeifl raang:
    Drim will iech aans stoppn!
Do – dr Kopp vun Porzelie:
Is daar epper net racht schie?
    Muß ne erscht auskloppn.

Noochert will iech hutzn gih.
Heit bescheert ne Kinnern schie!
    's is ju heit Bornkinnl!

Komme aah de Maadle nooch!
Bie dann Grethn gut mei Tog:
    's is ä lus's Gesinnl!

Bie ä led'ger Boss un ho'
Nooch enn Schatz ball dort, ball do
    Schu gestraabt vun Harzn: –
Ober dos is wunnerlich!
Kaane thut, als will se mich!
    – Na, iech ka's verschmarzn! –

Gute Nacht derweil, ihr Leit'!
Weckt miech morng ze rachter Zeit!
    Morng giht's in de Mettn!
Wemmer su de ganze Nacht
Hot fei lustig zugebracht,
    Kreicht mr in de Bettn.

's A'fahrn

(Bergmannslied)

Wenn 's Gelöckl Dreie lätt,
Spring' iech hortig aus menn Bett.
Fraa un Kinner schlofn dort:
Unner-eener muß schu fort!

Fix schlog' iech ä Licht nu a',
's kimmt lächt aah ä Vertl ra'
Un do bie iech a'gezuung:
Ho' mich noch kä Mol betruung.

Zscherper- un Gelächt-Tasch haar!
Ho' schu noch ä Körrl Schmaar;
Un in Brudsack hot de Fraa
Enn Keil Brud schu 'neigetha'.

Kapp' un Hut ro' vun dr Wand!
Nu ä Pfeifl a'gebrannt:
Gaaln un Schwarzn ei'gestampt
Un nu schiebelweis' gedampt!

Immer fort off's Zachnhaus!
Is 's aah weit: es macht nischt aus!
Wos Gestöber, Blitz un Storm –!
Bie noch net drvu vrdorm!

Steiger, Häuer, Gunge, Knacht',
Sitzmr Alle schlacht un racht
An dr Tofl benn Gebaat:
Un dos macht enn Mut un Fraad.

Epper werd's im Viere sei.
Itze fahrn mr haltich ei
Un de Vuring fahrn nu aus:
's giht wie in enn Taumnhaus.

's werd neer aah zenstno' gelacht
Un an kä' Gefahr gedacht!
– Hätt' mr'sch Manning sölln aah soong,
Dann mr tudt hot hämmgetroong? ...

Wieng-Liedl

Poiheia! mei Maadele! Schlof ball ei!
Sist ruff ich geleich ne Hans Rupperich rei:
Daar fackelt fei net, daar nimmt dich miet!
Nooch werschte diech wunnern, wie dr'sch giht!

Poiheia! Mei Maadele! Schlof ju ei!
Do rufft iech aah morng es Bornkinnl rei:
Dos brengt dr Rosining un Äppln un Niss',
Do werschte mol schmatzn! die schmeckn fei siss!

Poiheia! mei Maadele! Schlof fei ei!
Iech ruff aah es Haahnl un 's Hühnl rei!
Mei Hühnl legt Gackele, weiß un schie,
Mei Haahnl thut kröhe: Gickerikih!

Poiheia! Mei Maadele! Schlof vollnds ei!
De liem Engele komme schu rei!
Se setzn sich alle miet nei in dei Wieg',
Spieln noochert mit dir un harzn diech!

Poiheia! mei Maadele schleft nu ei;
Se söll aah ä Maadl von Zucker sei! –
Nu schleft se! Oh schlof neer in Gottes Arm!
Iech setz dr drweile dei Millich warm. –

De Waldgiher

Hult ne grußn Schlietn raus!
    Fix, ihr Gunge! Fix!
's is kaa Spaahnl Holz in Haus!
    Macht! ... sist kriegt 'r Wi!
Thutt mr neer net su verdrossn:
Seid doch schu fei gruße Bossn!

Bind't de Hack' an Rungestock a'
    Un verleißt se net!
Macht ä Strickl vorne na',
    Doß se hänge blett!
Schneidt enn Runksn Brud eich runner!
Spannt eich ei! un zieht nu munner! –

Frisch, ihr Gunge! 's is net kalt.
    Singt eich aans drzu!
Wie's gelänzt in griene Wald!
    's macht enn orndlich fruh!
's schimmert silbrig im de Äst'
Wie ne Förschter seine West'!

Zitt nu eire Tootschn ro'
    Macht nu 's Hackl lus! –
Griene stangle sei viel do,
    Schwaar un voller Muus!
Ober do – dos därre Fichtl:
Dos muß brenne wie ä Lichtl!

Kimmt dr Förschter gar drzu,
    Pfändt 'r uhne Froong'
Itze gibt's aam känn Pardu':
    Muß im Holz sich ploong!
... Wos de Fleeß thut gaahrlich frassn,
Ka' mr mit dr Keet net massn!

Lod't de Klötzle un de Spitz'
    Off'n Schlietn nu!
Seid ihr doch aah gar nischt nitz!
    Söll's dr Voter thu'? ...
Gunge! strappleziert eich immer!
Macht neer eire Finger krümmer!

's wer dr ganze Schlietn voll!
    Hätt's eich net gedacht!
Nu! dos Schaafl hot sei Woll' ...
    Wär'sch neer hämmgebracht!
Waard't schu krästn noch un zofern !
Un drhämm werd eich fei schlofern!

Asst nu eiern Runksn Brud,
    Doss ihr besser zieht! ...
Wie ihr do gelamper thut,
    Wenn's zun Assn gieht!
's liebe Brud is wieder heier
Grausam schlacht und schracklich theier.

Satt! do läfft ä grußer Hos'! ...
    Sei aah saltn wur'n! –
Hersch' un Reh' un geens un dos
    Hot sich fei verlur'n!
's war ze meiner Zeit schu besser!
Aah de Walding war viel grässer! ...

Nu gewendt! Nu wollmr fort!
    Spannt eich ei un zieht!
Länger do – is speeter dort!
    Will schu stemme miet.
Wemmer nooch ähämm waar'n kumme,
Werd de Mutter nimmer brumme.

Dr Voter

Losst miech ämool in Kolanner nei'saah';
    Ka' miech heit gar net besinne!
Nu gute Nacht! do drbarm' sich ä Staa'!
    Stiht dr Dezember net drinne!

Hoon mr'n doch immer vur'n neie Gahr,
Wie's is mei Laabtog gewaasn: –
Ober do stiht neer dr Gannear,
Un iech ka' warlich doch laasn!

Hoom se schu Alles neimodisch erdacht:
Stiht dr Dezember dohintn!
Hätt' iech's net gar su pulitisch gemacht,
Kännt' iech 'ne morng noch net findn! –

Hot's emol Feiertög' haußn dosmol!!
Ruth bis vun uhm un bis untn!
Su ä Weihnachtn, die werd enn zr Quol –
's sei ze viel Feiertogs-Stunden!

Hätt' iech neer vollltersch 'ne Luh'tog noch ra',
Noochert hot's Nischt ze bedeitn.
Wäss iech doch epper, wu aus un wu a',
Mach' mr ä Fraad' mit menn Leitn.

Kumm' iech ze Mittich ähämm vun dr Zach',
Ass' iech un thu' ä wink natzn;
Ober nooch schnitz' iech mr allerhand Sach',
Un die is warlich ze schatzn.

Kinner un Fraa, die verdiene drzu
Noch ä paar Grosch' mit 'n Klippln:
Alles muss aarbtn uhne Pardu',
Därf sich vun Soßer Kaans rippln.

Ober de Feiertög' – schwere Gebraach'!
Wollmer fei Hefnkließ' backn,
Orndlich Rosining nei'! prazlich un waach,
Dinger, su gruß wie de Wackn!

Klipplt, ihr Kinner! mr sei in Advent!
Müsst fei vr'n Christtog o'schneidn!
Halt't ihr off raane un fleißige Händ',
Lässt eich 's Bornkinnl net leidn.

De Klipplmad

Iech bie ä lust'ge Klipplmad
    Un wuhn' bei lusting Leitn;
Iech ho mei bissl Sunntichs-Staat
    Un därf net Hunger leidn;
Mit Lachn spring' iech ohmst in's Bett
Un früh benn Luutsch-Topp grein' iech net.

Do giht's gewandt zun Klipplsook
    Do thu' iech net lank fackln,
Iech mach' enn manning Dopplschlook
    Un Händ' un Finger wackln:
Ball muss dr Fodnklippl dra',
Ball rachts un links ä annrer aah.

Ball steck' iech do ä Nodl nei',
    Ball dort – un wie gelamper! –
Mit Patterle off jeder Reih':
    's is neer ä wink Getamper.
Off beedn Seitn is Gelos
Un hinter dann, do sieht mr wos:

In enn, do traut ä gunges Paar
    Dr dicke Harr Magister,
In annern taaft 'r vr'n Altar:
    Es sieht gerod, als list 'r;
Vun Bä' is alles su gemacht, –
Mei Mutter hot's vun Mark gebracht.

Satt meine Aufsteck-Nodln a':
    Off äner stiht ä Engl,
Off geener dort ä Gauder-Hah'
    Un drunner hängt ä Pfengl!
Dos blitzt wie Gold schu in dr Farn',
Mr klippelt noch ämol su garn.

Un wenn iech su ze Rockn gih',
    Wos gibt's do net ze lachn!
Do thummer über Dann un Die
    Uns aah racht lustig machn
Un trinkn Kaffee, assn Kließ'
Drzu, – dos fraat enn aah gewieß.

In korzn Toong giht's ohmst be Licht,
    Do sitzmer im de Tazl:
Ä jede hot ihr' Flasch' gericht',
    Do härt mr ä Gerazl
Vun all dann Klippln klä' un gruß –
Un unnre Zunge sei aah lus'!

Ball singe mr ä Tschumperlied,
    Ball baatn mr Gesprüchle,
Un waar'sch net aus 'n Kopp verstiht,
    Gukt haltig in de Büchle,
Die mir vun fremdn Dingering
Gekaaft hoom off 'ne Gahrmering.

Aah hoom sich off de Ufn-Bank
    De Bossn hiegepflaamlt,
Do lacht mr sich ball orndlich krank,
    Wos do werd haargeschwaamlt.
Oft brotn mr, zr Lust aah neer,
Aardöpplglitscher in dr Röhr'.

Mei Schatz is aah ä gunges Blut
    Un vun Gemüth su wacker,
'r is mr su vun Harzn gut,
    Daar schiene gold'ge Racker.
Nooch Trinnetates waar'n mr aah,
Wenn's Gott gelibbt, noch Ma' un Fraa.

Drim frisch geklipplt, doss iech ju
    Wos vir mr noch ka' brenge!
Morng schneid' iech o' – un söllt' iech schu
    Miech drüber ball zersprenge!
Iech ho enn christling Spitznherrn,
Daar gibt gut Gald un gutn Zwern. –

Fosnd-Liedl

    O du liebe Fosdn du,
Machst miech su harzlich fruh!
Hob' miech schu lang gefraat
Off's neie Baarg-Gebaat.

O du liebe Fosnd du,
Machst miech su fruh!

Ach du grußer Baargfärscht druhm,
Gabb Seeng off unnern Gruum!
's Beutele werd fei laar,
In dr Teuf' gibt's Nischt haar.
Ach du grußer Bargfärscht druhm,
Gabb Seeng 'ne Gruum!

Hend, ihr arme Baargleit', singt
Doss's bis noch Draasn klingt:
„'s laab' unner Kienig huuch!"
Daar kennt net Lug un Trug.
Ja, ihr arme Baargleit singt,
Doss's nunner klingt!

Ja, sist gob's noch Hefnkließ',
Itze schmeckt Nischt meh' süß, –
Hoom sich 'ne Moong verdorm,
's zwackt uns dr Bandleworm!
Ja, sist gob's noch Hefnkließ'.
Die war'n noch süß!

Ei! es gibt noch Fosnd-Narren
In dr Kutsch' un in Karrn;
Fosnd is in dr Walt,
Narrn sieht mr viel fr'sch Gald.
Ei! es gibt noch Fosnd-Narren
In Kutsch' un Karrn.

Hm! 's is heit ä grußer Bahl
In genn geputztn Saal:
Hoom dort ihr' Fraad' neer aah
Narrisch in Fuss un Baa'.
Hm! 's is heit ä grußer Bahl
Dort in genn Saal.

Hah! Die hoom gar Larvn dra',
Kennt mr se besser aah;
Schwarze drblickt mr weiß,
Kluge sei dumm mit Fleiß.

Hah! Die hoom gar Larvn dra',
Kennt mr se aah!

Na, du liebe Fosnd du,
Machst miech racht innig fruh!
Epper hot's über'sch Gahr
Mit de Gruum kä' Gefahr!
Na, du liebe Fosnd du,
Machst miech racht fruh!

Dr Gukkastn-Ma'

Nu, seid 'r Alle an de Löchle?
Su gatt fei Achting, wos nu kimmt!
Do stiht ä Ma' vun lauter Knöchle,
's is fei dr *Tud*, daar Alles nimmt!
'r hot ä Sens' un aah ä Sanduhr miet,
Do rachnt aar eich nooch enn jedn Schriet!
Un die fei epper frach und daamisch laafn,
Die thut daar Dingerich ze-erscht wackraafn.

Nu Achting gaam! un's Maul gehaltn!
Ihr satt nu itze 's *Paredeis*:
Do haltig thut de *Eva* schaltn
Un macht ihrn *Adam* schu wos weis.
Do kimmt dr Biese als ä Offezier
Un kriegt se rim, dos arme dumme Thier.
Se isst 'ne Äppl un dr Ma' muss assn, –
Drim hüt' eich Alle vir verbutn Frassn!

Drauf kumme fei grausame Dinge,
Sei aus 'n *dreißig-gaahring Krieg*:
Do gibt's Kanune neer un Klinge,
Do pfeift's un lummert's mörderlich!
De Schwedn un de Kaiserling, die hoom
Bei Lützn, lieber Gott! fei Viel' begroom!
Doch is eich nooch dann dreißig-gaahring Waasn
Net dreizn Gahr' in Deitschland Fried' gewaasn.

Mit alln senn Teifln a'geschrietn
Kimmt nu dr alte *Doktor Faust*,

Do hul'n s'n off enn feiring Schlietn
Un hoom ne de Paruck' zerzaust, –
Franzusn un Kossakn hättn's fei
Net bieser machn känne dodrbei.
Su giht's! Waar Teifln thut citirn un baatn,
Dann thunne se zun Dank mit Füssn traatn.

Drauf werd sich zeing (halt's Maul, ihr Gunge!)
Ä gruß-gruß *Schiff*, dos aam a'landt:
Do werd kä' Fraadnlied gesunge,
Kä' Mensch thut fröhlich un gewandt.
Dos is ä *„Seeln-Verkaafer"*, daar viel Leit'
Gestuhln hot in dr gammervolln Zeit;
Die hot'r alle in dos Schiff gelodn. –
Dann werd dr Teifl aah zun Frühstück brotn.

Nu kimmt eich fei ä nackisch Stickl,
Dos stellt ä *Vuglschießn* vir:
De Stang' hält hiem un driem ä Strickl,
In Schießhaus hoom se sauer Bier,
Ä stöpplets Mensch hot Kuung un Haarig faal
Un Bern', un saure Gorkn dick un gaahl,
Besoffns Weisvolk raanert im de Schützn,
Vun Vugl sieht mr'n Rumpes neer noch sitzn.

Un itze werd *Kartusch* virkumme,
Dr erschte Spitzbub' in dr Walt:
Daar hot's vurnaahm be Tog genumme
Aus lauteer Thöret off fremd Gald.
'r werd noch heiting Togs fei noochgemacht!
Do schwaabt eich über enn dr schwarze Hacht
Un stiehlt enn aus dr Almet 'n letzt Bissn.
(Iech dächt', es müsst's ä Mannichs vun eich wissn.)

Drauf thut ä *Ehepaar* erscheine,
Dos is drschracklich a'zesaah':
Do lacht de Fraa, dr Ma' will greine,
In Harzn denkt kääns su genaa.
Dr Galdsook hot se neer su zammgeschuum,
De Lieb' hot kääns in Ehestand gehuum.
Sie hot su manning haamling Gang ze machn;
Aar lahtscht ä fösl aus. 's sei schlimme Sachn!

Nu waardt 'r saah' de Waltstadt *Lundn,*
Die is fei heidnmaaßig gruß!
's hot Mancher sich net hämmgefunden:
Denn dort sei alle Teifln lus!
Do werd gestuhln, gesoffn un gehaa',
Zun Zeitvertreib drschießt sich Mancher aah!
Dort thunne se aah Gald wie Hei verdiene,
Denn dortn ginne Tog un Nacht Maschine.

Do zeigt sich nu dr *tör'ksche Kaiser,*
Statts Zepter ä u'band'ge Pfeif!
Viel hunnert wilde Bullnbeißer
Regirn miet un dr Vugl Greif!
Waar riecht un horcht, verliert sei Nos' un Uhrn:
Statts Ordn kriegn de Grußn seidne Schnurn!
Do lob' iech mr'sch bei uns: do krieng mr Nosn,
Un in de Uhrn werd enn su schie geblosn!

Zeletzt waardt ihr enn *Ball* drblickn:
Do tanzt dr Tud de „Wiener" vir,
Es dreht sich Alles in Entzückn,
Denn 's giht in's himmlische Quartier.
Bier, Wei' un Punsch werd fei drzu gezacht,
Do werd dr Knacht zun Harrn, dr Harr zun Knacht;
'ne Rees'-Pass thunne se vun Doktor kaafn. –
Ihr Leit', 's is aus! Nu kännt 'r wieder laafn!

Dr Baarnfang

Es kam's Geschrei in unner Dorf:
Uhm draußn bei genn altn Schorf
Hätt sich ä Baar saah' lossn!
Do war'n mr alle doch vr Schrack
Ganz wack
Un wie eiskalt begossn.

Dr Pfarrer wollt's schu net gelaam!
Un saht', mr söhch oft fei drnaam!
Mr söllt' kenn Troosch drim machn!
Dr Canter ober saht', 's wär' wahr
Un klar;
Mr söllt' net drüber lachn!

Do nu de Sach' bedenklich war
Un unner Dorf stahnd in Gefahr,
Su kame de Gerichten
Benn Richter zamm, im in dr Nuht
Racht gut,
Wenn's möglich wär', ze richtn.

Dr Kühgung', daar 'ne Baar gesaah',
Wur' drüber erscht vernumme aah
Un thät vr Angst gar fletschn.
Drauf wur' beschlossn in dr Nacht
Mit Macht
'ne Baar vun Dorf ze preschn.

Do saht' dr Wachter: „Mit Verlaab!
Iech nooch menn dumme Kopp gelaab,
's werd dodrmiet neer schlimmer!
Do müsst ihr alle Nacht drbei
Wach sei
Un's Schindoost bläbbt doch immer!

Iech ho drhämm ä starke Kist'.
Wenn ihr die su virrchten ließt
Als wie enn Öltres-Kastn
Un stellt die Fall' auf off de Nacht –
Gabbt Acht!
Dr Baar werd net lank rasten!"

Erscht strich dr Richter mit senn Kamm,
Nooch strichn aah de Annern zamm
Un thätn nu beschließn:
Vun Wachter, als dr Polizei,
Sie fei
Sich dos gefalln ließn.–

Nu wur' dr Kastn u'verzicht
Zu ener Baarn-Fall' haargericht
Un aufgestellt in Anger:
Es stook ä Vierling Flääsch zr Lock'
An Pflock, –
Dos war doch viel, zun Hanger?!

Früh kam dr Wachter mit Gebök:
Dr Baar fei schu in Kastn stök,
De Thürle wär'n geschlossen!
Aah kratzet's drinne gammerlich
Im sich,
Thät quieckn ball, ball blosn!

De ganze christliche Gemaa'
Schloss' nu enn Kreis im Kasten aah
mit Spissn un mit Flintn;
an's Thürl tat dr Wachter noch
Vr'n Loch
Enn lange Fodn binden.

Dann nohm dr Canter in de Hand
Daar außer'n Kreis verzwoozlt stand,
De Türle wackzuruckn.
Nu gob dr Richter mit'n Aang
Ä Zaang –
Un alles thät hieguckn.

Schwupps! floch nu's Thürl in de Höh':
Do schlich – ä Katzl, Gemineh!
Gor schüchbern aus 'n Kastn.
Dos schrie „Miau! iech bie kä Baar,
Satt haar!
Thutt miech zenst-rim betastn!"

„I Liese!" rufft dr Canter nu.
„Du Teiflskatz', wos machst dä du?
Wos sei mr dos fr Sachn?!" –
Do war'sch, als bräch dr Himmel fei
Gar rei' –
Su that nu alles lachn.

Dich itze schrier dr Kühgung' haar:
„'ne Waag rei' kimmt gerod dr Baar!"
Do gob's eich ä Geludl!
De Frachstn loffn über 'n Staag
Zun Waag:
Do war'sch – ä fremder Pudl! – –

De Pfaarkur

Ne Harrn sei Füchsl stund in Stall
Un war racht misserabel;
Dr Friederich musst' Knall un Fall
Nei' in de Stadt zon Schnabel:
Daar gob 'n enn Batzn Drusnpulver miet,
Do loff mei Friederich in Doppelschriet.

Un wie 'r dorch Tripstrill' dorch loff,
Bei genn elendn Hüttl,
Do riss ä Fraa 'ne Schieber off
Un blökt: „Gibt's kä Mittl?
Ihr Leit, doss's Gott vun Himml druhm drbarm'!
Ach, halft mr aus dr Nut, mei Ma' will staarm!"

Dos muss mr soong vun Friederich,
Bies' is 'r net gewaasn,
Neer faahlt's 'n an Verstist-de-mich,
Kunnt aah kenn Buschtoom laasn;
Benn Pfaar'n in Harrnstall war 'r auferzuung
Un kunnt gut farhn un reitn, – aah racht fluung.

Wie nu de Fraa su baarln tät,
Do dacht' 'r: „Iech ka' diene!"
Loff in de Stub' un hie vr'sch Bett
Mit gar vurnaahmer Miene
Un saht': „Iech bie dr Rachte! Satt'r'sch do?
Dos Pulver hilft eich, dos iech bei mr ho!

Es is fr'n gnaading Harrn denn Pfaar, –
Do kännt ihr eich net massn!
Wenn's dann hilft, hält's bei eich net schwaar:
Drim thutt 'ne Hampfl frassn
Un sauft racht Brunnewasser aah drzu!
Es ka' net faahln, ihr kriegt schu noochert Ruh!"

Pfeift Eener off'n letztn Loch
Do thut 'r net lang rothn;
Dr kranke Ma' nickt fruh drnooch,
Denn korz war schu sei Odn.
Dr Friedrich gob daar Fraa 'ne Portiu'
Vun Drusenpulver un gieng nu drvu'.

Drei Tog' drauf kam mei Friederich
Aah wieder dorch Tripstrille;
Do wur'sch'n doch su wunnerlich,
Off ämol stahnd 'r stille
Benn erschtn Heisl, loff an's Fanster na':
„Ihr Leit'! wos macht dä drihm daar kranke Ma'?" –

„Daar? ... I daar werd ju heit begroom!
Es hot vur Halb gelietn.
'r hot's net besser wolln hoom,
Drim kam 'r unnern Schlietn.
Pfaarpulver hot 'r ei'genumme, denkt!
Dos hot ne olbern Boss' ne Moong zersprengt." –

Do schlich drvu' dr Friederich
In allerleer Gedankn,
'r nohm senn Waag gar zimperlich
Fei hinter'n Gartnplankn –
Un lange Zeit kunnt aar sich's net drklärn,
Doss sette Leit' mehr als sei Füchsl wärn.

Dr Rekrut

Fr'sch Voterland zun heiling Straat
Wur' aah dr Schof-Görg ei'geklaadt;
„Freiwillig miet gezwunge"
Dacht' aar wie Goldschmieds Gunge.

Erscht musst'r larne orndlich stih',
Doch 's arme Tier hatt' krumme Knie';
Dr Korperal thät' futtern,
Doss oft de Aard' thät' schuttern.

„Du Sackermanter! stih' gerod;
Mordselement, es is fr'n Stoot
Erscht muss sich jeder zwinge,
Nooch ka' mr'sch aah *weit* bringe!"

– „Ja, waar net krumme Knochn hot,
Daar stiht vu' ganz allee' gerod;
Doch will iech miech schu zwenge,
Doss iech's racht weit ka' brenge."

Ball kam aah's Rachts- un Linksim dra':
Dos sohch sich nu fei lustig a'!
'r kunnt sich net nei'fitzn
Un tät drbaarmlich schwitzn.

'ne Korperal half nischt sei Fluhng',
Aar wollt's off annre Art versuhng
Un frögt 'n Görg: „O Himmel!
Hast du ä Harz, du Lümmel?"

– „Mei Harz stiht offn rachtn Flack
Un bläbbt vr Quol gewieß noch wack,
Wenn iech die grußn Sachn
Net ball ännoch ka' machn!"

Su gahng's de erschtn vörzn Tog',
Do larnet 'r'sch doch noochänooch.
– Nu that's Gewehr dra' kumme,
Do gob's eich Fluhng un Brumme!

De erschtn Mol' fei ließ'r'sch falln,
Do thätn Dunnerwatter knalln:
„Hast du (zun Gott-drbarme!)
Dä käne Kraft in Arme?"

– „Kraft ho iech schu; neer will de Flint'
Noch net parirn su geschwind!
De Füss', die wär'n nu fartig,
– de Händ' sei's noch gewartig."

„De Hauptsach' is doch 's Prässntir'n,
Neer doswaang larnt mr exezir'n.
Lusschießn – dos ka' jeder,
Is 's Pulver wack, do schlöht 'r."

„Wos?! Karl!" saht' nu dr Korperal.
„Es is doch warlich ä Schkandal!
Willst gar noch rässenir'n?
Wart! söllst ne Esl ziern!"

– „Ach ginne Se! Iech ho fei net
Vun Rässenirn ä Wort geredt!
Ne Esl müsst' iech reitn,
Wenn iech fr'n Stoot söll streitn?

De Annern alle hoom ju Pfaar', –
Wu krieget iech soot Distln haar?
Do will iech lieber laafn,
Als mir enn Esl kaafn!"

Dr Korperal, daar lacht grodnaus:
„Nä, 's zieht en ball de Stiefln aus!
Mr sieht, doss zun Soldotn
Dir is net gut ze rotn!"

„Ja, schännster Harr, dos is mei Plog'!
Do denk iech egal drüber nooch,
Wie iech racht kännt' stolzir'n
Un 'n Leitn impenir'n!"

– „Du Schof! de musst racht mausig thu'
Un in Gesellschaft niemols ruh'!
Musst Civelistn tuschn,
Doss alle kleelaut zuschn!"

Dos hot dr Schof-Görg aah getah',
Is sieter ä ganz annrer Ma'.
Huuch hoom s'n net gebutn:
'r bracht's neer zun Rekrutn.

Dr Güd' un dr Studant

Wie Wittnbaarg in gutn Zeitn
Noch war ä Uneverschntät
Un vir dann u'barmharzing Leidn
Noch vun Studantn wimmeln thät;

Wie off 'n ei'gefallene Schanzn
Statts manning u'gebaarding Feind
Dr „Borsch'" noch thät ä wink kuranzn
Un mehr gelacht wur', wie gegreint;

Wie zenst-rim off 'n Außnwaarkn,
Off Prate, Mark un Lutherschbrunn
De „Borsch'" mit Bier sich thätn staarkn
Un huuch noch stahnd de Freiheetssunn':

Do sei passirt korriuse Dinge,
Racht nackisch oft un lacherlich;
Drim will iech eich neer eens haarsinge,
Wos virkam an enn Gahrmerich. –

Es kame do sist fei viel Güdn
Vun Dessau rauf un su drgleing,
Die thatn doch off Alles bietn,
Wos in dr Stub' sich neer thät zeing.

Geprellt wur' mancher arme Teifl,
Dann epper Geld vunnöthn war;
Denn dos lädt nu ämol kenn Zweifl:
Gald is bei alln Studanten rar.

Do war nu su ä luser Bengl,
Daar hatt' ä alte Laaderhus',
In Sackl oder net ä Pfengl,
'r war vun Gald mehr als ze blus.

De Sackuhr stahnd schu ze Gevatter:
's war Gahmerich, 'r hatt' kä' Gald.
Do fuhr' sch'n dorng Kopp wie 's Watter:
„Bemuckt sei will de ganze Walt!"

Fix loff 'r nu mit eiling Schrittn
De Trepp nunner in de Stu':
„Harr Wert, iech mächt' Se im wos bittn,
Heit ho iech schracklich viel ze thu'.

Dann Morng zerbrooch mei Uhr in Händn,
Grod wu iech ho su knappe Zeit;
Drimm komm' iech, epp Se mir net känntn
Mol pumpn *Ihre* Uhr fr heit."

Wos wollt' dr Wert gruß wätter machn?
'r borget 'n sei Uhrl hie;
's Studantl that in Harzn lachn
Un fix nauf in sei Stübel gih'.

De Uhr wur' nu mit sammt 'n Kettl
Nei' in de Laaderhus' gesteckt,
Un die nu off enn Stuhl vr'n Bettl
Racht appetitlich ausgetreckt.

Wie's Elfe thät vun Thorm ro' brumme,
Do kraaplet wos de Treppn ra',
'r häret's sachte nähnder kumme
Un endlich kloppet's häämlich a'.

Zr Thür rei' kam gebuckt ä Güdl:
„Hot wos dr Harr ze schachern heit?
Kä' alt Gewandlich? kä' alt Hütl?
Iech zohl'! iech zohl' wie sich's versteiht!"

–"Ho nischt!" saht' mei Studant voll Feier
Un that, als wollt 'r aam wackgih'.
„Ei wei! die Husn do! ... Wie theier?"
– „Waar'n net verkaaft! Gleich leg' se hie!"

Do härt dr Güd' de Uhr su tickn ...
Gotz Ficker Wunne! Wie gewandt
Thät aar de Hus' zesammedrückn
Un nohm drei Guldn in de Hand.

„Na, schau dr Harr die Silbermünzln!
Die gabb' ich fr de Husn doch!"
Saht' drauf dr Güd mit Aangblinzln
Un zeiget ne in Kreiz ä Loch.

„Mei Freind, ich ka' miech net offhaltn!
Net annersch als enn Luedur!
Willst's gaam, do kast se glei' behaltn;
Neer mach' geschwind: iech muss vr'sch Thur."

Dr Güd' thät noch ä Wälle nörgeln,
Doch endlich griff 'r in de Fick':
Nooch lange Fühln un Wieng un Wörgeln
Kam drauf insoht ä goldns Stück.

Kaam hatt' eich's dr Studant empfange,
Do that 'r freindlich un gewandt
Nooch seiner Laaderhus' hielange
Un nohm s'n Güd' fix aus dr Hand.

„Verzeih'! Menn Wert sei Uhr stackt drinne:
Die will iech wieder raus erscht tu'!" –
Dr Güd' that sich ze sperrn beginne
Un wollt's dorchaus net lossn zu.

Dr Borsch' hatt' Gald un Uhr genumme,
Veschloss sei Stub' un gieng nu' aus.
Dr Güd' war garschtig wackgekumme,
Kam sieter nimmer in dos Haus –.

Dr Himmels-But'

Dumm sei de Weiber sist aam net,
Dovu' werd wätter nischt geredt;
Doch gibt's ämol ä dumme ju,
Su is se wie ä Büschl Struh.

Su hatt' do drihm ä Bauerschma'
Sich aah ä Weibel ei'getha':
Neer 'n Gut waang hat 'r sche gefreit.
Als Wittfraa, – 's hot 'n oft gereit.

Verwichn kam ä Dingerich,
Daar stellet sich racht wunnerlich
Un machet 'r viel Schnokn weis,
Als käm' 'r aus 'n Paredeis.

„I ei!" saht' droff die dumme Fraa.
„Menn saaling Ma' kennt aar wuhl aah?
Wos macht 'r dä? Wie giht's 'n dort?
Iech här' fei vunne net ä Wort!"

– „Ach, eiern saaling Ma' giht's schlacht!
'r dauert enn aah warlich racht:
Hot kaam enn Fatzn a'ziehn'
Un muss in Himmel fachtn gih.'"

Droff fuung de Fraa ze fletschn a':
„Ach Gott, mei armer saal'ger Ma'!
Iech göb' 'n Gald un Dinglich garn,
's is ober doch aah gar su farn!"

Dr Fremde saht': „Gatt mir'sch neer miet,
Weil heit gerod mei Waag naufgiht;
Iech will's 'n garn imsist nauftroogn,
Do braucht 'r sich net drim ze ploogn."

Nu hatt' die dumme Gans ä Fraad!
Ihr'n Ma' sei Hus'n un Ohmdmohl-Klaad
Un Wäsch un Gald un Worscht un Brud –
Dos alles sie dann Karl offlud.

Ihr Ma' (verstiht sich) war net do:
'r that in Gartn Quatschn ro',
Un aah de Kinner, Maad' un Knacht,
Die holfn miet un froßn racht.

Kaam war ä Vörtlstund verbei,
Doss fort daar Dingerich mocht' sei,
Do gahng in Gartn naus de Fraa
Un saht' ihrn Ma', wos aam geschaah'.

Daar fansteret se tüchtig aus:
„An lichtn Tog, in offne Haus
Läßt du diech dumme Gans bestaahln! …
Dos war ä *Dieb*! es ka' net faahln!

Hans! zieh' mr flugs mei Bräunl raus!
Iech reit' gerod 'n Fusssteig naus.
Dann Spitzbu' will iech schu ei'huln
Un waar' ne'n Buckl fest besuhln!"

„Wioh! Wioh!" guung's gaahling fort,
Dr Bauer riet off Brand un Mord
Un kerret off sei Bräunl nei',
Doss's aah dr Spitzbu' häret fei.

Daar loff in Wald dannsalbing Waag
Un wur' dorch's Knalln ä Bissl faag,
Versteckt sei Packl in's Gestreich
Un giht 'n Waag zerück geleich.

Dr Bauer fröget, epp 'r net
Enn Dingerich begengt hätt',
Daar mech ä Packl hätt' getroong?
Es wär' ä Dieb –, drim söllt 'r'sch soong.

„I!" saht' dr Spitzbu', „daar werd's sei!
's spraang Eener in's Gestreich dreinei',
'r hatt ä Packl Dinglich miet
Un machet fei gewalt'ge Schriet'!"

„Dos war 'r!" schrier dr Bauer fruh.
„Harr! will 'r mr die Liebe a'tu'
Un mir mei Bräunl haltn do?
Iech such' in Dickicht, bis ieng ho!"

Dr Spitzbu' saht': „'s is Christnpflicht:
Iech halt' eich's Pfaar'! Gitt! Fangt dann Wicht!"
Dr Bauer gob 'n fruh sei Pfaar'
Un loff in Wald drkreiz un -quaar.

Vergaablich war sei ganze Müh',
'r dacht: die Sachn sei nu hie!
Mei Fraa is doch aah gar ze dumm!
Na wart! wenn iech āhämm waar' kumm!

Doch wie 'r kam an vuring Ort,
Do war daar Karl un's Bräunl fort –,
'r loff un fluchet hie un haar,
Es war un blieb gestuhln sei Pfaar! ...

Ganz rapplich kam 'r droff zerück.
„Nu?", saht' sei Weibl, „hattst de Glück?
Wu es dä 's Pfaar? wu is de Sach'?
Na sog' mr'sch hortig! Mach' neer! mach'!"

„Ja libbster Schatz, 's is ganz gewieß:
Daar Ma' *war* aus 'n Paredies!
Un weil sei Rees' is lang un schwaar,
Do ho ieng noch geschenkt mei Pfaar." –

Bauernlied

Ne Bauernstand thu' iech mr luum,
Daar is doch gar ze schie!
Un hätt' iech schu ä Mannl Buum
Un aah noch wen'ger Platz in Stuum,
Iech thät se doch drzieh'
Ze Bauern!

Früh giht's zun Öchslein nei' in Stall,
Un sanne die uns kumme,

Dr „Mannl“, „Zäumer“ un su all'-
In gruum un in klan Schall
Die fange a' ze brumm:
„Kumm, Bauer“

Un wenn se nu gefüttert sei,
Nooch tut mr sche ei'spanne:
Do fährt mr Holz, do fährt mr Hei,
Ball ackert mr, ball lädt mr Strei –
Dis alles giht vun danne
Ne Bauer.

Nischt ober macht meh' Lust un Plog',
Als wenn's zr Arnt' tut gihe:
Do steigt de Sonn', 's gitt lange Tog',
Mr schneidt un bindt, mr lässt net nooch –
Dos kinne un verstieh
Neer Bauern!

Do schmeckt enn fei de Supp', de Kließ',
Wenn's giht zum Ohmd-Assn!
Do schlöft mr noch ä Mol su süß
Un raunzt drzu als wie ä Ries'!
Drim ka' sich Käner massn
Mit Bauern.

Un is nu's Draschn aah verbei,
Do muss halt's Weibsvolk spinne.
In Winter brennt dr Kie'spah' fei',
Mr raacht ä Pfeifl Gaaln drbei:
Wenn's schneit, sitzt aam garn drinne
Dr Bauer.

Ja, gäb's net Spann' un Liefering,
Quatember, Zins un Fruhne,
Wos wär'sch net fr ä lustig Ding
Im's Bauernlaam, vun dann iech sing'!
Do wär'n mr gar Barune –
Mir Bauern!

De franzschö'sche Braut

Ä Edlma', gar reich un huuch,
    Thät' hie nooch Fankreich reitn;
Kä' Freiln in Land war Dann genug,
    Drim sucht 'r eens in Weitn.
        (Na such' neer!)

'r fand ball in Franzusnland
    Ä Maadl wie enn Engl
Un gafft sich halb im senn Verstand
    An setting Zuckerstengl.
        (Na gaff' neer!)

Se war gewachsn wie ä Reh
    Un schie', bei gunge Gahr'n;
'r libbt se vu' dr klän' Zeh'
    Bis nauf zun Kopp voll Haar'n.
        (Na lieb' neer!)

Wos hatt' se net fr schwarze Aang!
    Ä G'sicht wie Milch un Rosn!
De Zöh' kunnt mr net weißer blaang –
    Sei Harz fuung a' ze rosn.
        (Na ros' neer!)

Wu's rund muss sei, war'sch rund un voll,
    Korzrim: dos Freiln war prachtig!
'r worb im sie, von Lieb' ganz toll,
    War seiner net meh' machtig.
        (Na waarb neer!)

Aar stahnd ihr a'. In värzn Toong
    Thät aar schu Hochzich machn;
De Brautnacht mocht' 'n lang schu ploong
    Un häämlich musst 'r lachn.
        (Na lach' neer!)

Itz gahng's halt in de Kammer nei',
    De Gumfer musst' glei' kumme;
Dr Braut wur' – wie drschrok 'r fei! –
    Ihr fallisch Haar o'gnumme.
        (Drschrack neer!)

De Gumfer wäscht sich mit enn Schwamm
Vun Gsicht de dickn Farm:
Do sohch 'r nu de Runzln zamm
Un wollt' fr Schrack hiestaarm.
(Na staarb neer!)

Ä 'glöserns Aag', ä Dutzend Zöh'
Wur'n drauf noch ausgenumme,
Zeletzt aah Brust un Steiß, au weh!
Do fuung 'r a' ze brumme.
(Na brumm' neer!)

Dos schiene Kind verstahnd känn Spooß
Un thät de Kralln rausstreckn:
'r fuhr in's Bett bis an de Nos'
Un thät vr Schrack verreckn.
(Verreck' neer!)

Dr Gung mit dr Zither

Iech ho viel Kreiz un Nuth drfahrn,
Iech ka' ä Liedl singe!
Drlaabt ho iech in gunge Gahrn
Neer eitl schlimme Dinge!
Gehofft ho iech vun Tog ze Tog –
Doch immer hatt' iech neie Plog'!

Mei Voter hatt' genunk ze tu',
Uns Kinner soot ze machn;
Ä Baargma' sieht – dos wäss mr schu –
Egal ne Tud in Rachn;
Un su betrof's menn Voter aah:
'r fuul in Schacht, brooch Hals un Baa'!

Du Harzelaad! Mei Mutter sollt'
Sechs Kinnern Brud nu schaffn
und do se's garn drzwinge wollt',
Do musst' se sich zammraffn.
Doch trieb se's net dreivärtl Gahr –
Do log se aah schu off dr Bahr'!

Mir Kinner wur'n nu ausgetheelt –
    Miech nohm mei' Poth' Karline:
Do wur' iech tüchtig ausgeschmeelt,
    Iech sollt' schu Brud verdiene!
Iech armer Gung war erscht acht Gahr',
Doch that iech, wos mr möglich war!

Zun Glück kam iech ins Pucherig
    Un kunnt' nu Brud verdiene.
„Gott sei's gedank!t" – su prahlet ich –
    „Wos will mei' Poth' Karline?!"
In värzn Toong brooch's Puchrig zamm,
Mir Gunge musstn alle hamm!

Nu wur' iech Hert in unnern Ort
    Un larnet Fluhng un Schreie:
Do hatt' iech Plog' in aanefort,
    Denn's Vieh folgt net in Freie.
Dr Richter gob in Amt miech nei' –
Korzrim, es gob neer Teifelei!

Do nohm iech mr de Zither haar,
    Die iech in Aarb' bekumme.
Es hielt wuhl erscht gewaltig schwaar,
    Eh' iech ä Stück kunnt' brumme:
Doch mei Harr Canter hot's getha',
Doss iech su spieln un singe ka'!

Dr Hammerschmid

Es Fluder is nu o'geschützt,
    Es söll mech Sunntig sei;
Iech ho de ganze Woch' geschwitzt,
    Nu bie iech endlich frei!
Mei alter Hammer stiht heit still
Un iech ka' machn, wos iech will.

Morng früh giht erscht mei Feier a',
Do ka' iech soot lustir'n,
Un itze kimmt läch Fimfe ra':
Iech will mei Ranzl schnür'n
Un mit menn Krünertsn nausgih', –
Denn's Krünerts-stelln geräth neer früh!

Iech zieh' net erscht de Husn a', –
Su wie iech bie, giht's fort;
Es Schorzfall mach' iech hintn na',
Sist is mr'sch neer zun Tort;
Mei Hut bläbbt vorne ro'geschloong;
Do ka' mr Sonn' un Reeng vertroong!

's is freilich mit enn Hammerschmid
Oft ä drbaarmlich Dink,
Wenn Eener wätter Nischt verstiht
Un hot zun Luh' su wink!
Mr werd wie's Vieh miet ra'gezuung,
Larnt Schmiedn, Krünerts-stelln un Fluhng.

Un hoom de arme Hammer-Leit'
Enn garschtig Harrn drzu,
Nooch gute Nacht, Barmharzigkeit!
Nooch setzt's beschnietne Luh';
An Brud werd aah viel o'gezuung
Un im's Gewicht is mr betruung!

Menn Voter hot de rachte Hand
Dr Hammer wackgeschloong,
Menn Schwoger hot ä Guss verbrannt –
Die hoom sich müssn ploong!
Verdorm wär'n se gar uhne mich:
Ihr Harr gob net enn Pfifferlich!

Gott lob! iech ho enn bravn Harrn,
Dann Jeder schätzt un libbt!
Do bleib' un schmied' iech trei un garn,
Weil's do aah Seeng haargibt;
'r is gescheit, 'r is aah frumm
Un spott' net über'sch Christntumm.

Su will iech aah net Krünerts-stelln,
Iech will ze Körng heit gih':
Mööng 's annere machn wie se wölln,
Dr Sunntig is schu schie!
Iech baat' un sing' fr unnern Harrn,
Dr liebe Gott drhärt dos garn!

Worterklärungen und Erläuterungen zu den Gedichten

Teewes: Lärm, Ausgelassenheit
Boss: lediger Bursche
Wenn's Gelöckl Dreie lätt: Die Bergleute fuhren dreimal am Tage an: früh 4 Uhr, mittags 12 Uhr, abends 20 Uhr. Zu diesen Zeitpunkten läutete die Häuerglocke. Die Turmglocke läutete je eine Stunde vorher, um die Bergleute zu wecken.
Zscherper- un Gelächt-Tasch: „Zscherper" ist ein Messer mit 7 cm langer Klinge, das zum Schneiden des Vesperbrotes dient wie auch zum Schnitzen. Der Häuer trägt ein solches Messer, der Steiger zwei. – „Gelächt" ist das Zubehör zur Bergmannslampe, Docht, Feuerzeug und Rüböl- lämpchen. – Zscherper und Gelächt befinden sich in einer Tasche aus hartem Leder.
Gaaln un Schwarzn: heller und dunkler Tabak
Vuring: die Bergleute der vorangegangenen Schicht
zenstno': bis unten; d. h. während des Hinabsteigens oder -fahrens
Totschn: Fausthandschuhe
Wos de Fleeß ...: heimlich herausgefischtes und beiseite geschafftes Flößholz
Keet: eine Kette, zum Feldmessen verwendet; hier: Das gestohlene Holz ist selbst mit dem Kettenmaß nicht zu messen.
gelamper: behende
Soßer: Sitz
o'schneiden: die fertigen Spitzen vom Klöppelsack abschneiden
därf net: brauch nicht
Patterle: Perlen
Off beeden Seitn is Gelos: Glas, wo der Überzug des walzenförmigen Klöppelsackes zwei runde Stellen offen läßt
Bäh: Elfenbein
Gauderhah: Truthahn
Flasch' gericht: Klöppelflaschen sind als Schusterkugeln bekannte

wassergefüllte Galskugeln zum Konzentrieren der Lichtstrahlen.
Hend: Ausruf wie „Ach!", „Hört!"
Seeln-Verkaafer: Soldatenwerber
Kartusch: Cartouche, ein sprichwörtlich gewordener französischer Dieb, hingerichtet 1721
Hacht: Habicht
Almet: Brotschrank
ä fösl: ein bißchen
Wiener: erzgebirgisch für das italienische Minuetto
Schorf: die unbewachsene, durch Abtragung entstandene Schurffläche
preschen: fortjagen
Oost: Aas
Öltres: Iltis
ä Vierlig: Vierling, ein Viertel „Stein" = 5 Pfund Fleisch
zun Hanger: zum Henker
noch war ä Uneverschntät: Die Wittenberger Universität wurde mit der Hallischen vereinigt, als Wittenberg durch den Wiener Kongreß preußisch geworden war.
u'barmherzing Leidn: Die Festung Wittenberg hatte 1813/14 als sächsisch-französische Garnison eine langandauernde Belagerung und die schließliche Erstürmung durch die Preußen zu erleiden gehabt.
Prate, Mark un Lutherschbrunn: Dorf Pratau , die Rothe Mark und der Lutherbrunnen waren von Studenten vielbesuchte Vergnügungsorte.
ze Gevatter: hier: ein Pfandverleiher
Fick: Tasche in Kleidungsstücken
Quatschn: Zwetschken, Pflaumen
ä Mannl Buum: eine Mandel Buben
Spann' un Liefering...: Spann = Fuhr- und Vorspanndienst für Rittergüter, Pfarreien, Bergwerke usw.; Liefering = Naturalleistungen an Getreide, Gemüse, Hühnern usw.; Zins = Erbzins, vierteljährlich, „quatamber"weise, zu entrichten; Fruhne = Frohndient auf Gütern
Pucherig: Pochwerk zum Zerstoßen erzhaltigen Gesteins
in Aarb: als Erbteil
Es Fluder is ...: Ein Fluder ist eine gegrabene oder in Holz ausgeführte vom Wehr zum Hammerwerk führende Wasserleitung zum Betreiben des Schaufelrades. Es wurde „abgeschützt"; d. h., die Schützen (Bretter) wurden herabgelassen, um das Zufließen des Wassers zu verhindern und das Rad in Ruhestellung zu halten.
Krünerts: = Krünitz, Kreuzschnabel.
beschnietne Luh': Lohn in beschnittenen Dukaten (beschnittetene, an den Rändern abgefeilte, also minderwertige Goldmünzen)
An Brud...: Das Brot lieferte der Müller auf Rechnung des Hammerwerksbesitzers, der die Kosten vom Lohn abzog.

Nachwort

Christian Gottlob Wild, der eigentliche Begründer der erzgebirgischen Mundartdichtung, wurde am 1. Weihnachtsfeiertag (25. Dezember) 1785 in der sächsischen Exulanten-, Berg- und Grenzstadt Johanngeorgenstadt als der einzige Sohn des aus Grünhain gebürtigen Lehrers und Organisten Christian Gottlob Wild (1755–1843) und der aus Johanngeorgenstadt gebürtigen Charlotte Friedericke Wild geb. Triebel verw. Voigtmann (1762 bis 1850) geboren.

Nach Besuch der Johanngeorgenstädter Stadtschule ging er ans Schneeberger Lyceum. Über dieses Lehrinstitut war er des Lobes voll: „Das Lyceum in Schneeberg ist von jeher wegen seiner Lehrer und der zweckmäßigen Anstalten, vorzüglich aber wegen des gut eingerichteten Singechors berühmt gewesen, welcher unter der Leitung und rastlosen Tätigkeit des würdigen Herrn Cantor Thomas zu einem der besten gediehen und des Beifalls aller Fremden von jeher gewürdigt worden ist“ (S. 58 dieser Ausgabe). In seine Schneeberger Zeit fällt auch die in den „Interessanten Wanderungen“ von 1809 verewigte abenteuerliche Expedition nach dem 1019 m hohen, damals noch nicht bewirtschafteten Auersberg, die er zusammen mit fünf Schulkameraden unternahm.

1805 begann er ein Theologiestudium an der berühmten lutherischen Universität Wittenberg (die nach der vom Wiener Kongreß 1815 verfügten erheblichen territorialen Verkleinerung des Königreiches Sachsen zugunsten Preußens mit der preußischen Universität Halle vereinigt wurde). Neben Kollegienbesuch und häuslichen Studien fand er Zeit für „vielfache Wanderungen nach Thüringen und in den Harz, ins Meißner Land und in die Sächsische Schweiz, in die Lausitz und nach Böhmen, nach Leipzigs Auenlandschaft und in die Elbgegend um Wittenberg“ (Jahn, 1935). Noch in Wittenberg vollendete er 1807 sein Hauptwerk, die „Interessanten Wanderungen durch das Sächsische Ober-Erzgebirge“. Es erschien 1809 anonym bei Craz und Gerlach zu Freiberg.

Wilds „Wanderungen“, aus eigenem Erleben niedergeschrieben, wie er betont, und die wenige Jahre zuvor unter dem Pseudonym Karl Ruhheim erschienene – in die Form einer Briefsammlung gekleidete – Schrift „Reise durch das sächsische Erzgebirge“ (Leipzig 1805) stellen, in romantischem Stil verfaßt, die beiden bahnbrechenden Werke der erzgebirgischen Reiseliteratur dar. Sie fanden bedeutende Nachfolger wie Hermann Grimm: „Das sächsische Erzgebirge malerisch, historisch und artistisch durchwandert“ (Dresden 1847), Johann Traugott Lindner: „Wanderungen durch die interessantesten Gegenden des Sächsischen Obererzgebirges“ (Annaberg 1848), Elfried von Taura: „Wanderungen durch's Erzgebirge“ (Annaberg

1860), Otto Eduard Schmidt: „Kursächsische Streifzüge", Band V: „Aus dem Erzgebirge" (2. Auflage: Dresden 1928). Der aus Leipzig stammende Johanngeorgenstädter Heimatforscher Robert Jahn würdigte Wilds Reisebeschreibung mit folgenden Worten: „Durch diese literarische Gabe hat er das Auersberggebiet mit Fastenberg und seine Vaterstadt Johanngeorgenstadt, den Kleesberg, das Gerichtswäldchen, die Isenburg und Prinzenhöhle und seine Schulstadt Schneeberg, die Sitten und Gebräuche, die obererzgebirgische Mundart, kurz: das sächsische Obererzgebirge so empfehlend bekannt gemacht, daß wir ihn mit Recht den Wegbereiter für unseren Fremdenverkehr im Erzgebirge bezeichnen dürfen" (Jahn, 1935).

Wild hatte einen weiteren Band seiner „Wanderungen" geplant, in dem er den Leser „über Schwarzenberg, Geyer, Scheibenberg und Annaberg" führen wollte, leider ist es nicht dazu gekommen. Einen gewissen Ersatz bieten die 1816 in der vom Industrie-Comptoir in Leipzig verlegten „Neuen Jugend-Zeitung" veröffentlichten Aufsätze Wilds zur erzgebirgischen und vogtländischen Heimatkunde. Diese Aufsätze werden in dieser Ausgabe erstmals wieder zugänglich gemacht.

Im selben Jahrgang der „Neuen Jugend-Zeitung" bot Wild seinen Lesern in Fortsetzungen eine der frühesten Lebensbeschreibungen Karl Stülpners noch zu dessen Lebzeiten. Erstmals hatte Friedrich von Sydow über ihn 1812 in den „Freyberger gemeinnützigen Nachrichten" eine Folge erscheinen lassen unter dem Titel „Carl Stülpner, ein berüchtigter Wildschütz im sächsischen Erzgebirge".

Ebenfalls 1816 publizierte Wild seine Lyrikanthologie „Vermischte Gedichte. Erste Sammlung" (es blieb bei dieser). 1817 folgte „Luther. Ein Gedicht in neun Gesängen". Beide Publikationen wurden bei August Friedrich Fulde in Schneeberg verlegt. Erstere umfaßt 58 hochdeutsche und 5 mundartliche – 3 erzgebirgische und 2 vogtländische – Gedichte.

1816 wurde Wild das Amt des Pfarrers in Carlsfeld übertragen, welches er acht Jahre innehatte. Am 20. Mai 1817 heiratete er Caroline Friedericke Nollain, die einzige Tochter des Königlich-Sächsischen Revierförsters Heinrich Nollain zu Großpöhla. Die Hochzeit fand in Grünstädtel statt. In dem Carlsfelder Pfarrhaus wurden vier Kinder geboren: Guido Selmar, Oskar, Emil und Ryno Volkmar.

In dieser Carlsfelder Zeit ereignete sich ein spektakulärer Kriminalfall. Wild hielt darüber eine Predigt, die er unter folgendem Titel herausgab: „Predigt am Sonntag nach Weihnachten 1821, in Bezug auf die am dritten Weihnachtsfeiertage in Carlsfeld in der neunten Abendstunde geschehene schauerhafte Ermordung der Christ. Fried. Wilhelm. Baumgarten von ihrem bisherigen Liebhaber C. Ludwig v. Otto, so wie auch dessen Selbstmordfrevel. Gehalten und auf Verlangen im Druck herausgegeben von C. G. Wild, Pastor zu Carlsfeld. Nebst einer beigefügten Nachricht über diese Ermordung."

Am 3. Advent (12. Dezember) 1824 übersiedelte Wild mit seiner Familie in das Erzgebirgsdorf Breitenbrunn, dessen Pfarrstelle er bis an sein Lebensende bekleidete. Dort wurden noch zwei weitere Kinder geboren – Carl Bruno und Aurelia. Letztere starb kurz nach der Geburt.

Wie der Zwönitzer Pfarrer Friedrich Hermann Löscher in einem im „Kalender für das Erzgebirge und das übrige Sachsen" veröffentlichten Aufsatz über Wild (1939) schrieb, bestand die volkreiche Gemeinde vor allem aus „Bergleuten, Hammerschmieden und Waldarbeitern, die meist ein kärgliches Einkommen hatten. Um daher seine geringen Einnahmen zu verbessern, bewirtschaftete Wild mit Familie und Knecht und Magd das ansehnliche Pfarrgut und hatte im Stalle 1 Pferd und 4 Kühe stehen." Zum Pfarrgut gehörten 9 ha Feld und knapp 2 ha Wald.

Die letzten Jahre seines Lebens wurde Wild von Krankheiten heimgesucht. Am 24. März 1839 starb er an Unterleibsleiden und zurückgetretener Gicht, noch keine 54 Jahre alt. Der Sterbetag fiel mit dem Geburtstag seines ältesten Sohnes zusammen. Am Palmsonntag wurde er beerdigt. Das Grab blieb nicht erhalten.

Wilds gewissenhafte Kirchenbuchführung zeugt von seiner Anteilnahme am harten Leben seiner Pfarrkinder. In seine Amtszeit fällt die Erneuerung des Kirchturms 1829 und der Neuaufbau der Kirchenvorhalle 1837. Ein Jahr darauf wurde der Gottesacker erweitert und eine neue Glocke eingeweiht. 1835 war die Gemeinde von einer Epidemie heimgesucht worden; 109 Einwohner starben an „Nervenfieber". Da Wild als Gemeindepfarrer zugleich Lokalschulinspektor war, bemühte er sich um den Bau einer zweiten Schule im Unterdorfe. Gemeinsam mit den Lehrern Schreiber und Weidauer entwarf er einen neuen Unterrichtsplan, der den Unterricht den ländlichen Verhältnisse anpaßte.

Seine Frau blieb nach seinem Tode in Breitenbrunn, wo sie am 3. Mai 1850 starb. Wie Pfarrer Löscher zu berichten wußte, erinnerten sich alte Breitenbrunner noch um die Jahrhundertwende lebhaft an ihn und an seine eindringlichen Predigten. Auch legte er großen Wert auf die Pflege erzgebirgischer Sitten und Bräuche, wie der Christmetten und Fosnd-Feiern.

Wilds Bedeutung als Begründer der erzgebirgischen Mundartdichtung erkannte als erster der Annaberger Komponist Heinrich Köselitz alias Peter Gast (1854–1918), bekannt als enger Vertrauter Friedrich Nietzsches und Mitherausgeber von dessen Werken, der selbst Schnorken in Mundart verfaßte. 1840 hatte der Annaberger Verleger Hermann Graser begonnen, eine Heftreihe unter dem Titel „Alte und neue Gedichte in erzgebirgischer

Mundart“ herauszugeben. In Köselitz fand er einen eifrigen Förderer und nachmaligen Fortsetzer dieses Unternehmens. Im Vorwort des – vorwiegend Wildsche Gedichte enthaltenden – 13. Hefts der Reihe schreibt Köselitz: „Mit dem Erscheinen dieses Heftes vervollständigt sich unsere Sammlung bis zu dem Punkte, daß sich sagen läßt, sie enthalte alle bemerkenswerthen Erzeugnisse der mundartlichen Litteratur des Ober-Erzgebirges, – von ihren Anfängen an (1816) bis zur Gegenwart. Als Vater dieser Litteratur galt bisher der annaberger Kürschnermeister J. G. Grund, dessen Gedichte 1816 erschienen. Grund hat sich jedoch nur ganz gelegentlich in unserer Mundart versucht; seine Gedichte sind fast alle schriftdeutsch, es giebt nur 3 mundartliche Gedichte von ihm, – 2 davon stehen im I. Heft der gegenwärtigen Sammlung; das dritte, vom Buchholzer Jahrmarkt handelnd, schien für den Wiederabdruck allzu unbedeutend.

Derjenige Dichter vielmehr, der sich als Erster mit vollem Bewußtsein und ziemlich anhaltend unsrer Mundart widmete, ist der breitenbrunner Pfarrer C. G. Wild. Seine erste, 63 Nummern zählende Gedichtsammlung erschien, wie die Grund'sche, 1816 und enthält bereits 5 mundartliche Gedichte, darunter das ‚Wieng-Liedl‘, ‚De Waldgieher‘ und das rasch zum Volkslied gewordene, auch heut noch vielgesungene ‚Wenn's Gelöckl Dreie lätt –‘! Es ist gar nicht daran zu denken, daß Grund den Volkston, wie er in diesen Liedern lebt, hätte treffen können.

Die Zahl der mir bekannt gewordenen Gedichte Wild's ist 18.

Als Quelle für den Abdruck der im vorliegenden Bändchen enthaltenen 13 Gedichte durfte ich, neben einer johanngeorgenstädter und einer langebrücker Abschrift, ein altes Heft benutzen, das mir von den Nachkommen Wild's mit rühmenswerter Bereitwilligkeit zur Verfügung gestellt wurde und das allem Anschein nach von Pfarrer Wild's eigner Hand herrührt.

In dies Heft sind 14 Gedichte eingetragen: ungefähr 8 davon mögen noch nie gedruckt worden sein. Ein neuntes, das ‚Ehestands-Liedl‘ (S. 35) stammt, laut der Beifallsbezeugung Wild's unter der Überschrift, nicht von Wild; insofern es aber von Interesse ist, zu sehen, welche Dinge im Stande waren, einen so individuell ausgeprägten Mann, wie ihn, zu vergnügen, fühlte ich mich zur Aufnahme des hübschen Liedes bewogen. Große Freude machte mir die Entdeckung, daß eines unsrer drallsten Weihnachtslieder – nämlich ‚Schwenzelenz, heit bie iech fruh‘ (I, Nr. 2), für das wir immer keinen Urheber wußten –, gemäß diesem Heft, von Wild ist! . . . das Lied hat in dieser Handschrift 4 Strophen mehr, als wie in unserm I. Bändchen. Desgleichen ergaben sich für das ‚Wieng-Liedl‘, für ‚'s A'fahrn‘ und für ‚De Waldgiher‘ Zusätze und Varianten, die bei der nächsten Auflage zu berücksichtigen sind.

Von Wild ist auch ,'s aarzgeberg'sche Maadl' in Bändchen X (Nr. 2). Ob ,Dr aarzgeberg'sche Vuglsteller' (X, Nr. 11), wie Einige behaupten, ebenfalls von ihm ist, bin ich außerStande anzugeben. …

Unter den übrigen Gedichten dieses Bändchens sind 3 von Grenzaufseher Kleinhempel. Dieser ist neben Wild, Grund und Röder der letzte der vier Stammväter unsrer obererzgebirgisch-mundartlichen Literatur. Seine Gedichte, zum größten Teil hochdeutsch, erschienen 1865 bei J. H. Hollstein in Buchholz: nur 5 bedienen sich durchgängig der Mundart, in einigen anderen tritt sie nur vorübergehend auf."

Friedrich Hermann Löscher bemerkt dazu in seinem Aufsatz „Christian Gottlob Wild, der Vater der erzgebirgischen Mundartdichtung" (1839): „In dem von Heinrich Köselitz … herausgegebenen 13. Heft der ,Gedichte und Geschichten in erzgebirgischer Mundart' (Annaberg, Graser 1896) werden, außer den in Heft 1 der Sammlung abgedruckten 4 Liedern Wilds, noch 13 seiner Mundart-Dichtungen veröffentlicht. Es sind zusammen 17 Lieder, die Köselitz aus drei handschriftlichen Heften aus dem Besitze von Nachkommen Wilds darbietet. … Ob alle von Wild aufgezeichneten Lieder wirklich von ihm stammen, ist fraglich. Köselitz bezweifelt mit Recht dies bei dem ,Ehestands-Liedl' (Nr. 14), erkennt aber das beliebte ,Gebirgische Madel' als dessen Eigentum an. Das ist falsch; es stammt nachgewiesenerweise von Döhnel (Wildenfels). Die beiden ursprünglich vogtländisch abgefaßten Lieder hat Wild wohl selbst später in erzgebirgischer Mundart umgeschrieben und etwas verändert. Auf jeden Fall aber ist Köselitz' Arbeit sehr dankenswert. Er weist im Vorwort mit Nachdruck darauf hin, daß nicht der Annaberger Kürschnermeister Grund (kein geborener Erzgebirger, sondern in Schönberg bei Görlitz 1742 geboren), sondern Wild der Vater der mundartlichen erzgebirgischen Dichtung ist. … Von Grund haben wir in der von K. F. R. 1816 in Annaberg herausgegebenen Sammlung seiner ,Gedichte' nur 5 (nicht 3, wie Köselitz schreibt) mundartliche Dichtungen beschreibenden und erzählenden Inhalts, kein einziges Lied."

Köselitz und Löscher wurden hier so ausführlich zitiert, um einen Überblick über die etwas komplizierte Editionsgeschichte von Wilds Gedichten zu geben.

Die in vorliegender Ausgabe enthaltene Zusammenstellung der Wildschen Mundartgedichte bietet in unveränderter Reihenfolge die Nummern 2, 3, 7 und 10 der 4. Auflage von Heft 1 sowie die Nummern 1–13 der 2. und letzten Auflage von Heft 13 der Graserschen Reihe. Das Gedicht „Dr aarzgeberg'sche Vuglsteller" (Nr. 11 von Heft 10) wurde nicht aufgenommen, da dessen Verfasserschaft umstritten ist.

Während die mundartlichen Gedichte in vorliegender Ausgabe in unveränderter Schreibweise wiedergegeben werden, ist die Schreibweise der Prosaschriften unter Wahrung von Besonderheiten der heutigen Schreibweise angepaßt worden.

1986 ehrte Johanngeorgenstadt Wild mit einem Gedenkstein auf dem Marktplatz der Altstadt; und 1992 wurde eine Straße in der Johanngeorgenstädter Neustadt nach Wild umbenannt.

Wolfgang Möhrig

Literaturverzeichnis

Schriften von Christian Gottlob Wild

Selbständige Veröffentlichungen:

Interessante Wanderungen durch das Sächsische Ober-Erzgebirge. Zur Belehrung und Unterhaltung herausgegeben, Freyberg 1809

Vermischte Gedichte. Erste Sammlung, Schneeberg 1816

Luther. Ein Gedicht in neun Gesängen, Schneeberg 1817

Predigt am Sonntage nach Weihnachten 1821, in Bezug auf die am dritten Weihnachtsfeiertage in Carlsfeld in der neunten Abendstunde geschehene schauerhafte Ermordung der Christ. Fried. Wilhelm. Baumgarten von ihrem bisherigen Liebhaber C. G. Ludwig v. Otto, sowie auch dessen Selbstmordfrevel. Gehalten und auf Verlangen im Druck herausgegeben von C. G. Wild, Pastor zu Carlsfeld. Nebst einer beigefügten Nachricht über diese Ermordung

Pfarrer Wild'sche und einige andere Gedichte. Der Gedichte und Geschichten in erzgebirgischer Mundart Dreizehntes Heft. Herausgeber: Heinrich Köselitz, Annaberg 1896 (2. Auflage 1905)

In Anthologien und Zeitschriften (Auswahl):

Panorama des sächsischen Obergebirg's, in: Neue Jugend-Zeitung, Jg. 1816, Nr. 40 und 43, Leipzig

Wanderung an der Weißen Elster, von Oelsnitz bis Plauen, in: a. a. O., Nr. 68, 71 und 74

Karl Stülpner, ein merkwürdiger Wildschütz, in: a. a. O., Nr. 90, 92, 95, 101 und 103

Interessante Wanderungen durch das sächsische Obererzgebirge (Ausz.), in: Wer hat Dich Du schöner Wald. Literarische Bemerkungen zu einer Herzensangelegenheit, hg. von Wolfgang Möhrig, München 1984

Aufsätze über Christian Gottlob Wild

Arnold, Johannes: Von einem der auszog, den Auersberg zu besteigen, in: Freie Pesse, Karl-Marx-Stadt

Blechschmidt, Manfred: Christian Gottlob Wild, in: Glückauf. Kultur- und Heimatblätter der Kreise Aue und Schneeberg, März 1956

ders.: Das schönste Denkmal, lebendig gebliebene Lieder und Gedichte. Zum 200. Geburtstag von C. G. Wild, Begründer der erzgebirgischen Mundartliteratur, in: Freie Presse, 24. 12. 1985

ders.: Wild und sein Wirken für unsere Mundart. Sein Erbe, Fundgrube für die Volkskunde, in: Lokalanzeiger Erzgebirge. Wochenblatt für Aue, Schwarzenberg, Stollberg und Umgebung

ders.: Wild, der Begründer der erzgebirgischen Mundartliteratur, in: Lokalanzeiger Erzgebirge, Jg. 1995, Nr. 7

Burkhardt, Curt: Mundartdichter Christian Gottlob Wild, Johanngeorgenstadt 1985 (Typoskript)

ders.: Die Heimat wandert. Zum 200. Geburtstag von Christian Gottlob Wild, in: Die Union, Karl-Marx-Stadt, 40. Jg., 21./22. 12. 1985

Heilfurth, Gerhard: Sechs Schneeberger Lateinschüler tippeln nach dem Auersberg. Eine zünftige Fahrt erzgebirgischer Jungen ums Jahr 1800, in: Glückauf! Zeitschrift des Erzgebirgsvereins, 55. Jg., 1935, S. 120–123

ders.: Zum 150. Geburtstag Christian Gottlob Wilds, des ersten bedeutenden erzgebirgischen Mundartdichters, in: Glückauf!, 56. Jg., 1936, S. 17–20

Jahn, Robert: Christian Gottlob Wild, ein Vorkämpfer für den Besuch des Ober-Erzgebirges, in: Glückauf!, 46. Jg., 1926, S. 124 f.

ders.: Christian Gottlob Wild. Aus dem Leben und Wirken eines bedeutenden Erzgebirgers, in: Heimatblätter, Nr. 11, Beilage zum Erzgebirg. Volksfreund, Aue, 24. 12. 1935

Löscher, Friedrich Hermann: Zur Erinnerung an den Begründer unserer heimischen Mundartdichtung, Christian Gottlob Wild, in: Erzgebirg. Haus- und Heimatkalender 1935

ders.: Pfarrer Christian Gottlieb (sic!) Wild, Begründer der erzgebirgischen Mundartdichtung, in: Dienst und Freude. Dresdner Diakonissen-Kalender 1939

ders.: Christian Gottlob Wild, der Vater der erzgebirgischen Mundartdichtung, gest. 1839, in: Kalender für das Erzgebirge und das übrige Sachsen, 35. Jg., 1939

Ludewig, W.: Christian Gottlob Wild. Zum 100. Todestag (24. März) eines der ersten erzgebirgischen Volkskundler und Heimatdichter, in: Erzgebirg. Heimatblätter. Beilage zu Wochenblatt und Anzeiger für

Eppendorf, Jg. 1939, Nr. 13
Pollmer, Karl-Hans: Christian Gottlob Wild, in: Erzgebirg. Heimatblätter, 7. Jg., Heft 6/1985
Rösel, Konrad: Zum 200. Geburtstag des Begründers der erzgebirgischen Mundartdichtung – Christian Gottlob Wild, in: Kalender Sächsische Gebirgsheimat, 1985
Sch., H. J.: Schriftsteller und Poet der Weihnachtszeit. Pfarrer Christian Gottlob Wild, Begründer der neueren erzgebirgischen Mundartdichtung, in: Die Union, 16. Jg., 1961, Nr. 292
Teller, Christian: Christian Gottlob Wild – ein Kapitel unserer Erbepflege. Das Werk eines Freundes armer Leute wird bewahrt, in: Freie Presse, 13. Jg., 1986
ders.: Christian Gottlob Wild – zum 200. Geburtstag, in: Sächsische Heimatblätter. Wiss. Zeitschrift der Bezirksvorstände der Gesellschaft für Heimatgeschichte, für Denkmalpflege und Natur und Umwelt, 32. Jg., Heft 5/1986
Unger, Curt: Christian Gottlob Wild, der erste erzgebirgische Mundartdichter, in: Schneeberger Weihnachtsbüchlein 1954
Unger, Roland: Die Mordtat Carl Ludwig Ottos an seiner Geliebten und die Begründer der erzgebirgischen Mundartdichtung, in: Erzgebirge. Jahrbuch 1982, Redaktion Erzgebirgische Heimatblätter, Olbernhau
Zirkler, Albert: Christian Gottlob Wild, der Begründer der neueren erzgebirgischen und sächsischen Mundartdichtung, in: Mitteilungen des Landesvereins für sächs. Heimatschutz, Bd. XXVI, Heft 5–8, Dresden 1937
ders.: Wenn's Gelöckel dreie lätt... Zum 100. Todestag von Christian Gottlob Wild, dem Begründer der neuen erzgebirgischen Mundartdichtung, in: Erzgebirg. Haus- und Heimatkalender 1940
ders.: Christian Gottlob Wild, der Begründer der neuen erzgebirgischen Mundartdichtung, in: Glückauf. Mitteilungen für die Freunde der erzgebirg. Volkskunst, 1957, Heft 1
ders.: Christian Gottlob Wild, der Begründer der neuen erzgebirgischen Mundartdichtung (zu seinem 120. Todestag), in: Kultur und Heimat. Kreis Annaberg, 6/1959

Register der Orts- und Flurnamen

Adorf 153
Albernhau 53, 55 f.
Altenburg 45
Annaberg 11, 45, 64, 85, 132, 134, 138–143, 148–152
Aue 64 f. 82
Auerhammer 80–82, 84
Auersberg 16, 35 f.,42–46, 64, 67, 136
Bärenstein 133, 138
Bärensteiner Berg 44
Bartholomäi-Schenke 60
Bathsemberg 61
Birk 159
Bleiersberg 20
Bockau 54–56, 64, 136
Brambach 153
Breitenbach 14 f.
Breitenbrunn 14, 26, 28, 30 f.
Breitenhof 31
Bringerwald 17
Bühle 162
Burgstein 145–147
Caden 134
Celle 80 f.
Crimmitschau 45
Dobeneck 156
Dresden 135, 144
Eibenstock 12, 35, 42–46, 48–50, 85, 136
Eisenburg 70, 72
Eleonorer Stolln 22
Elias (Zeche) 22
Elster, Elstertal 152–159
Farbmühle (= Unterjugel) 15
Farbmühler Tal 16
Fastenberg 11–13, 15, 17, 20
Fichtelberg (in Bayern) 45
Fichtelberg (i. Sa.) 35, 41, 85, 134–136
Filzteich 60, 83
Fingerhut 134
Finkmühle 28
Gerichtswäldchen 59, 63, 66–68, 71
Geiersberg 154 f.
Geilsdorf 146 f., 154 f.
Geyer 11, 85, 141
Geyersdorf 138 f.
Glockenklang (Zeche) 20, 22
Goldene Höhe 136
Gottesgabe 12
Gotthelf Schaller (Zeche) 31
Griesbach 56, 59
Große Bucke 43 f.
Grünhain 136
Grumbach 152
Haide (b. Weischlitz) 162
Hain (b. Weischlitz) 160
Hammerholz 59, 66–68, 71
Hammermühle 14, 16
Hartenstein, Schloß 71, 76
Hartenstein, Stadt 79
Hasberg 134
Hefenklöße 30, 86
Heimberg 20, 28
Hof 158
Hohenstein 45
Jahnsgrün 94
Jöhstadt 60
Johanngeorgenstadt 11–13, 20 f., 24, 31, 35, 45, 50 f., 54, 80, 82, 85, 87, 136
Jungfernwinkel 21
Jugler Gebirge 17
Käthelstein (Katharinenstein) 140
Kaffberge 136
Kaffeeplatz (b. Oelsnitz /Vogtl.) 155
Kaiserwäldchen 14 f.
Kalkbühl (Kallichhügel) 162
Keilberg 59, 63, 67, 84, 134 f.
Kleesberg 60–62, 64 f., 68 f.
Kürbitz 160, 162 f.
Landwüst 153
Laneckhaus (Gutshof a. d. Elster) 160
Langenbach 67
Leipzig 136
Lichtenstein 45
Lindenau 59, 63, 84
Löbner Grund 18
Magwitz 157 f.
Malzhaus (bei Johanngeorgenstadt) 16
Malzhaus (bei Schneeberg) 59
Marianne 14, 19
Markus Röhling (Zeche) 140
Mühlberg 57, 87
Mulde 49, 53–55, 71 f., 75–79, 82
Neues Leipziger Glück 15
Neundorf (Vogtl.) 163 f.

Neustädtel 57–60, 62 f., 83 f., 87
Neuzelle 83
Oberblauenthal 46, 49 f.
Oberschlema 60, 62
Oberweischlitz 159 f., 162
Ochsenkopf 54, 136
Oelsnitz (Vogtl.) 152–155, 160
Pandurenfels 64 f.
Pechhöfer 16
Pfahlberg 136
Planschwitz 157
Platten 12, 15, 19
Plauen 143, 152 f., 163 f.
Pöhlberg 41, 64, 132–134, 136, 138
Possig (Landgut b. Neundorf a. d. Elster) 164
Prinzenhöhle 71, 74, 77–79
Rabenberg(e) 14, 20, 28, 34, 136
Raschau 153 f.
Reusa 164
Reuth 143
Riesenberg 41, 136
Riesenburg (b. Geyer) 138
Rosengärtner Stolln 22
Rosenthal (a. d. Elster) 158 f.
Rote Grube 34
Rothenbach14
Ruderitz 146
Saalburg 158
Schanze (b. Schwand) 162
Scharfenstein 104, 115 f., 118, 120–122, 130
Scheibenberg 45, 85, 133, 138
Schießgrund 57
Schießhaus(beiJohanngeorgenstadt) 20, 28
Schießhaus (bei Schneeberg) 32, 34
Schindlerisches Blaufarbenwerk 37, 51, 53
Schleitz 163
Schlema 53, 59–61, 69 f., 80, 85
Schnarrtanne 153
Schneckengrün 153
Schneeberg (im Erzgebirge) 11, 34, 36, 41, 45, 53, 55–64, 67–71, 79 f., 83–85, 87, 89, 136
Schneeberg (im Fichtelgebirge) 44
Schneidergut 27
Schnorrensgut 80 f.
Schwand 146, 161 f.
Schwarzenberg 85
Schwarzwasser 14, 20, 29–31, 81 f.
Schwefelwerk (bei Johanngeorgenstadt) 15, 19 f.
Sehma 140 f.
Schöneck 153, 160
Schönhaide 94
Schreckenberg 140
Siebenhitz 158
Sosa 35–37, 51, 54
Spitzberg (böhm. Erzgeb.) 134
Stangenberg (bei Johanngeorgenstadt) 80
Stangenberg (bei Schneeberg) 80, 85
Stein, Schloß 71 f., 74, 76, 79, 152
Stein (Burgruine b. Taltitz) 157
Steinbach 31, 34. f.
Steinberg 53
Steinheidel 30
Steinischer Wald 74, 77
Stelzen 143–145
Straßberg 163
Taltitz 156
Teufelskanzel 21–25
Teufelsstein (bei Johanngeorgenstadt) 31–34
Teumerhaus 29
Thürmel 158
Thum 121 f.
Trau und bau auf Gott (Stolln) 28
Unterblauenthal 46, 50 f.
Unterschlema 83
Unterweischlitz 159, 161 f.
Voigtsberg, Schloß 154, 160
Weißbach 84
Weiße Elster: siehe Elster
Weißgut 15 f., 19
Wiesenthal 50, 85, 134
Wildenfels 67, 84
Wildenthal 35, 39, 42, 46
Willbach 70 f., 74
Wittichsthal 13 f., 20 f., 26
Wolfsberg 59, 85
Wolfshöhle b. Annaberg 140 f.
Ziegenberg 160
Zöbern 158
Zschopau 104
Zschorlau 37, 55 f., 59 f., 66, 84
Zwickau 11, 41, 45, 84

Inhaltsverzeichnis

Interessante Wanderungen durch das sächsische Obererzgebirge 5

Kurze Einleitung, welche die Ursachen der Geringschätzung der erzgebirgischen Gegenden und die Absicht dieser Schrift angibt 6

I. Johanngeorgenstadt
und die umliegenden nähern und entferntern Gegenden 11

1. Die Teufelskanzel oder der Schneiderfels 21
2. Die Gegend am Schwarzwasser nach Breitenbrunn 28
3. Der Teufelsstein bei Steinbach 31
4. Der Auersberg 35
Der Aufgang der Sonne auf dem Auersberg bei Eibenstock 42
5. Von Wildenthal über Eibenstock nach Ober- und Unterblauenthal 46
6. Der Weg von Sosa nach dem Schindlerischen Blaufarbenwerke 51
7. Die Gegend um Bockau 54

II. Schneeberg
und die umliegenden nähern und entferntern Gegenden 57

1. Der Kleesberg 61
2. Das Gerichtswäldchen und das Hammerholz 66
3. Die Eisenburg bei Willbach 70
Empfindungen in den Ruinen der Eisenburg 72
4. Über Stein zur Prinzenhöhle 74
5. Über Schnorrensgut und Auerhammerwerk nach Celle 80
6. Übrige Gegend um Schneeberg 83

III. Vorzügliche Feste der obern Erzgebirger 85

1. Die Fastnacht 85
2. Weihnachten 87

IV. Besondere Gebräuche 89

1. Das Hutzengehn 89
2. Aschermittwoch 90
3. Der Walpurgisabend 91
4. Das Osterficken 91
5. Der Pfingstlümmel 92
6. Der Johannisabend 92

V. Die vorzüglichen Vergnügen im obern Erzgebirge 93
1. Das Vogelstellen im Herbste 93
2. Im Winter das Ruscheln 96
3. Schneehäuser, Schneemänner und Lawinen 97

VI. Kurzes Gespräch zweier Bergleute in obergebirgischer Mundart 98

VII. An das Erzgebirge 100

Karl Stülpner, ein merkwürdiger Wildschütz 103

Zur Heimatkunde des Erzgebirges und Vogtlandes .. 131
Panorama des sächsischen Obergebirgs 132
Das Geyersdorfer Licht 138
Die Wolfshöhle bei Annaberg 140
Der Stelzenbaum 143
Der Burgstein im Voigtlande 145
Merkwürdigkeiten in Annaberg 148
Wanderung an der Weißen Elster, von Oelsnitz bis Plauen 152

Gedichte in erzgebirgischer Mundart 165
Ä annersch Weihnachtslied 166
's A'fahrn 167
Wieng-Liedl 168
De Waldgiher 169
Dr Voter 170
De Klipplmad 172
Fosnd-Liedl 173
Dr Gukkastn-Ma' 175
Dr Baarnfang 177
De Pfaarkur 180
Dr Rekrut 181
Dr Güd' un dr Studant 183
Dr Himmels-But' 186
Bauernlied 188
De franzschö'sche Braut 190
Dr Gung mit dr Zither 191
Dr Hammerschmid 192

Worterklärungen und Erläuterungen zu den Gedichten 194
Nachwort 196
Literaturverzeichnis 201
Register der Orts- und Flurnamen 204